성격의 탄생
Personality

성격의
탄생

뇌과학, 진화심리학이 들려주는 성격의 모든 것

대니얼 네틀 지음 · 김상우 옮김

WISE BOOK
와이즈북

성격의 탄생

초판 1쇄 발행 2009년 12월 10일 개정판 2쇄 발행 2020년 2월 25일

지은이 대니얼 네틀 옮긴이 김상우 펴낸곳 와이즈북 펴낸이 심순영

등록 2003년 11월 7일(제313-2003-383호.)

주소 03958, 서울시 마포구 망원로19, 501호(망원동, 참존1차)

전화 02) 3143-4834 팩스 02) 3143-4830 이메일 cllio@hanmail.net

ISBN 979-11-86993-09-5 13180

ⓒ 와이즈북, 2018

이 도서의 국립중앙도서관 출판예정도서목록(CIP)은 서지정보유통지원시스템 홈페이지
(http://seoji.nl.go.kr)와 국가자료공동목록시스템(http://www.nl.go.kr/kolisnet)에서
이용하실 수 있습니다.(CIP제어번호: CIP2019040832)

좋아할 수 없는 '자신'과
이해할 수 없는 '타인'에 대한 보고서

많은 사람들이 성격 때문에 고민한다. 근심, 콤플렉스, 대인갈등에 부딪혔을 때 그 근원에는 '성격'이 도사리고 있기 때문이다. 외향적인 사람은 외향적인 대로, 내향적인 사람은 내향적인 대로 마음이 시끄럽기는 마찬가지다. 똑같은 문제를 겪고도 어떤 사람은 쉽게 우울해하고 또 어떤 사람은 괜찮다. 이런 차이는 왜 생기는 걸까? 성격이 문제라면 고칠 수 있을까?

사람들은 저마다 문제를 다르게 보고, 다르게 행동한다. 이런 차이는 성격에서 비롯되는 것이고, 이 성격 여하에 따라 인생사는 확연히 달라진다. 나의 세계관, 직업, 인간관계 모두 성격이 만들어낸 결과다.

이 책은 이런 차이의 근원인 성격의 문제를 규명하고 있다. "당신 성격은 이렇다"라고 단정할 만한 과학적 기준이 있는지, 그 사람의 성격으로 미래 모습이나 행동을 예측할 수 있는지, 성격 차이는 왜,

어떻게 존재하는지 등 다양한 사람들의 개성이 만들어내는 인생사를 따라가면서 성격 파노라마를 보여준다. 이를 설명하는 논거는 최근의 뇌과학, 유전학, 심리학적 통찰과 분석이다. 그럼으로써 좀더 과학적, 분석적으로 우리의 성격을 근원적으로 되돌아볼 수 있는 기회를 제공한다.

성격은 우리 삶에 지대한 영향을 끼치기 때문에 소홀히 할 수 없다. 성격이 좋아서 사랑받고, 성격이 나빠서 따돌림 당하며, 성격 차이로 이별한다. 충동적인 성격 때문에 한순간 재산을 잃고, 활달하고 모험적인 성격 때문에 몇 달 병원 신세를 지기도 한다. 소심해서 사랑하는 사람을 떠나보내며, 대담해서 건방지다고 손가락질 당하기도 한다. 나의 힘든 또는 만족스러운 삶을 조상 탓이 아니라 내 탓으로 돌리자면, 그 근원에는 성격이 도사리고 있다. 저자의 말대로, 성격의 상당 부분은 유전이므로 마음에 들지 않는 나의 삶을 꼭 내 탓이라고만 할 수도 없다. 일부는 유전자를 물려준 조상 탓이기도 하다.

성격이 삶의 행불행을 가르는 문제라면, 성격으로 그 사람의 인생사나 행동을 예측할 수 있다면, 성격을 제대로 알아야 할 필요가 있지 않을까? 이것이 이 책의 이야기에 귀 기울여야 하는 이유다.

그렇다면 성격이란 정말 무엇일까? 과연 무엇이 우리의 성격을 만드는가? 왜 사람마다 성격이 다를까? 이를 규명하기 위해 심리학자인 저자는 우선, 각 개인의 성격 유형을 파악하기 위한 '5대 성격 특성', 즉 외향성, 신경성, 성실성, 친화성, 개방성의 특징을 소개하면서 성격 파악의 단초를 제공한다. 영국인 545명에 대한 성격 조사와 전 세계 사람들의 라이프스토리가 기초자료가 되었고, 이들에 대한 광범위한 관찰과 분석, 과학적 통찰력으로 복잡한 성격에 내재된 과학적 근거와 행동 심리를 명쾌하게 풀어나간다. 우리의 성격 밑바닥에 도사리고 있는 심리학적, 진화론적 이유가 매우 타당하게 와 닿을 것이다. 이 책을 통해 독자들은 자신과 타인, 주변 사람들을 새롭게 인식할 수 있을 뿐만 아니라, 자신의 성격에 대한 이해와 진지한 통찰력을 얻게 된다. 앞부분에는 독자 스스로 성격을 진단할 수 있도록 '성격진단표'를 첨부하였다.

그렇다면 독자들이 가장 궁금한 것은 '가장 좋은 성격이란 있는가?' '성격은 어찌할 수 없는 숙명인가?' 혹은 '성격을 바꿀 수 있는가?'일 것이다. 저자는 인류사를 통틀어 언제나 가장 좋은 성격이란 존재하지 않았다는 것, 모든 성격에는 혜택(장점)과 비용(단점)이 있다는 것, 그리고 인생이란 자신의 성격에 맞는 '틈새'를 찾아나가는 과정이라고 말한다.

인간에 대한 통찰력뿐만 아니라 과학적인 통찰력으로 가득 찬 이 책은 사람들이 가진 성격의 잠재력과 위험요인을 날카롭게 지적함으로써 독자로 하여금 현재 자신의 성격을 이해하고 자각할 수 있도록 도와준다. 주어진 거대한 숙명은 바꿀 수 없지만, 그 안에서 뭔가 모색해볼 여지가 있다는 것은 좋은 것이다. 그 모색의 출발점은 자신을 자각하는 것이고, 자신을 자각하기 위해서는 자신의 성격과 그 장단점을 제대로 파악하는 것이 중요하다.

이런 점에서 이 책은 유용하다. 모쪼록 이 책이 성격 때문에 고민하는 많은 독자들의 삶에 조금이나마 보탬이 되었으면 하는 바람이다.

김상우

contents

chapter 1

나는 누구인가?
과학이 규명한 성격의 실체

chapter 2

핀치의 부리:
왜 사람마다 성격이 다를까?

삶의 어떤 순간에도

인간은 지금까지의 자신과 별다를 바 없는,

그런 인간이 될 존재다.

― 오스카 와일드, 『옥중서한 De Profundis』

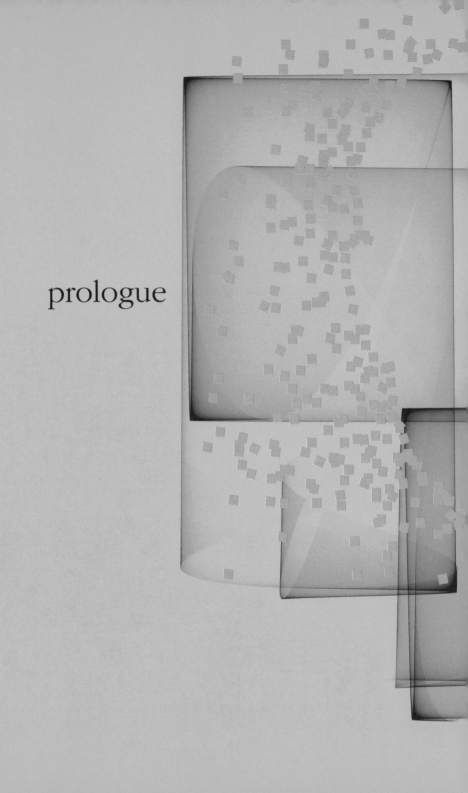

prologue

콤플렉스, 마음의 병, 대인갈등의 근원__성격

이곳저곳을 돌아다녀도 자기 자신으로부터 도망칠 수 없다.
— 어니스트 헤밍웨이

리^{Lee}는 매우 똑똑하고 성공한 35세의 회사 임원이다. 그는 업무에 능하고 정력적인 사람으로 평가되고 있는데, 사실은 그 이상이다. 그는 어리석은 사람을 용서하지 않는다. 동료나 거래처 직원이 자신을 무시한다고 느끼면, 바로 자신의 생각을 내뱉는다. 그는 쉽게 예민해지고 화를 내고, 그러면서 사람들과 그들의 행동에 대해 자신의 생각을 거침없이 표현한다. 결과적으로 그는 유능하지만 많은 적을 두게 되었다. 그는 동료와의 불화 때문에 몇 번 직장을 옮겼고, 부서를 옮긴 일도 여러 번이다. 유화적인 동료가 있다면 리와 적 사이에 끼어들어 불화를 중재하고 서로 충돌하지 않도록 해야만 했다.

일을 떠나서도 리는 싫어하는 사람이 많다. 리는 여러 나라를 방문한 적이 있었는데, 그는 그 나라 사람들을 몹시 싫어한다는 사실을 스스로 인정해야만 했다. 리가 생각하기에 그 나라 사람들은 매우 무례하고 게으르며, 심지어 그의 사생활까지 침범하는 사람들이 있었다. 그는 길거리에서 길을 막아서거나 새치기하는 사람, 또는 그를 기다리게 하는 사람을 무척 싫어한다. 이런 일이 벌어지면 바로 성을 내고 욕도 서슴지 않고 해댄다. 그러나 우리는 리가 사람들과 어울리는 것을 싫어하는 사람이라고 추측해선 안 된다. 오히려 그는 파티를 좋아한다. 그러나 파티에 온 사람들이 그가 싫어하는 부류거나 그가 싫어하는 방식으로 파티를 즐기면, 리는 그들과 어울리는 일에 곧 싫증을, 아니 보다 정확히 말하면 고통을 느낀다. 심지어 분위기 좋은 파티에서도 리는 그의 원칙이나 기호에 맞지 않는 사람과 자주 말다툼을 벌이기도 한다.

리는 친한 친구가 몇 명 있고, 이들의 우정은 아주 오래 지속되었다. 그러나 이들 간에 충돌이 없었던 것은 아니다. 사실, 이들은 오랫동안 격렬한 논쟁을 하고 서로 의가 상하기도 했으며, 그랬다가 다시 화해하는 과정을 되풀이했다. 리의 사랑도 비슷했다. 여자친구와 항상 의견이 안 맞는 것 같았고, 상대방을 원하다가도 고통을 줬으며, 어떤 때는 서로 전혀 어울리지 않는 짝처럼 보이기도 했다. 그러다 마침내 여자친구들은 리가 이기적이고 무심한 사람이라고 말하며 떠났다. 사실, 오랫동안 리 곁에 머무른 여자는 없었다.

줄리안은 리와는 아주 다른 사람이다. 그의 직업은 여행잡지 기고가인데, 이 일을 하면서 그는 세계 곳곳을 여행하고 인디언의 종교축제와 시베리아 횡단철도에 관한 이야기를 취재할 수 있었다. 항상 그랬던 것은 아니지만 최소한 지금 그가 가장 열정적으로 하는 일은 여행이다. 그는 대학에서 음악을 전공했고 졸업 후에는 밴드를 결성해 중동의 전통음악과 현대 팝뮤직을 결합한 특이한 퓨전음악을 연주하기도 했다. 줄리안의 열정으로 인해 몇 년간 이 밴드는 고향 지역에서 꽤 활발하게 활동했다. 물론 음악활동을 꽤 활발하게 한다는 것이 생각처럼 그렇게 멋진 일은 아니지만 말이다. 이들은 라이브를 연주했지만, 청중은 고작 30~50명 정도에 불과했고, 차에서 잠을 자야 했으며, 위생상태가 의심스러운 수많은 타인과 아파트를 함께 써야만 했다. 그러나 당시 줄리안에게는 음악이 전부였기 때문에 이런 고통과 불편은 문제가 되지 않았다.

그런데 몇 년간 밴드 생활을 하면서 줄리안은 자신의 삶에 회의적인 생각이 들어 우울하고 소극적인 사람이 되었다. 밴드 코러스인 레바논 출신 연인과의 생활도 특별할 게 없는 지루한 것이 되어, 줄리안은 그들 관계의 미래를 확신할 수 없었다. 전에는 정말 멋지다고 생각했던 일이 이제는 자극 없는 단조로운 삶이 되었다. 결국 줄리안은 밴드와 그의 연인을 떠나 놀랍게도 MBA 과정에 등록했는데, 이는 모든 친구들을 경악케 만든 사건이었다. 록 가수 줄리안이 양복을 입고 비즈니스를 한다? 줄리안은 친구들의 반대를 받아들이지 않았다. 줄리안에게 비즈니스는 정말 재미있는 일이고, 사람에 관한 일, 사람들이 어떻게 상호작용하는지를 다루는 일이었다. 기실, 비즈니스는 창조적인 일이고 새로운 관계와 보다 나은 삶을 만드는 일이다.

말할 것도 없이, 줄리안의 이런 시도는 오래가지 못했다. MBA 과정을 마칠 즈음, 줄리안은 9시부터 5시까지 사무실에서 일해야 하는 30년 세월이 자신을 기다리고 있다는 것을 깨달았다. 그러자 그는 정말 우울해졌고, 그래서 항우울제를 처방받기 위해 의사와 그에게 최신 뉴에이지 심리치료법을 소개해준 상담사를 찾았다. 이때 잠시 동안 줄리안은 영기요법^{Reiki}, 사이코드라마, 인도식 헤드마사지 등을 하면서 새로 사귄 여자친구와 함께 지내고 있었는데, 이 둘은 시골의 넝쿨이 무성한 농가에서 검소하지만 건강한 삶을 살았다. 외국에서 휴가를 보낼 필요가 없을 정도로 생기 있고 건강한 삶이었다.

그러나 이런 생활도 3년밖에 못 갔다. 여자친구와 불화가 생겼고, 그가 매달렸던 치료법들이 부질없다는 것을 깨달으면서 줄리안은 다시 극단적인 우울에 빠졌다. 그후 1년간 세계여행을 하면서 생기를 되찾기로 하고, 우연한 과정을 거쳐 여행잡지에 글을 쓰게 되었다. 그는 여행과 기고를 좋아하게 되었으며, 사진작가인 멋진 프랑스 여자친구도 생겼다. 줄리안은 앞으로도 여행과 기고문 쓰는 일을 계속할 것으로 보인다.

리와 줄리안의 삶은 크게 다르다. 그러나 두 사람은 나이도 같고 성별도 같다. 또 이들은 모두 정상적인 중산층 출신으로 지식과 교육수준이 비슷하고 문화적으로도 비슷한 가치를 갖고 있었다. 굳이 상상력을 발휘할 필요도 없이 우리는, 인간에 대한 우리의 경험만으로도, 성장배경은 비슷하지만 리와 줄리안만큼이나 다른 삶을 살아가는 사람을 상상할 수 있을 것이다. 이처럼 처음엔 사회적 조건이 비슷했던 두 사람이, 왜 성인이 되어서는 매우 다른 삶을 살게 된 걸까?

나와 대화를 나눈 비심리학자들은 이런 질문에 매우 직관적인 답변을 했다. 이들은 두 사람의 개성, 기질, 성격이 다르기 때문에 다른 삶을 살게 된 거라고 말했다. 그러면 나는 성격이 무엇이냐고 묻는다. 비심리학자들은 '성격'이란 한 사람에게 고유하며 일관되고 내적인 그 무엇, 일련의 사건에 직면했을 때 그 사람이 택하는 구체적인 선택, 동기, 반응, 장애 등과 인과관계가 있는 그 무엇이라고 말한다. 또 그들은 성격이란 그 사람의 인생사에서 주기적으로 되풀이되는 어떤 일관성이라고 말한다. 예컨대, 몇 년 동안 리는 대부분의 동료들에게 적대적인 태도를 취했고, 따라서 그는 여행 중에도 옆자리에 앉은 사람에게 적대적인 태도를 취할 가능성이 매우 높다는 것이다. 시간과 장소가 다르고, 상호작용의 중요성과 필요성이 크게 다르다 해도, 리가 '주변 사람에게서 괴로움을 느낄 가능성이 높다'는 것은 리의 삶을 특징짓는 일관되고 지속적인 핵심특징 *leitmotif*이다(리는 심리학자와 심리학 서적을 몹시 귀찮게 여길 것이 분명하기 때문에 이런 핵심특징이란 것에 대해서도 결코 생각해보지 않을 것이다).

이와 비슷하게 줄리안의 경우도 계속 반복되는 패턴이 있다. 퓨전음악, 사이코드라마, 자립적인 농장생활, 여행기 등은 모두 특별하고 독창적인 일이다. 그러나 줄리안은 이런 모든 일을 짧은 기간 동안 경험했다. 줄리안은 끊임없이 새로운 경험을 하고 자신의 경험도 끊임없이 새롭게 표현하려는 듯 이런 일들을 편력했다. 줄리안의 삶의 선택에도 역시 독특한 패턴이 있다. 그는 새로운 영역을 발견하고 그것에 매우 열정적으로 매달렸다. 이는 줄리안이 새로운 프로젝트를 추진하는 데 큰 도움이 되었다. 잠시 동안 그는 멈추지 않고 자신의 일에 매달렸다. 그러나 시간이 가면서 그의 열정은 사그라졌고, 열정 대신 회의와 미래에 대한 두려움이 찾아왔다. 줄리안은 그의 열정에도 불구하고 무척 근심 많고 슬픈 사람이 되기도 했던 것이다.

줄리안의 인생역정 패턴은 그의 인간관계에도 되풀이되었다. 그는 보통 2, 3년 연애를 했는데, 처음에는 열정적이어서 가족들이 여자친구와 어울리지 않는다고 말해도 콧방귀를 뀌기 일쑤였다. 그러나 곧 불행, 불안, 은둔의 시기가 뒤따랐고, 이때 그의 가족이 여자친구와 마지못해 잘 지내려 한 것에 대해서도 원망했다. "그녀는 내가 원하는 여자가 아닌데, 어째서 가족들은 몰랐던 거야? 부모들이란 항상 틀리기만 해." 그러곤 곧이어 다소 대담하게 삶을 조정하고 휴식기를 거친 후, 줄리안은 또 다른 열정에 빠진다.

초기의 열정과 그에 뒤이은 은둔과 부정이라는 줄리안의 특징이 그밖의 다른 영역에서도 되풀이될까? 상상컨대, 줄리안은 '니체는 정말 흥미로워. 그가 쓴 책은 모두 읽어야지' 하며 서점에 가서 니체의 책들을 산 후 의기양양하게 집으로 돌아와서는 한 권도 펼쳐보지 않았을 것이다. 충동적으로 샀다가 두 번 쓰고 내팽개친 제빵기, 한 번 연주해본 바이올린, 심지어 완제품 직물기까지! 이 모든 것은 특별한 뭔가를 해보려는 열정과 욕망, 그리고 그에 뒤이은 실망이나 동기 상실이라는 부정적인 감정을 나타내는 흔적들이다. 줄리안의 이런 패턴은 정도는 다르지만 인간관계와 일에서도 똑같이 되풀이된다.

정도는 다르지만 동일한 패턴이 반복된다는 것은 대단히 흥미로

프랙털 문양. 재귀적이거나 반복적인 패턴으로 자기유사성과 순환성을 갖고 작은 구조가 전체 구조와 비슷한 형태로 끊임없이 되풀이된다. 프랙털 개념은 심리학, 경제학, 물리학, 음악, 미술, 컴퓨터공학 등 많은 분야에 영향을 끼쳐왔다.

운 특징이다. 예를 들면, 패턴이 반복된다는 것은 복잡계 이론 complexity theory◆가들과 그래픽 디자이너들이 좋아하는 정교한 프랙 털fractal 문양과 같다. 한 프랙털에서는 큰 문양이든, 매우 작은 문양 이든 동일한 패턴이 반복된다. 프랙털에서 부분은 전체를 나타내고, 전체는 부분을 나타낸다. 프랙털이 이런 특징을 갖는 것은 프랙털을 만들어내는 수학적 함수의 성격 때문이다.

인간의 성격도 이런 프랙털과 유사하다. 삶의 보다 큰 영역—사 랑, 일, 우정—에서 나타나는 패턴은 시간이 가도 지속적인 경향이

◆ 자연 및 사회의 복잡한 역학을 설명하는 이론. 무수한 요소가 상호작용하여 어떤 패턴을 형성, 증폭, 규칙화하는 일련의 과정을 설명한다. 요즘에는 복잡계 이론이 시장경제의 환율과 주식 변동 등 불안정하고 비예측적인 경제 현상을 분석하는 도구로 쓰인다.

있기 때문에, 우리는 종종 똑같은 승리와 실수를 되풀이할 뿐만 아니라 쇼핑, 옷차림, 낯선 사람과의 대화, 집 꾸미기 등과 같은 사소한 일에서도 전반적으로 동일한 패턴대로 행동한다. 우리는 종종 "그건 제프에게 전형적인 일이야"라고 말하곤 한다. 이렇게 말하는 이유는 특정 상황에서 제프가 하는 행동이 미래의 전혀 다른 상황이라도 그가 어떻게 행동할지 예측할 수 있는 지침이 되기 때문이다. 프랙털의 자체 반복적 특징이 이런 특징을 미리 규정한 수학적 함수에 의해 나타나는 것처럼, 성격의 반복적 특징도 그 사람의 신경시스템이 가진 어떤 물리적 특징 때문에 발현되는 것으로 보인다. 다시 말해 한 사람의 성격에 대해 말하는 것은, 그 사람 고유의 신경시스템 구조와 기능을 압축해 말하는 것과 같다.[♦]

이 책은 성격의 심리학에 관한 것이다. 내가 주장하려는 것은, 사람들은 항구적인 성격을 갖고 있고, 그 성격을 보고 사람들의 행동을 부분적으로 예측할 수 있으며, 이같은 성격은 사람마다 고유한 신경시스템의 연결 방식에 의해 결정된다는 것이다. 또한 나는 성격에 관한 연구 이면에 있는 여러 과학적 논의―성격 측정 방법, 그런 측정결과가 의미하는 것, 그런 측정결과로 예측할 수 있는 것, 그리고 태어나면서부터 성격이 서로 다른 이유―에 대해서도 소개하고자 한다. 성격심리학personality psychology은 최근까지 다른 심리학 영역에 비해 지위가 낮았다. 증거가 부족하고, 내부적으로 분열되어 있으며, 하드사이언스hard science^{♦♦}와는 거리가 멀다고 여겨졌기 때문이다. 그러나 한때 그랬는지는 몰라도 지금은 상황이 변했다. 실로 성격 연구 분야는 새로운 르네상스가 진행 중이며, 이 책을 통해 나는 그 르네상스의 선구자가 되길 바란다.

성격 연구에서 르네상스가 진행되고 있는 이유는 다음과 같다. 첫째, 마침내 우리는 상당한 증거가 있기에 심리학자들이 동의할 수 있는 일련의 성격 개념을 정립해서 그 개념을 사용할 수 있게 되었다. 이 개념을 '5대 성격특성' 혹은 '5대 성격요인 모델five-factor model of personality' 또는 '빅 파이브Big Five'라고 한다. 5대 성격특성 모델은 지난 10~20년간의 연구를 통해 등장한 성격에 관한 이론으로, 인간 성격에 대한 지금까지의 연구 중 가장 포괄적이고 신뢰할 만하며 유용한 분석틀로 간주되고 있다(1장 참조). 이 모델의 기본 개념은 인간의 성격은 외향성extraversion, 신경성neuroticism, 신경증 또는 신경 과민을 말한다, 성실성conscientiousness, 친화성agreeableness, 개방성openness 이라는 다섯 가지 특성으로 결정되며, 모든 사람은 이 다섯 가지로 성격점수를 매길 수 있고, 이 점수를 알면 이들이 어떤 삶을 살아갈지 알 수 있다는 것이다.

성격 연구는 오랫동안 여러 사람이 각자 다른 개념과 관념을 사용한 탓에 극히 혼란스러웠는데, 5대 성격특성의 등장으로 이제 동일한 개념을 가지고 성격을 연구할 수 있게 되었다. 과거에는 한 사람에 대해 어떤 심리학자는 그가 보상의존형인지 피해회피형인지 점수를 매긴 반면, 다른 심리학자는 그 사람을 사고형, 감각형, 이성형

◆ 사람의 행동을 우연적인 상황이 아니라 그의 내적 성격 탓으로 돌리는 우리의 자연스러운 경향을 심리학에서는 '근본적 귀인오류Fundamental Attribution Error'라고 다소 기이하게 말한다. 이 용어가 기이한 것은 그런 경향을 오류라고 할 만한 실체적 이유가 없기 때문이다(Anderson, 2001 참조). 다른 조건이 동일하다면, 사람의 행동방식을 그가 다른 상황에서는 어떻게 행동할지 알려주는 징조로 보는 것은 아주 훌륭한 경험법칙이다.

◆◆ 실험적이고 계량적인 과학적 방법론을 사용하는 학문. 주로 자연과학이 이에 해당한다. 반대로 제도와 사회현상을 포괄적 종합적으로 연구하는 학문을 소프트사이언스soft science라고 하는데, 주로 사회과학이 이에 해당한다.

또는 직관형으로 분류하는 식이었다. 이로써 체계적인 관련성이 없는 서로 다른 개념들을 다루는 수많은 연구가 횡행했고, 이는 성격 연구의 과학적 지위를 낮추는 결과를 초래했다. 1958년 고든 올포트Gordon Allport◆는 "모든 성격 연구자들은 각자 좋아하는 도구가 있었고, 자신이 좋아하는 도구만 사용했으며" 그 결과 수십 년 동안 상황은 악화되기만 했다고 불만을 토로했다.

5대 성격특성 모델은 이런 혼란을 정리했다. 그러나 5대 성격특성이 등장했다고 해서 다른 연구에서 다뤘던 개념들이 모두 폐기된 것은 아니었다. 다른 연구에서 다뤘던 개념 대부분은 5대 성격특성 모델에 포함될 수 있었다. 이런 개념들은 5대 성격특성의 하나, 또는 그 하위 개념, 아니면 5대 성격특성들을 서로 연결하는 개념으로 사용되었다. 이는 매우 유익했다. 이렇게 함으로써 성격심리학 영역을 신속하게 정리하고, 사람들 간의 차이점을 아주 편리하게 이해하고 특징화할 수 있는 분석틀을 만들 수 있었기 때문이다. 권위 있는 성격심리학자인 폴 코스타Paul Costa와 로버트 매크래Robert McCrae에 따르면, 5대 성격특성 모델은 성격 연구의 모든 개별 연구결과들을 포용할 수 있는 '크리스마스트리'와 같았다. 나 역시 이 책에서 5대 성격특성 모델을 나의 크리스마스트리로 사용할 것이다. 즉 3장부터 7장까지 각 장마다 외향성, 신경성, 성실성, 친화성, 개방성 순으로 5대 성격을 차례차례 살펴볼 것이다.

성격 연구의 르네상스를 맞이한 두 번째 이유는 PET 스캐닝과 기

◆ 사회심리학자이자 성격 심리 이론의 대가(1897~1967). 1930년부터 평생을 하버드대 교수직에 몸담았다. 인본주의적 관점에서 성격심리학을 연구한 그는, 성격은 사람마다 다르게 타고나지만 성숙한 성격으로 발전해나가는 것이 인간의 특징이라고 보았다. 건강한 성격의 사람들은 어린 시절의 충격과 갈등, 좌절에 지배받지 않고 현재와 미래에 대한 기대와 의욕으로 행동을 결정한다고 말했다.

능성 자기공명영상(fMRI) 같은 뇌촬영 기술로 신경과학이 비약적으로 발전하고 있기 때문이다. PET 스캐닝과 fMRI 같은 뇌촬영 기술에 관해서는 이 책 후반부에서 자주 언급될 것이다. 이런 기술을 통해 우리는 뇌를 절개하거나 도구를 삽입하지 않고도 살아 있고, 깨어 있으며, 생각하고 있는 상태에서 사람의 뇌 구조와 기능을 관찰할 수 있게 되었다. 이런 신기술을 이용해 벌떼처럼 달려들어 처음 한 일은 인간 뇌가 일반적으로 어떻게 작동하느냐 하는 것, 즉 일반적인 뇌의 기능과 관련된 연구였지만, 두 번째 한 일은 보편적인 인간이 아니라 개인들 간의 차이를 규명하는 일이었다. '정상인'의 경우, 뇌 구조가 다르면 뇌의 크기와 신진대사 반응도 상대적으로 다르다. 따라서 사람들 간의 뇌 구조와 기능의 차이를 연구하는 새로운 학문이 등장하고 있는데, 뒤에서 보겠지만 이 학문의 연구결과들을 5대 성격특성 모델에서 활용할 수 있다.

성격 연구의 르네상스에 도움을 주고 있는 세 번째 분야는 인간유전학이다. 2001년 인간의 유전자 염기서열이 완전히 규명되었다. 뇌촬영 분야와 마찬가지로 인간유전학의 첫 번째 관심은 각 개인이 아니라 일반적인 인간을 이해하는 것이었다. 따라서 인간게놈프로젝트(인간유전자의 염기서열을 규명하기 위한 연구계획)의 최초 목표는 인간이 가지고 있는 25,000 내지 30,000개 유전자의 일반적인 구조를 밝혀내는 것이었고, 그 기초는 개인 200명의 DNA에 나타난 '공통' 염기서열이었다. 지금 이 공통 염기서열이 공개되어 있는데, 이로써 개인과 개인 간의 유전적 차이에 대한 관심이 커지고 있다. 25,000~30,000개의 유전자 중 많은 수는 몇 개의 약간 다른 변형체로 존재한다. 우리는 사람들이 발병 가능성, 특별한 약에 대한 반응성, 특별한 심리적 문제에 대한 민감성 등 여러 측면에서 매우 다르다는 사실을 확인했으며, 이렇게 다른 이유는 유전자 변형체genetic variants 때문이라는 것을 이해하기 시작했다. 지금 우리는 자신의 혈액형을 알고 있다. 이제 머지않아 각자의 유전자 염기서열도 알게 되어 유방암이나 심장병에 걸릴 가능성이 있는지, 아니면 특정 약에 대한 알레르기가 있는지도 확인할 수 있을 것이다. 지금 막 싹트고 있는 이런 유전적 개인성(유전적 개인차)에 대한 학문도 성격 연구에 활용할 수 있다. 곧 살펴보겠지만, 인간의 성격은 부분적으로 그가 가지고 있는 유전자 유형에 의해 결정되기 때문이다.

성격 연구의 르네상스가 오고 있는 네 번째 이유는 진화론적 사고의 확산에 따른 것이다. 진화론적 사고란 인간이 자연선택을 통해 어떻게 지금과 같은 존재가 되었으며, 그 과정에서 어떤 유전자, 혹은 어떤 뇌 영역이 관여했는지 탐구하는 것이다. 진화론적 사고는 심리학에 널리 확산되어 몇몇 심리학 영역에서는 그 학문적 깊이와 설명력을 더해주고 있다. 앞서 소개한 다른 학문과 마찬가지로, 진화심리학자의 최초 관심사는 인간이 가진 일반적인 정신 메커니즘의 구조를 이해하는 것이었다. 따라서 초기 진화심리학자들은 개인 간의 차이에 거의 관심이 없었고, 성격심리학에 진화론적 사고를 접목하려는 시도는 극소수에 불과했다. 그러나 이런 추세도 바뀌고 있다. 우리는 인류가 아니라 같은 인종의 개인들 간에도 기질상 차이가 있다는 것을 알고 있다. 이런 차이를 진화론적 시각으로 바라보면서 많은 질문이 제기되었다. 요컨대, 왜 그런 차이가 존재하는가?

자연선택으로 인해 그런 차이가 결국 사라져버릴 것인가? 아니면 오히려 증가할 것인가? 자연선택은 어떤 조건하에서 그런 차이를 계속 존속시킬 것인가? 이런 질문들은 이 책 전반에 걸쳐 계속 제기될 것이다.

이 책은 전문가보다 관심 있는 일반 독자들을 대상으로 한 것이다. 따라서 나는 연구보고서나 논문처럼 나의 주장을 기술적으로 자세히 설명하거나 모든 근거를 제시하지는 않을 것이다. 주장의 근거나 자세한 보충 설명을 원하는 독자는 부록의 '더 읽을거리'를 참고해주기 바란다. 학술적인 내용을 원치 않는 독자라면 읽지 않아도 무방하다. 이 책의 핵심 주장을 이해하는 데는 아무런 문제가 없기 때문이다. 그러나 일반 독자를 위한 책이라 해도, 나는 성격심리학 연구에 대해 적절하고 근거 있는 설명을 하려고 했으며, 나의 지식과 추측을 구분하기 위해 노력했다. 내 설명의 근거가 되는 것은 많은 저명한 학자들의 연구문헌, 성격에 관한 나의 최근 연구, 전 세계에서 나에게 편지를 보낸 사람들의 실제 라이프스토리들이다. 이 사람들은 내 연구에 참여했던 개인들이며, 따라서 나는 이들의 5대 성격특성 자료를 갖고 있다. 나의 요청에 응해, 이들은 친절하게도 자신들의 삶과 감정과 타인과의 관계에 대한 (아주 긴) 글들을 보내왔다. 이들의 글은 —책 내용을 복잡하게 만들어 이 책을 쓰는 것을 어렵게 만든 경우도 있지만—실로 많은 것을 깨닫게 해주었다. 물론 나는 그들의 이야기를 설명할 때 익명성을 위해 상세한 내용은 공개하지 않았다(앞서 소개한 리와 줄리안의 사례는 가상 사례지만, 나머지 사례는 모두 실제 이야기다).

내가 이들의 라이프스토리를 요청한 이유는 이 책을 읽는 대부분의 독자가 관심을 갖는 것이 성격 이론이라기보다 사람을 이해하는 것이라고 생각했기 때문이다. 무엇보다 이 책을 읽고 있는 여러분은 자신의 성격에 대해 알고 또 이해하고 싶어 할 것이다. 따라서 나는 여러분이 다음 장을 읽기 전에 먼저, 다음 쪽에 첨부한 '성격진단표'로 자기 성격을 진단하고 성격수치를 확인할 것을 권하고 싶다. 자신의 성격수치를 미리 알면 이 책, 특히 5대 성격특성을 하나하나 검토할 3~7장을 더 재미있게 읽을 수 있다. 그러나 5대 성격특성에 대해 살펴보기 전에 예비적인 그러나 필수적인 몇 가지 문제들을 먼저 살펴볼 필요가 있다. 그런 차원에서 1장에서는 성격이란 무엇이며, 성격이 왜 중요한지에 대해 살펴보고, 2장에서는 같은 종에 속한 개체(인간)들 간에 생물학적 차이가 존재하게 된 진화론적 이유를 알아볼 것이다.

나의 성격 진단하기

성격진단표

성격점수 해석하기

나의 성격 진단하기

■ 이 진단표는 외향성, 신경성, 성실성, 친화성, 개방성, 이렇게 5대 성격의 수치를 평가하는 진단표이다.

■ 각 문항에 자신이 대체로 어디에 해당하는지 체크하고, 다음 지시대로 점수를 합산해 자신의 성격점수를 매겨보도록 하자.

■ 인종과 문화를 떠나 이 '5가지 성격특성'을 모든 사람에게 적용할 수 있으며, 5가지 성격특성으로 모든 사람의 성격을 파악할 수 있다. 성격점수의 결과는 매우 정확하고 분석적이며 유용하다는 것이 증명되었다.

이 성격진단표(NPA)는 뉴캐슬 대학교에서 최근 개발한 '5대 성격특성' 평가도구 중 하나다(Gosling, Rentfrow, and Swann 2003, Rammstedt and John, 2007 참조). 이 진단표의 개발자들은 이렇게 간단한 문항으로도 훨씬 긴 평가문항만큼이나 정확하고 분석적이며 유용하게 성격을 파악할 수 있음을 발견했다. 따라서 문항은 적지만 이 진단표로 나온 성격점수는 매우 유용한 분석 정보를 담고 있다. 이 NPA는 대규모 온라인 성인 샘플을 대상으로 한 26개의 후보 문항, 국제성격문항풀(International Personality Item Pool, IPIP)의 50개 문항에 의한 5대 성격특성 설문지, 기타 여러 척도를 기초로 만들어졌다. IPIP의 척도는 타당성이 높은 5대 성격특성 평가도구이다(Gowe et al. 2005, Goldberg et al. 2006 참조). 이 샘플에 대한 설문 대상자는 한 심리학 연구 웹사이트와 공동체 포럼의 자원자를 대상으로 모집했으며, 총 563명이었다(남성 169명, 여성 394명). 샘플의 평균연령은 34.87세였다(표준편차는 13.17, 연령대는 16~80세였다). 각 문항은 IPIP 점수와의 상관관계를 기초로 선정했으며, 두 경우에 있어서 내 문항의 결과가 만족스럽지 않았기 때문에 IPIP 문항을 수정해 사용했다. 각 성격특성은 2~3개의 문항으로 평가했는데, 이는 IPIP 점수와 0.7 이상의 상관관계를 유지하고, 또 합당한 점수 폭을 유지하기 위해서였다. 5대 성격특성별 NPA와 IPIP 점수 간의 상관지수는 다음과 같다. 외향성: 0.77, 신경성: 0.82, 성실성: 0.77, 친화성: 0.77, 개방성: 0.74. 각 성격특성을 평가하기 위한 문항들은 모두 상당한 상관관계를 보여주었다. 수치의 의미는 대체로 4분위를 기준으로 나눴다. 따라서 '낮음'은 하위 25퍼센트에 든 경우, '중하'는 그 다음 25퍼센트에 든 경우, '높음'은 상위 25퍼센트에 든 경우, '중상'은 그 다음 25퍼센트에 든 경우를 말한다. NPA를 복사해 사용할 수 있다. 그러나 시간이 여유롭다면, IPIP 같은 긴 설문도구를 사용하는 것도 좋다(IPIP 설문을 권하는 이유는 자유롭게 이용할 수 있기 때문이다. http://ipip.ori.org/ipip/).

성격진단표

	전혀 아니다	별로 아니다	중간 이다	약간 그렇다	매우 그렇다	점수
1. 모르는 사람에게 먼저 말을 건다.						
2. 다른 사람이 편안하고 행복한지 확인한다.						
3. 그림, 글, 음악을 창작한다.						
4. 모든 일을 사전에 준비한다.						
5. 울적하거나 우울함을 느낀다.						
6. 회식, 파티, 사교모임을 계획한다.						
7. 사람들을 모욕한다.						
8. 철학적이거나 영적인 문제들을 생각한다.						
9. 일이나 물건을 정리하지 않고 어지럽게 그냥 둔다.						
10. 스트레스나 걱정을 느낀다.						
11. 어려운 단어를 사용한다.						
12. 타인의 감정에 공감한다.						

■ 다음 수치를 가지고 각 설문에 대한 점수를 기록하시오.

1~6번, 8, 10~12번에 대한 응답점수	7, 9번에 대한 응답점수
전혀 아니다 = 1	전혀 아니다 = 5
별로 아니다 = 2	별로 아니다 = 4
중간이다 = 3	중간이다 = 3
약간 그렇다 = 4	약간 그렇다 = 2
매우 그렇다 = 5	매우 그렇다 = 1

■ 다음에 제시된 대로 각 문항 점수를 합해 5대 성격 각각에 대한 자신의 점수를 계산하시오.

성격특성	다음 문항의 점수를 더할 것	자신의 점수	성격 해석
외향성	1번 + 6번		
신경성	5번 + 10번		
성실성	4번 + 9번		
친화성	2번 + 7번 + 12번		
개방성	3번 + 8번 + 11번		

성격점수 해석하기

■ 외향성, 신경성, 성실성

• 2~4점:	낮음
• 5~6점:	중간
• 7~8점:	중상
• 9~10점:	높음

■ 친화성-남성의 경우(다른 남성과 비교할 때)

• 9점 이하:	낮음
• 10~11점:	중하
• 12~13점:	중상
• 14~15점:	높음

■ 친화성-여성의 경우(다른 여성과 비교할 때)

• 11점 이하:	낮음
• 12~13점:	중하
• 14점:	중상
• 15점:	높음

■ 친화성-모든 사람의 경우

• 10점 이하:	낮음
• 11~12점:	중하
• 13점:	중상
• 14~15점:	높음

※ 친화성은 성별로 점수의 의미가 다르다. 남성과 여성을 따로 놓고 볼 때, 각 점수의 의미는 다음과 같다(최고 점수인 15점을 기록한 비율은, 여성은 약 16퍼센트, 남성은 약 4퍼센트로 여성이 상당히 높다).

■ 개방성

• 8점 이하:	낮음
• 9~10점:	중하
• 11~12점:	중상
• 13~15점:	높음

chapter 1

나는
누구인가
?

과학이 규명한
성격의 실체

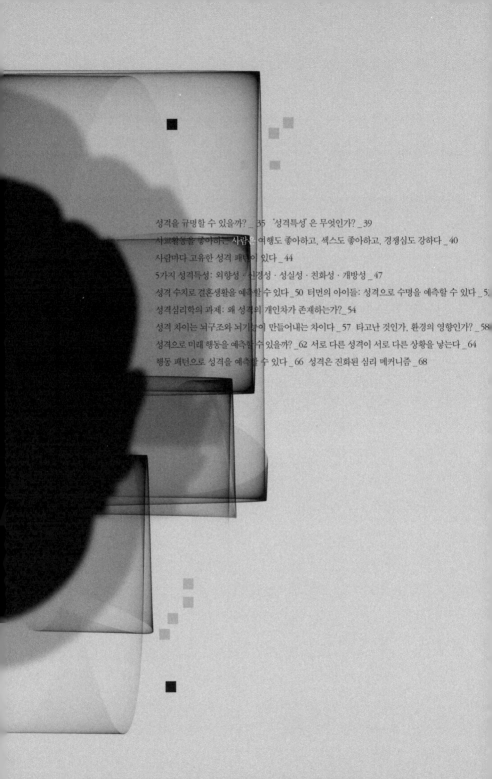

성격은 분명 존재하며 어떤 작용을 하고 있다…… 개인의 구체적인 행동들 이면에, 그리고 개인의 내면에 존재하는 것이 성격이다.

—고든 올포트

성격을 규명할 수 있을까?

히포크라테스가 분류한 네 가지 기질이나 성격 유형에 대한 고대의 개념으로 성격 논의를 시작하는 것이 일반적인 방식이지만, 나는 1884년 《포트나이트리 리뷰The Fortnightly Review》에 실렸던 프랜시스 골턴 경Sir Francis Galton◆의 논문 〈성격의 측정The Measurement of Character〉으로 이야기를 시작하겠다. 찰스 다윈의 사촌이었던 골턴은 초기 진화론자로서 진화가 인간에게도 영향을 끼쳤다고 주장한 사람이다. 그러나 그의 관념은 빅토리아시대적 편견을 갖고 있었고, 따라서 오늘날에는 설득력이 떨어진다. 그럼에도 불구하고 결국에는 자연선택 이론이 인간을 설명하는 지배적인 학설이 될 거라는 그의 직관은 옳았다.

◆ 찰스 다윈의 사촌(1822~1911). 신체적, 정신적 능력의 개인차를 측정하고, 개인차의 유전적 토대를 연구한 유전학자이자 우생학의 창시자이다. 그의 우생학은 백인의 우월성을 입증하는 논리적 근거가 되어 유전병을 가진 사람들의 결혼을 금지하고 유색인종의 백인 국가 이민을 규제하는 법 제정에 기여했다.

골턴에 관심을 갖는 두 번째 이유는 가족의 성격이 어떻게 유전되는가에 관한 연구를 했기 때문이다. 특히 쌍둥이 연구를 통해 '타고난 성격(천성)'과 '양육'이 성격에 미치는 영향을 확인할 수 있다는 것을 처음 깨달은 사람이 바로 골턴이다. 그의 통찰력은 골턴 시대 이후 번창한 행동유전학behaviour genetics에서도 발견된다. 행동유전학에 대해서는 뒤에 다시 언급할 것이다.

셋째, 골턴은 계량적 방법론에 대해 매우 현대적 인식을 한 사람으로 유명하다. 골턴은 모호한 인간 행태를 실질적으로 계량화하는 방법을 찾으려고 노력했다. 1885년 골턴은 《네이처Nature》에 〈꼼지락거리는 행동의 측정The Measurement of Fidget〉이라는 논문을 발표했다. 이 논문에서 그는 강연회처럼 사람들이 많이 모이는 곳에서 청중들은 평균 1분에 한 번 꼼지락거리며 몸을 비틀었다고 밝혔다. 그러나 연사가 핵심을 강조하며 청중들의 관심을 끌 경우, 이 비율은 약 50퍼센트나 감소했고 꼼지락거리는 행동 자체가 변했다. 꼼지락거리는 시간이 줄었을 뿐만 아니라(연사에 사로잡힌 청중들은 좌불안석의 몸동작을 가능한 한 짧게 했다), 바른 자세에서 몸을 좌우로 흔드는 각도(뱃사람들 말로 이물이 좌우로 흔들리는 편도각yaw)도 감소했다. 따라서 청중이 바른 자세에서 좌우로 몸을 기울이는 각도를 가지고 청중이 느끼는 지루함의 정도를 측정할 수 있을 것이다. 골턴은 "글을 읽는 독자들의 지루함의 정도를 계량화"하는 데에도 자신의 연구결과를 유용하게 쓸 수 있을 거라고 주장했다.

골턴의 이 논문은 다소 별스럽긴 하지만 매우 현대적인 것이었다. 골턴 이전의 많은 철학자들도 인간의 특성에 대해 사색하긴 했지만,

인간의 특성을 계량화하지 못하면 그런 사색이 과학적으로 별 쓸모가 없다는 것을 몰랐다. 대다수의 과학적인 심리학 연구는 사물을 가능한 한 잘 계량화하려고 할 뿐만 아니라, 실제로 제대로 계량화했다는 것을 증명하려고 한다. 사실 '학문적으로 평가할 수 있는' 심리학과 '그렇지 못한' 심리학을 구분하는 기준은 계량화의 정도다. 골턴은 가축과 귀족의 몸무게, 반응속도, 머리 크기, 지문 형태, 그외 많은 특징들을 측정했다. 골턴이 성격 이론에 특별히 기여한 것은, 성격을 측정하는 방법을 생각하기 시작함으로써 성격을 과학적 연구대상으로 만들었다는 데 있다.

1884년 논문에서 골턴은 성격을 측정하는 것이 바람직하다고 말하고, 몇 가지 제안을 했다. 하나는 자연 언어를 살펴보자는 것이다. 사전을 활용하여 골턴은 '성격'을 '묘사'하는 영어단어가 최소한 1,000개는 된다고 추산했다. 그러나 그중 많은 단어가 동의어나 반의어로 중복되는 경우가 많았다. 약식으로 진행된 골턴의 이런 연구는 사람들이 어떻게 다른지 이해하기 위한 기초 연구로서, 성격을 묘사하는 어휘를 분석하는 '성격 어휘 연구lexical work in personality'의 시초라 할 수 있다. 이 연구의 가정은 자연 언어의 의미는 세상에 존재하는 여러 중요한 차이들을 반영하면서 발전했다는 것이다. 여기서 성격 어휘 연구에 대해 더 언급하진 않겠지만, 하나만 말하면 성격 어휘 연구는 특히 5대 성격특성 모델의 발전에 대단히 중요한 역할을 했다는 것이다.

또 골턴은 사람들의 감정적 반응성emotional reactivity은 성격에 따라 다르다고 말하고, 몇 가지 사소한 감정시험을 해서 반응 양태를 봄으로써 성격수치를 구할 수 있다고 주장했다. 이런 감정시험에 사람들이 감정적으로 반응하는 크기를 보면 흥분 정도를 알 수 있고, 흥분 정도를 알면 이들이 실제 생활에서 겪게 될 보다 큰 감정상의 문제에 어떻게 반응할지 예측할 수 있다는 것이다. 골턴은 낙관적인 성격을 갖고 있어서 이런 실험이 아주 쉬울 거라고 생각했다. 그래서 그는 "둘 내지 세 명의 실험자가 비밀리에 공모하여 열심히, 그리고 적절히 실험한다면, 조만간 사람들의 행동양식에 대한 방대한 통계자료를 모을 수 있을 것"이라고 말했다. 나도 그렇게 생각한다. 그러나 국가의 연구윤리위원회가 그런 실험을 용인할지는 의문이다.

골턴의 세 번째 제안은 사람들의 이런 감정반응을 심리학에 연결시키는 것이 바람직하다는 주장이었다. 어떤 사람이 다른 사람보다 감정적으로 더 흥분한다면, 이는 심장박동이나 다른 생리학적 지표로 나타나기 마련이다. 1884년에 이런 방법을 사용하는 데는 기술적인 한계가 있었다. 그럼에도 불구하고 골턴의 이런 생각은 성격을 그 이면의 신경생물학적 메커니즘과 연결해보려는, 현대 성격심리학의 선구가 된 매우 현대적인 생각이었다. 따라서 골턴은 최소한 원칙적으로는 현대 성격심리학의 여러 방법론을 이미 구상하고 있었다고 볼 수 있다. 그의 논문에서 언급되지 않은 것은 오늘날 성격 연구의 가장 일반적이고도 기초적인 자료인 사람들의 자기 성격 진단 자료다. 현대의 성격 연구는 사람들이 스스로 평가해 보고한 자기 성격 진단―드물게는 타인의 성격 진단―자료에 기초하고 있다. 이런 자료는 빠르고 쉽게 수집할 수 있기 때문에 자료의 신뢰성이 인정된 것은 성격심리학으로서는 행운이라 할 수 있다.

'성격특성'은 무엇인가?

골턴이 이런 연구를 한 지 10~20년 후에 성격에 대한 체계적인 실험 연구가 시작되었지만, 이를 성격심리학 역사에 포함시키는 것은 적절치 않다. 우리의 목적상, 성격심리학의 핵심 관념은 '특성trait'(이 책에서 말하는 '성격특성')을 언급하는 것으로 충분하다. 특성이란 개인별로 다른 그 특성의 정도를 모두 포괄하는 의미다. 신경성은 하나의 특성, 즉 신경과민적인 반응속도가 될 수 있다(여기서 유념할 것은, 동일한 용어가 그 특성의 한 극단적인 상태 또는 그 특성 자체를 의미하는 것으로 사용되는 경우가 많다는 것이다. 예컨대 '신경성'은 '전혀 신경과민 아님'이라는 한 극단에서 '매우 신경과민임'이라는 반대편 극단까지를 모두 포괄하는 의미로도 사용된다. 마찬가지로, 외향성은 '결코 외향적이지 않음'에서 '매우 외향적임'까지를 포괄하는 의미로도 사용된다).◆

한 사람을 한 특성으로만 직접적으로 묘사할 수 없다(즉 'A는 신경과민이다'라는 식으로 A에게 그 특성을 곧장 부여할 수 없다). 대신 그 사람의 행동을 통해 그 사람이 갖는 '특성의 정도'를 추론할 수 있을 뿐이다(즉 'A는 가끔 신경과민적이다'로 표현할 수는 있다). 누구도 항상 신경과민 상태에 있을 수는 없다. 다만 어떤 사람은 다른 사람보다 더 자주, 더 많이 신경과민적일 수 있다. 어떤 사람이 어떠어떠한 경향의 신경증적인 특성을 가지고 있다고 말하려면, 그 사람이 오랫동안 꽤 일관되게 그 경향의 신경증적 특성을 보여야 한다(여기서

◆ 고든 올포트는 독창적인 저서 『성격: 심리학적 해석Personality: A Psychological Interpretation』(1937)에서 '특성' 개념을 설명하고 있다. 고든의 특성 개념은 현대에 와서도 동일하게 사용되고 있다. 이 책에서 내가 말하는 성격심리학은 성격심리학 전반을 다루는 것이 아니라 정확히 말하면, 성격특성심리학 personality trait psychology을 말한다. 성격특성이 아닌, 성격 과정과 성격의 전반적인 기능을 연구하는 학자도 있다.

미리 말하자면, 5대 (성격)요인은 모두 '특성'이다. 그런데 사람들이 5대 특성five-trait 대신 5대 (성격)요인five-factor이라고 부르는 이유는 'five'와 'factor'의 두운을 맞추고 싶어서인 것 같다).

성격은 사과가 되었다 배가 되었다 하는 것처럼 불연속적인 것이 아니라, 키의 성장처럼 연속적이다. 일정한 수의 불연속적인 성격 '유형'이 있다는 견해가 일부에서 오랫동안 꾸준한 인기를 끌고 있지만, 이는 근거가 없다. 성격의 구조는 사람들 간에 동일하며, 성격 특성의 정도만 다를 뿐이다. 즉 모든 사람에게 키와 몸무게가 있듯이 사람들은 5대 성격특성을 모두 갖고 있다. 다만 여기서 다른 것은 키와 몸무게의 정도, 즉 5대 성격의 수치다.

성격을 나타내는 개념들이 신경생물학에서 나온 것은 아니지만, 많은 성격심리학자들은 이 성격 개념이 신경생물학적으로 실재한다고 믿고 있다. 즉 처음에 우리는 일련의 행동을 통해 성격을 추론함으로써 성격을 정의하겠지만, 신경시스템의 구조를 완전히 파악하게 되면 '로버트는 신경성 수치가 높다'라는 표현을 로버트의 뇌 구조를 묘사하는 표현으로 바꿀 수 있다. 따라서 성격을 표현하는 것은 결국엔 사람들 간의 신경생물학적 차이, 심지어 사람들 간의 유전적 차이를 표현하는 일이 될 것이다. 이것이 바로 현대 신경심리학의 중심 논제다.

사교활동을 좋아하는 사람은 여행도 좋아하고, 섹스도 좋아하고, 경쟁심도 강하다

그러면 성격특성을 어떻게 발견하고 이해할 수 있는지 알아보자. 이를 위해 최근 내가 수행한 연구결과를 사용할 것이다. 나는 나이와 배경별로 영국인을 대표하는 545명의 영국 성인들에게 다양한 질문을 했고, 이들은 이 질문에 대해 1점에서 5점까지 점수로 답했다. 그 질문 중 두 가지는 다음과 같다.

- 사교활동에 얼마나 많은 시간을 쓰고 있습니까?
- 여행을 얼마나 좋아합니까?

사교활동에 쓰는 시간(A)과 여행을 얼마나 좋아하는지(B)에 대한 사람들의 자기평가 사이의 상관관계는 0.20이었다. 상관지수(보통 r 이라고 한다)는 한 변수(예컨대 A)의 양이 달라질 때, 다른 변수(예컨대 B)의 양이 얼마나 달라지는지를 나타내는 것이다. A와 B의 상관지수가 1이라는 것은 A가 변화하면 B도 똑같은 만큼 변화한다는 것을 의미한다. 이 경우 A의 변화에 따라 B가 어떻게 변할지 정확히 예측할 수 있다. 상관지수가 0이라는 것은 A의 변화와 B의 변화는 아무런 관계가 없으며, A가 변해도 B의 변화에 대해서는 아무것도 예측할 수 없음을 의미한다. 사람의 키와 몸무게의 상관지수는 약 0.68이다. 이는 한 사람의 키가 크면 상대적으로 몸무게가 많이 나가며, 키가 작으면 몸무게도 가벼울 가능성이 크다는 것을 나타낸다. 물론 키가 같은 두 사람의 몸무게가 다를 수 있기 때문에 키로 몸무게를, 또는 몸무게로 키를 완벽하게 예측할 수 없고, 따라서 키와 몸무게의 상관관계는 1이 아니다. 그럼에도 불구하고 키와 몸무게의 상관관계는 0보다 훨씬 크다. 이것이 의미하는 것은, 한 사람의 키를 알면 모를 때보다 그 사람의 몸무게를 예측하는 데 더 도움이 된다는 것이다.

내 자료에서 여행을 좋아하는 것과 사교활동 시간 간의 상관관계(0.20)는 키와 몸무게의 상관관계(0.68)보다 훨씬 낮았다. 그러나 0보다는 높은 수치이다. 여행을 좋아하는 것과 사교활동 시간 간에 논리적 연관성이 전혀 없는데도 이런 상관관계가 있다는 것은 사뭇 재미있는 현상이다. 어떤 사람은 다른 이와 어울려 여행하는 것보다 혼자 여행하는 것을 좋아할 수 있겠지만, 이는 545명 연구대상자들의 일반적인 경향이 아니었다.

나는 또한 이들에게 자신의 경쟁심을 어떻게 평가하는지 물었다. 자신의 경쟁심과 여행을 좋아하는 것과의 상관관계는 0.12로 나왔고, 경쟁심과 사교활동 시간의 상관관계는 0.11로 나왔다. 이는 그리 높은 수치는 아니지만, 0보다는 여전히 높은 수치다. 여기에도 재미있는 현상이 읽힌다. 경쟁심이 있는 사람들은 일에 쫓겨 여행이나 사교시간이 없다고 생각할 수 있겠지만, 자료에 의하면 그렇지 않았다. 사람들과 어울리고 여행을 좋아하는 사람들 중에도 적극적으로 경쟁하는 사람이 있었다(평균적으로 그렇다는 것이다. 그렇지 않은 경우도 많다).

다음, 나는 545명의 대상자들에게 섹스에 대한 관심도를 물었다(여행, 사교, 경쟁심, 섹스의 상관관계는 〈표 1〉을 참조하라). 섹스에 대한 관심과 다른 세 가지 활동과의 상관관계가 아주 높은 것은 아니지만, 상당한 관계가 있는 것으로 나타났다. 평균적으로, 여행을 좋아하는 사람은 여행을 좋아하지 않는 사람보다 조금 더 경쟁적이고,

조금 더 섹스에 관심이 있으며, 조금 더 많은 시간을 사교활동에 썼다. 자료가 다소 중복된다고 할 수 있다. 어떤 사람이 정말 섹스에 관심이 있다면, 그가 해외여행을 좋아하고 열심히 일하고 열심히 노는 유형의 사람으로 밝혀져도 그리 놀라운 일은 아니다. 한 사람의 섹스에 대한 태도는 다른 태도에 대한 정보―결코 완벽하지는 않지만 어느 정도 유용한―를 함축하고 있다.

또 다른 변수들을 살펴보자. 나는 이들에게 '우울'하거나 '의기소침'할 때, 가까운 사람에게든 직업상담사에게든 도움을 청한 적이 있는지 묻고, 또 얼마나 '걱정'되고 '불안'을 느꼈기에 도움을 청했는지 물었다. '우울함을 느낄 때 청하는 도움'과 '걱정될 때 청하는 도움'은 서로 긍정적인 상관관계가 있었다(상관지수 r = 0.46). 이는 걱정이 있을 때 진지하게 도움을 청하는 사람이, 우울함을 느낄 때 진지한 도움을 청할 가능성이 평균보다 높다는 것을 의미한다.

〈표 1〉 네 요소 간의 상관관계

	사교활동	여행	경쟁심	섹스
사교활동	1	0.20	0.11	0.25
여행		1	0.12	0.16
경쟁심			1	0.18
섹스에 대한 관심				1

* 영국 성인 545명을 대상으로 한 조사. 숫자는 우리가 알아야 하는 각 요소 간의 상관관계로서 모든 상관관계는 0보다 상당히 높았다. 사교활동에 시간을 많이 쓰는 사람은 섹스에 대한 관심도 높다.

사람마다 고유한 성격 패턴이 있다

위의 결과들은 별로 놀라운 일도 아니다. 더 재미있는 것은 앞의 네 변수와 뒤의 두 변수 간의 관계다. 우리는 서로 반대되는 두 경우를 가정할 수 있다. 우선, 밖으로 돌아다니고, 열심히 사람을 만나며, 열심히 일하고, 다사다난한 삶을 사는 사람이 우울증과 신경쇠약(걱정)에 걸릴 위험에 많이 노출되어 있다고 생각할 수 있다. 따라서 우울증과 신경쇠약이란 두 변수와 경쟁심, 여행 등의 변수 사이에는 플러스 상관관계가 있을 것으로 추측할 수 있다. 반대로, 여행을 하고 사교활동을 하는 사람은 분명 유쾌하고 쾌활한 타입일 것이기 때문에 여행과 사교활동 같은 활동과 우울증이나 신경쇠약 사이에는 마이너스 상관관계가 있을 것이라고 추측할 수 있다. 즉 여행과 사교활동을 많이 할수록 우울증과 신경쇠약에 빠질 확률은 적으며, 따라서 '여행·사교활동'과 '우울증·신경쇠약' 간의 상관지수는 0보다 낮고 완전한 반비례 관계인 -1을 향해 간다고 볼 수 있다.

그러나 실상은 '우울증'과 '여행, 경쟁심, 사교활동, 섹스에 대한 관심' 간의 상관관계는 모두 0에 가깝다. 신경쇠약의 경우도 마찬가지다. 어떤 사람이 우울증이나 신경쇠약에 걸릴 가능성이 높은지 알고 싶다고 해도, 그 사람이 여행을 좋아한다거나 섹스에 관심이 많다거나 하는 정보는 전혀 도움이 되지 않는다. 우울증이나 신경쇠약에 걸리게 만드는 요인은, 사람을 경쟁적으로 만들고 다른 사람보다 섹스를 더 좋아하게 만드는 요인과는 아무런 관련이 없는 것이다.

이같은 연구에서 우리가 직면하는 문제는 계산해야 할 상관지수의 수가 고려하려는 변수의 수에 따라 기하급수적으로 늘어난다는 것이다. 변수가 2개면 1개의 상관지수, 변수가 3개면 3개의 상관지수만 계산하면 되지만, 변수가 4개면 6개의 상관지수, 변수가 5개면 10개의 상관지수, 변수가 10개면 46개의 상관지수를 계산해야 한다. 이는 매우 지루하고, 자료의 패턴을 이해하기 어렵게 만드는 일이다. 이럴 경우 우리는 요인분석factor analysis이라는 걸 하는데, 요인분석은 성격 연구에서 많이 사용하는 방법의 하나다.

요인분석은 이와 같이 모든 자료를 일일이 계산하는 번거로움, 즉 자료의 중복성을 제거하는 방법이다. 앞서 살펴본 것처럼 여행, 경쟁심, 사교활동, 섹스에 대한 관심이라는 네 가지 변수 중 하나는 다른 세 가지 변수에 대한 정보를 제공한다. 따라서 사람마다 이 네 변수 전부를 일일이 계산하는 것은 다소 불필요한 중복작업이다. 이 네 변수를 모두 포괄하는 한 가지 변수(이를 '복합변수composite variable' 또는 '요인factor' 이라 한다)만 계산해도 그 경향을 알 수 있다. 예컨대 어떤 사람이 이 복합변수(이를 복합변수 1이라 하자)에서 높은 수치를 보이면, 네 변수를 일일이 계산하지 않고도 그가 매우 경쟁적이며, 섹스에 관심이 많고, 여행을 좋아하며, 사교활동에 많은 시간을 쓴다고 말할 수 있다. 두 번째 복합변수(이를 복합변수 2라 하자)는 서로 중복되는 두 변수인 우울증과 신경쇠약에 걸리는 정도를 말해주는 변수다. 따라서 한 사람의 단 두 가지 정보, 즉 복합변수 1의 점수와 복합변수 2의 점수만 알면, 그 사람이 앞의 네 변수와 뒤의 두 변수에서 어떤 태도를 보일지 알 수 있게 된다. 모든 상관관계가 1보다 훨씬 적기 때문에 이런 방법을 사용하면 각 개성에 대한 많은 정보를 잃게 되겠지만, 자료의 중복을 제거하고 단순화시킨 데서 얼는 것이 많다.

바로 이것이 요인분석의 핵심이다. 요인분석을 더 자세히 설명하지는 않겠다. 다만 요인분석이란, 관련된 모든 변수들의 상관지수에 기초한 통계기법이며, 컴퓨터로 요인분석을 하는 데는 1초도 걸리지 않는다는 정도만 말하겠다. 간단한 요인분석을 우리가 살펴보고 있는 자료에 적용해보자. 요인분석에 따라 두 가지 복합변수, 즉 두 가지 요인이 추출된다. 반드시 두 가지 요인만 추출되는 것은 아니다. 자료에 중복만 없다면, 변수만큼이나 많은 요인이 있을 수 있다. 그러나 우리의 사례에서 필요한 요인은 두 가지이며, 이 두 가지 요인과 앞서 제시한 여섯 가지 변수 모두와의 상관관계는 어느 정도인지 〈표 2〉처럼 나타낼 수 있다.

〈**표 2**〉 6가지 변수와 복합변수 간의 상관관계(상관지수)

처음 6개의 변수	요인 1 (외향성)	요인 2 (신경성)
사교활동	0.67	0.01
여행	0.59	− 0.11
경쟁심	0.50	− 0.09
섹스에 대한 관심	0.68	0.17
우울증	− 0.01	0.85
신경쇠약	− 0.05	0.85

* 상관지수 1 : 두 요인 간의 관계가 100퍼센트 비례한다는 것을 뜻한다.
* 상관지수 0 : 두 요인 간의 관계가 전혀 없다는 것을 뜻한다.
* 상관지수 −1 : 두 요인 간의 관계가 100퍼센트 반비례한다는 것을 뜻한다.
* 두 요인 간의 상관관계는 상관지수 1에서 상관지수 −1 사이에 다양하게 분포되며, 그 수치를 통해 두 요인 간의 상관관계가 어느 정도인지 파악할 수 있다.

〈표 2〉를 통해 알 수 있듯, 요인분석을 통해 두 가지 기본 패턴을 발견했다. 요인 1은 '사교활동' '여행' '경쟁심' '섹스에 대한 태도'라는 네 형제가 함께 살고 있는 일종의 집(네 변수와 통계적으로 관련성이 높은 '플레이스홀더placeholder')이고, 따라서 요인 1과 이 네 변수들 간의 상관관계는 상대적으로 높다. 그런데 요인 2는 이들 네 변수와는 거의 관계가 없는 대신 '우울증'과 '신경쇠약'이라는 두 변수(형제)와는 상당한 관련이 있다. 따라서 요인 2는 우울증 및 신경쇠약과 상관관계가 높다. 여기서 미리 밝히면, 요인 1은 '외향성'이라는 성격특성이며, 요인 2는 '신경성'이라는 성격특성이다. 이러한 각 성격에 대해서는 3~7장에서 자세히 다룰 것이다. 여기서는 5가지 성격특성이 있다는 것만 이해하고 넘어가면 된다. 성격이론가들은 성격특성이 선험적으로 존재한다는 것을 가정하지 않으며, 어떤 사유나 기타 비경험적 수단으로 성격특성을 발견하려고 하지도 않는다. 대신 이들은 실제 사람들로부터 나온 수많은 자료를 가지고, 그 자료에서 확인할 수 있는 성격특성(플레이스홀더)들만 인정한다.

5가지 성격특성: 외향성 · 신경성 · 성실성 · 친화성 · 개방성

수많은 사람들의 행동이나 특징에 대해 요인분석을 한 결과, 정확히 5가지 성격특성이 추출되었다. 이는 1930년대 초에 이미 소개되었고, 다양한 연구에서도 이런 결과가 나왔다. 결국 1980년대에 와서 성격특성이 5가지라는 것에 많은 연구자들이 동의했다. 폴 코스타와 로버트 매크래같이 적은 수의 성격특성을 갖고 연구하던 학자들도 5가지 성격특성으로 더 많은 것을 설명할 수 있음을 깨달았다.

한편, 훨씬 많은 성격특성을 갖고 연구하던 학자들도 성격특성을 5
가지로만 줄여도 정보 손실 없이 신뢰할 만한 설명을 할 수 있음을
발견했다. 이로써 이러한 학계의 합의를 반영하는 많은 논문들이 나
오기 시작했다. 즉, 5가지 성격특성만 갖고도 매우 다양한 인간의
행동 특성을 설명할 수 있게 된 것이다. 더욱이 이 5가지 성격특성
의 내용은 언제나 거의 동일했다. 학자마다 5가지 성격특성 각각에
다양한 이름을 붙이긴 했지만, 그 내용은 극히 동일했다. 이 5가지
성격특성에 대해서는 3~7장에서 차례대로 살펴보겠지만, 독자를 위
해 〈표 3〉에 간략히 정리해보았다.

　다른 모델들도 5대 성격특성 틀 내에서 설명할 수 있기 때문에 5
대 성격특성이 성격 연구에 가장 적합하다는 것을 확인할 수 있다.
가령, 레이먼드 커텔Raymond Catell은 16개의 성격특성을 사용했지만,
그중 여러 개는 서로 관련되어 있고, 이들 성격특성을 5가지로 묶을
수 있기에 커텔의 성격특성 수는 훨씬 더 줄어들 수 있다. 또 한스

〈표 3〉 5대 성격특성

성격특성	수치가 높은 사람	수치가 낮은 사람	참조
외향성	사람들과 잘 어울리며 열정적임.	사람들과 어울리지 않고 조용함.	3장
신경성	스트레스를 잘 받고 걱정을 많이 함.	감정적으로 안정됨.	4장
성실성	체계적이며 자발적임.	충동적이며 부주의함.	5장
친화성	잘 믿고 감정이입을 잘 함.	비협조적이고 적대적임.	6장
개방성	창조적이고 독창적임.	실용적이고 보수적임.	7장

아이젠크Hans Eysenck는 다양한 성격자료를 외향성, 신경성, 정신병적 경향성Psychoticism의 3가지 성격특성으로 분류할 수 있다고 주장했다. 그런데 아이젠크의 3가지 성격특성 중 외향성과 신경성은 이미 5대 성격특성 모델에 존재하며, 정신병적 경향성은 5대 성격특성 중 성실성과 친화성을 합한 것이다. 따라서 아이젠크의 이론에서 항상 논란이 되었던 정신병적 경향성을 성실성과 친화성으로 나누고, 개방성을 추가하면, 5대 성격특성 모델에 반기를 들었던 아이젠크의 이론은 다시 5대 성격특성 모델로 회귀한다. 겉보기에는 다른 것 같지만 결국 5대 성격특성 모델과 마찬가지인 것이다.

따라서 5대 성격특성에 대해 학자들의 합의가 이루어졌고, 이 책 프롤로그에 첨부한 '성격진단표'를 포함해 5대 성격특성을 측정하는 수많은 설문지가 등장했다. 그러나 이 설문자료들은 사람들이 자신의 성격을 스스로 평가해 보고한 것이다. 설문에 응답할 때 사람들은 당시의 기분, 자신이 원하는 자신의 모습, 자신에 대한 불완전한 지식, 그리고 다른 여러 요인들에 영향을 받기 때문에 자료의 신뢰성이 의심스러울 수도 있다. 그렇다면, 5대 성격특성에 대한 자기 평가가 장기적으로 그들의 행동을 이해하는 데 과연 유용한 것일까?

결론부터 말하면 유용하다. 유용하다는 여러 증거가 있다. 우선, 사람들이 스스로 평가해 보고한 점수는 오랜 시간이 흘러도 일정했다. 한 연구에서 사람들은 12년 동안 세 번(1년 차에 1회, 6년 후에 2회, 12년 후에 3회) 자신의 성격을 진단하고 점수를 보고했는데, 마지막 세 번째 보고한 점수(12년 후의 점수)와 처음 보고한 점수 사이에는 0.68에서 0.85의 상관관계가 있었다. 이는 상관관계가 매우 높은 것이다. 이 정도의 상관관계는 처음 진단한 성격점수와 6일 후 진단한 성격점수 간의 상관관계와 거의 비슷하다. 변덕스러운 기분 때문에 처음 점수와 나중 점수 간에 다소 차이가 있지만, 그 차이는 정말 작다. 이런 차이를 감안할 때 사실상 처음 점수와 나중 점수는 일주일이 지나든 10년이 지나든 일정하다. 또 A가 자신의 성격을 평가한 점수는 A를 잘 알고 있는 가까운 사람이 A를 평가한 점수와 상당히 비슷하다. 전혀 모르는 사람이 A의 성격을 평가할 경우엔 상관관계가 없지만, A를 잘 아는 사람일수록 그 상관관계는 높아진다. A가 스스로 평가한 점수와 그를 잘 아는 사람이 A를 평가한 점수 간의 상관관계는 보통 약 0.5 정도다.

성격수치로 결혼생활을 예측할 수 있다

성격점수와 행동을 직접 관찰한 결과를 비교함으로써 성격점수가 어떤 의미를 갖는지 알 수도 있다. 이는 골턴이 주장한 방법이다. 이런 비교는 심리학자가 직접 돌아다니면서 한 것이 아니라 대학 실험실에서 많이 행해지는 방법이긴 하지만, 그럼에도 불구하고 유용했다. 실험 결과, 외향성 수치가 높은 사람은 스스로 그렇다고 평가한 것처럼 실제로도 말을 더 많이 했다. 스트레스를 주고 기분 나쁜 것을 보거나 생각하도록 했을 때, 신경성 수치가 높은 사람은 신경성 수치가 낮은 사람보다 실제로 더 기분 나빠했다. 어떤 이야기를 들었을 때, 친화성이 높은 사람은 친화성이 낮은 사람보다 이야기 속 등장인물의 정신상태에 실제로도 더 많은 관심을 보였다. 이런 예는 아주 많다. 더 흥미로운 문제는, 한 사람의 성격수치를 가지고 그 사람 삶에서 실제 어떤 일이 벌어질지 예측할 수 있느냐 하는 것이다.

그럴 수 있다는 증거가 점점 늘어나고 있다. 여기서는 그중 몇 가지 증거만 소개하겠다. 첫 번째 증거는 로웰 켈리E. Lowell Kelly와 제임스 콘리James Conley의 연구다. 켈리는 처음 자료를 모을 때부터 연구 논문을 발표할 때까지 52년 동안 헌신적인 연구를 했기 때문에, 칭송받아 마땅하다. 이렇게 장기간에 걸쳐 수집, 분석된 자료는 인간의 장기적인 삶의 패턴에 관심을 갖고 있는 우리에게 매우 귀중한 자원이라 할 수 있다. 1935년부터 1938년까지 켈리는 주로 미국 코네티컷 주 출신의 약혼자 300쌍을 모집했다. 그후 켈리는 이들이 결혼한 직후, 그리고 1954년과 1955년 사이, 또 1980년과 1981년 사이에 이들을 일일이 만나 그들의 결혼생활—즉 그들이 여전히 결혼을 유지하고 있는지, 결혼생활이 얼마나 행복한지—에 관한 자료를 모았다. 1930년대에 켈리는 각 부부와 가까운 5명의 지인들에게 이들 부부의 성격수치를 평가해줄 것을 요청했다. 이를 통해 켈리는 기본적으로 외향성, 신경성, 성실성, 친화성의 4가지 평균 성격수치를 뽑아냈다.

1930년대에 지인들이 평가한 성격수치를 가지고 부부들의 결혼생활을 상당히 정확하게 예측할 수 있다는 결과가 나왔다. 남자나 여자 중 한 사람이라도 신경성 수치가 높은 경우 이혼할 가능성이 훨씬 높았고, 이혼하지 않고 같이 살더라도 (이들 부부 각자가 평가한 바에 따르면) 결혼생활이 그다지 행복하지 않았다. 높은 신경성 수치를 보이는 사람이 쉽게 빠져드는 부정적인 감정이 결국엔 실제 삶에도 영향을 미쳤던 것이다. 켈리의 연구에서 또 다른 재미있는 패턴을 발견할 수 있다. 여자가 아닌 남자의 성실성 수치로 이혼을 예측할 수 있다는 것이다. 남자의 성실성 수치가 낮을수록 이혼 가능성은 더 높았다. 켈리와 콘리가 수집한 이혼 사유에 따르면, 성실하지 않은 남자는 기본적으로 가장으로서도 좋지 않았다. 이들 중 어떤 이는 술주정뱅이였고, 또 어떤 이는 경제적으로 무책임했으며, 두 경우 모두에 속한 사람도 있었다. 300쌍의 부부들은 제2차 세계대전 이전에 결혼한 사람들이었기 때문에 남녀 역할이 구분되는 전통적인 삶을 산 사람들이다. 따라서 일반적으로 이 시대의 여성은 가족을 부양하는 역할을 하지 않았기 때문에 여성의 성실성이 이혼에 미치는 역할은 미미했다.

불행한 결혼생활을 유지하고 있는 부부와 이혼한 부부 사이의 차이는 외향성과 친화성의 차이에 있다. 외향성과 친화성이 높을수록 불행한 결혼을 유지하기보다는 이혼할 가능성이 크다. 이는 상식에 부합한다. 외향적인 사람은 사람을 만나는 데 능숙하고, 따라서 새 애인을 만나 부인과 이혼할 가능성이 많다. 친화성이 높아 감정이입을 잘하고 공감을 잘하는 사람은 두 사람 간의 관계가 언제 악화되고 있는지를 잘 알고, 그런 상황에서 벗어나기 위해 이런저런 노력을 하기 때문에 이혼할 가능성이 크다. 반면, 다른 사람의 정신상태에 별로 관심을 보이지 않는 사람은 상대방의 냉담, 심지어 적의에도 개의치 않고 그냥 살 가능성이 크다.

터먼의 아이들: 성격으로 수명을 예측할 수 있다

훨씬 더 주목할 만한 연구는 1921년에 시작된 루이스 터먼Lewis Terman의 연구다. 터먼은 지능과, 지능이 삶에 미치는 영향에 관심을 가졌다. 그는 지능이 높은 1,500명의 캘리포니아 주 소년과 소녀들(바로 '터먼의 아이들Termites'로 알려진 이들이다)을 모집해서 이들이 성인이 된 후에까지 추적조사했다. 1991년이 되자, 터먼의 아이들 중 남자의 2분의 1과 여자의 3분의 1이 세상을 떠났다. 그런데 터먼의 아이들의 성격자료는 어렸을 때 모아둔 것이기 때문에, 하워드 프리드먼Howard Friedman과 그의 동료들은 이 자료를 가지고 성격이 장수에 미치는 영향을 조사할 수 있었다. 이들은 터먼의 아이들 중 누가, 언제, 왜 죽었는지 규명하기 위해, 이들의 표현을 빌리면 '별로 협조적이지 않은 관료'들로부터 터먼의 아이들의 사망증명서를 꾸준히 수집했다.

1922년 터먼은 아이들의 선생과 부모로부터 아이들의 성격을 평가한 점수를 모았다. 이 성격평가는 물론 5대 성격특성이 확립되기 이전에 행해진 것이지만, 5대 성격특성과 유사한 특성을 뽑아냈다. 그런데 놀랍게도 성실성 수치가 낮은 경우, 어떤 특정 연도에 사망했을 비율이 30퍼센트나 높았다. 성실성 수치로 죽음을 예측할 수 있다는 것이다. 왜 그럴까? 터먼의 아이들의 주 사망원인은 암과 심장병이었는데, 성실성 수치가 높은 사람은 이런 병에 걸릴 확률이 상대적으로 낮았다. 성실성 수치가 높은 사람은 술과 담배를 적게 하고, 다른 생활습관도 더 성실했다고 볼 수 있다. 또한 프리드먼과 동료들은, 어린 시절에 낙천적이고 사교적이었던 사람의 사망 가능성이 다른 사람보다 더 크다는 것을 발견했다. 사교적이고 낙천적일수록 사망 가능성이 컸던 것이다. 분명한 사실이었다. 이런 사실은 긍정적인 감정이 장수에 도움이 된다고 생각하는 우리의 직관에 반하는 것이긴 하지만, 외향적인 사람은 더 큰 위험을 감수한다는 3장의 내용으로 설명될 수 있다.

이 재미있는 발견으로 인해 성격수치가 별 의미 없다거나, 성격수치는 보는 사람에 따라 다르다거나, 또는 성격수치는 보고한 사람이 자신에 대해 지껄이는 이야기에 불과하다거나 하는 주장은 더 이상할 수 없게 되었다. 살아 있다거나 성공적인 결혼생활을 하고 있다는 것은 경험적으로나 진화론적 관점에서 매우 중요한 삶의 한 측면이다. 따라서 평가하는 데 10분밖에 걸리지 않는 성격수치를 가지고 불완전하게나마 그 사람의 삶을 예측할 수 있다면, 우리는 성격수치에 주목해야 한다. 인간의 삶이 대단히 복잡하고 예측하기 어렵다는 것을 감안할 때, 성격수치를 가지고 인간의 삶을 조금이나마 예측할 수 있다면, 그러려고 노력해야 한다. 이 책의 목적이 바로 그것이다.

성격심리학의 과제: 왜 성격의 개인차가 존재하는가?

이 책 프롤로그에서 나는 성격심리학이 르네상스를 맞고 있다고 말했다. 그러나 르네상스가 오기 전에는 암흑시대를 거치기 마련이고 성격심리학도 그랬다. 1970년대와 1980년대에는 성격특성 측정결과에 문제가 많았고, 몇 개의 일반적인 성격특성을 측정해서는 알아낼 게 별로 없다는 회의적인 시각이 만연했다. 이런 회의주의가 만연했던 이유, 그리고 성격심리학이 이런 시련을 딛고 어떻게 부활했는지 잠시 살펴보자.

성격심리학에 대한 가장 일반적인 비판은 성격심리학의 설명이 순환논리라는 것이다. 다음 예를 보자. 앞서 살펴본 성격평가 자료에 따라 여행, 사교활동, 섹스에 대한 관심 같은 행동은 함께 발견되며, 이런 행동들 이면에는 어떤 공통된 특성, 즉 외향성이라는 성격이 있다고 추론할 수 있다(행동을 통해 외향성을 추론할 수 있다). 외향성은 그 자체로 직접 관찰하거나 측정할 수 있는 게 아니고 여러 행동을 평가한 결과를 가지고 추론된다. 이런 식으로 어떤 사람에게서 외향성을 발견하면, 우리는 이제 그 외향성으로 그 사람의 행동이나 경향을 설명한다(외향성을 가지고 행동을 설명한다). 예컨대, 어떤 사람이 말을 많이 하면, 우리는 그가 "외향성 수치가 높기 때문에 말이 많다"고 말한다. 그러나 '외향성'은 같이 나타나는 일련의 행동들(이런 행동에는 말이 많은 것도 포함된다)로 규정(추론)된다. 결과적으로 우리는 말이 많다는 것을 가지고 그 사람의 외향성을 추론했는데, 이렇게 추론한 외향성을 가지고 다시 말이 많은 것을 포함한 일련의 행동(여행을 많이 하는 것 등)을 설명한다. 이런 식의 설명은 몰리에르Molière의 희극 〈상상병 환자Le Malade Imaginaire〉에 나오는 의사의 순환적이고 동어반복적인 설명과 같다. 〈상상병 환자〉에 등장하는 의사는 어떤 약이 사람을 잠들게 만드는 이유가 무엇이냐는 질문을 받고 그 약에 '최면 성분'이 있기 때문이라고 답한다. 그런데 그 약에 최면 성분이 있다는 것은 어떻게 알까? 물론, 그 약이 사람을 잠들게 하기 때문에 그것을 알 수 있다.

성격이론의 설명은 '최면 성분'의 순환논리처럼 그렇게 극단적인 것은 아니다. 한 행동을 통해 성격을 추론하면 적어도 어떤 행동들이 함께 나타날지는 대강 예측할 수 있다. 그럼에도 성격평가 자료에서 추출한 5대 성격특성으로는 여러 행동들의 피상적인 공통성만 알 수 있을 뿐이다. 성격특성을 추론해냈다고 해서 자동적으로 설명력을 갖는 것은 아니다. 따라서 성격심리학적 설명이 순환논리라는 비판은 옳다. 그러나 내가 주장하려는 것은 그런 비판이 옳기도 하지만 동시에 부당하다는 것이다. 우리가 5대 성격특성을 성격평가 자료에서 추출하는 데서 멈춘다면, 어떤 행동들이 함께 발생할지에 대해 (실질적으로 설명하지 않고) 일반화하려 할 것이고, 그렇다면 성격심리학의 설명이 순환논리라는 비판은 옳다. 그러나 일반적으로 성격심리학자들은 5대 성격특성을 성격평가 자료에서 추출하는 데서 그쳐서는 안 된다고 믿기 때문에 이런 비판은 부당하다.

　지난 50년 동안 주요한 성격특성이 무엇인지에 대해 수많은 연구가 있었지만, 이것은 성격심리학의 끝이 아니고 시작이었다. 우리는 무엇이 실제 서로 다르고 무엇이 같은지 구분해주는 일련의 중요한 성격특성들을 규명하지 않고서는 절대로 성격 연구를 할 수 없다. 지금까지 5대 성격특성 연구의 대부분은 이런 중요한 성격특성을 규명하는 단계에 있었다. 어떤 동물들이 있으며 이 동물들은 어떤 종에 속하는가를 연구하는 동물자연사와 매우 흡사한 연구를 해왔던 것이다. 이렇게 성격특성을 규명한 후, 다음 단계는 이 성격특성과 실제 삶의 관련성을 연구하는 것이다. 즉 성격평가를 통해 규명한 성격특성들이 실제 세계(객관적으로 관찰 가능한 행동과 삶)와 어떤 관련이 있는지 연구하는 것이다. 앞서 살펴본 성격과 결혼, 성격과 장수에 대한 연구결과는 성격특성이 현실의 삶과 관련이 있음을 보여준 대표적인 연구들이라 하겠다. 그 다음 단계는 성격 저변에 있는 내적 기초, 한 사람의 성격을 결정하는 내적 요인은 무엇인지 규명하는 것이다. 즉 성격심리학의 궁극적 목적은 '왜' 어떤 사람은 다른 사람보다 더 여행에 관심을 갖는지, 혹은 '왜' 어떤 사람은 다른 사람보다 우울증이나 신경쇠약에 더 잘 걸리는지를 밝히는 것이다. 이는 매우 흥미로운 연구이며, 르네상스를 맞이한 지금의 성격심리학이 착수한 연구과제가 바로 이것이다.

성격 차이는 뇌구조와 뇌기능이 만들어내는 차이다

심리학 같은 행동과학에서 '왜'라는 질문은 몇 가지 다른 의미를 갖는다. 때로 그것은 '특정한 성격을 유발하는 신경시스템 구조는 어떤 것인가'를 구체적으로 묻는 것이기도 하다. 지난 수년간 우리는 PET와 fMRI 같은 뇌촬영 기술을 이용할 수 있게 되었기 때문에 이 부문에서 많은 진전을 이룰 수 있었다. 뇌촬영 기술 덕분에 우리는 절개하거나 특별한 기구를 삽입하지 않고도 깨어 있는 사람의 뇌신경핵 크기와 형태를 측정할 수 있게 되었다. 더 중요한 것은 이런 기술 덕분에 그 사람이 특별한 과제에 반응할 때 뇌의 신진대사 활동이 어떻게 변하는지 알 수 있게 된 것이다.

이용한 지 얼마 되지 않았지만, 이런 기술을 활용해 우리는 성격이 눈으로 볼 수 있는 뇌 활동에서 비롯된다는 증거들을 찾아낼 수 있었다. 오랫동안 감정과 관련된 것으로 여겨졌던 뇌 영역의 조직과 조절작용은 그 크기와 구조, 기초활동 대사, 그리고 특정한 과제를

57

수행할 때의 활성화 정도에 있어서 사람마다 서로 다르다. 이런 뇌 영역에는 편도amygdala, 전두대피질anterior cingulate cortex, 측좌핵nucleus accumbens, 측중격핵, 전전두피질pre-frontal cortex 등이 포함된다. 뇌 영역의 조직과 조절작용이 사람마다 다르다는 것은 설문지로 측정한 성격 특성(특히, 외향성, 신경성, 성실성) 또는 성격과 깊이 연관된 우울증에 관한 수많은 연구에서 밝혀지고 있다. 따라서 더 이상 5대 성격특성이 단순히 사람의 행동을 묘사한 것이라거나 자기이미지에 불과하다고 말할 수 없다. 따라서 앞으로 5대 성격특성 연구는 신경구조의 차이와 다양한 뇌 영역의 기능을 집약적으로 탐구하는 노력이 될 것이다.

타고난 것인가, 환경의 영향인가?

아까 말한 '왜'라는 질문은 때로 '개인의 발전 패턴이 어떻게 나타나느냐'에 관한 것이기도 하다. 이는 부분적으로 유전된 천성과 양육환경이 성격에 미치는 영향은 무엇인가, 라는 질문이기도 하다. 행동유전학자들은 일란성 또는 이란성 쌍둥이, 혹은 입양된 형제와 친형제들의 성격 유사점을 비교하는 방법으로 이 문제를 연구한다. 쌍둥이들 혹은 입양된 형제와 친형제라는 조건은 모두 자연스러운 실험이 가능하다. 일란성이든 이란성이든 쌍둥이들은 자라는 환경이 같다. 그러나 일란성 쌍둥이들은 서로 유전자 변이를 100퍼센트 공유하지만, 이란성 쌍둥이들은 유전자 변이를 50퍼센트 공유한다. 입양된 형제와 친형제들의 경우, 입양된 형제들은 양육환경만 공유하지만, 친형제들은 양육환경을 공유하면서 유전자 변이도 50퍼센트 공유한다. 따라서 행동유전학자들은 성격상 상관관계의 차이─예를 들면, 일란성 쌍둥이가 이란성 쌍둥이보다 성격상 얼마나 더 비슷한가 하는─를 봄으로써 유전적 요인이 성격에 얼마나 영향을 미쳤고, 환경은 또 얼마나 영향을 미쳤는지 연구할 수 있었다.

그 결과, 성격(5대 성격특성 수치)이 서로 다른 원인의 약 50퍼센트는 유전자 변이와 관련 있다는 것이 밝혀졌다. 따라서 서로 다른 성격으로 구별되는 사람들은 그들이 가지고 있는 30,000개의 유전자 중 서로 다른 일부 유전자 형태로도 구별된다. 일부 연구에선 어떤 유전자가 어떤 성격특성과 관련이 있는지 어렴풋이 밝혀내기도 했다. 뒤에서 유전학, 진화, 그리고 뇌에 대해 더 알아볼 것이다. 그러나 분명한 것은 최소한 이 두 가지 연구 영역─특정한 성격을 만드는 신경시스템의 구조와, 유전과 환경이 성격에 미치는 영향에 관한 연구─에서 성격 연구는 단순한 서술 차원을 넘어 빠른 속도로 과학적 성과를 내고 있다는 것이다.

우리가 살펴봐야 할 성격 연구의 다음 이슈는 이른바 성격-상황 논쟁이다. 이 논쟁은 인간의 행동이 그들이 처한 상황(환경)에서 야기된 것인지, 혹은 그 사람의 성격에서 비롯된 것인지, 아니면 이 둘의 상호작용에서 비롯된 것인지에 관한 논쟁이다. "성격이론가들은 상황이 아니라 그 사람의 성격을 보고 행동을 예측한다"라는 주장이 있다. 또한 성격의 실제 행동 예측력은 매우 낮다는 주장도 있다. 이 두 주장 모두 옳은 것은 아니지만, 중요한 것이기 때문에 좀더 살펴볼 필요가 있다.◆

물론, 한 사람의 성격보다 그가 처한 상황으로 그 사람의 행동을 더 잘 예측할 수 있음을 보여준 연구들도 있다. 이 문제를 간략히 살펴보자. 진화과정에서 우리는 조상들이 지속적으로 직면했던 적응의 문제를 해결하기 위해 정교한 정신 메커니즘들을 만들어냈다. 그래서 우리는 위험으로부터 달아나기 위해 공포 메커니즘을 만들어냈고, 짝을 선택하고 종족을 퍼트리기 위해 매력과 흥분 메커니즘을 만들어냈으며, 중요한 동료와 우리를 동일시하고 서로 협력하기 위해 협력 메커니즘을 만들어냈다. 여기서 이런 모든 메커니즘의 본질은 그것이 어떤 특별한 상황(예컨대, 위험에 처한 상황)에서 만들어졌으며, 특별한 반응(심장박동과 아드레날린과 경계심의 증가, 달아나고 싶은 욕구 등)을 촉진한다는 것이다. 자연선택에 의해 (바이러스보다 훨씬 복잡한) 모든 유기체들은 '상황과 이에 대응하는 일련의 행동'에 이르는 과정을 세밀히 계획하는 정신 메커니즘을 갖게 되었다. 따라서 어떤 순간에 어떤 사람이 겁을 먹을 것인지 아닌지(행동)는 예컨대, 그가 지금 작은 굴에서 굶주린 호랑이와 함께 있느냐 아니냐(상황)로 예측할 수 있다.

특정한 순간 그 사람이 얼마나 두려워할지는, 당시 처한 상황이 크게 영향을 끼친다는 것은 아주 당연한 일이다. 분별 있는 성격심리학자라면 이같은 인식을 갖고 있다. 상황이 압도적으로 확실한 영향을 미칠 때는 호랑이 굴 사례처럼 이른바 '강력한 상황strong

◆ 59p의 주: 성격특성이 일관성도 낮고 행동에 대한 설명력도 낮다는 비판은 심리학자 월터 미셸Walter Mischel이 『성격과 평가Personality and Assessment』(1968)에서 제기하였다. 이 책에서 미셸은 모든 영역의 경험적 기초를 검토했다. 그런데, 미셸의 이 중요한 책은 종종 왜곡되고 있다. 그의 주장은 성격심리학자들의 많은 주장에 대해 비판적이고 회의적이지만 내적, 성격적 요인에서 비롯되는 개인 행동에 일관성이 있다는 것을 미셸은 부정하지 않았다. 예를 들면 미셸은 "과거의 경험과 유전적이고 타고난 성격이 행동에 영향을 미치며 개인 간의 차이를 만들어낸다는 것은 의심할 여지가 없다… 실로, 성격심리학에서 가장 주목할 만하고 자명한 발견은 서로 다른 사람들이 동일한 자극에 서로 다르게 반응한다는 사실이다"라고 말하고 있다(Mischel, 1968: 8-9).

situation'이 발생했을 경우다. 강력한 상황이란 자연선택적으로 행동을 설계할 때 고려한 바로 그런 상황을 말한다. 가령, 공포라는 반응(행동)을 유발하는 강력한 상황이란, 커다란 맹수가 있는데 숨을 곳도 달아날 곳도 없으며 무기도 없는 상황이다. 성적 자극을 받는 강력한 상황이란 매우 매력적인 이성이 가까이에 있고, 편하고 친밀한 분위기가 조성되어 그 이성과 관계를 가질 가능성이 큰 상황이다. 이런 상황에서 공포를 느끼지 않거나 성적으로 유혹되지 않는 사람은 극히 드물다.

　그러나 인생이란 이런 강력한 상황으로만 이루어지지 않는다. 오히려 강력한 상황보다 훨씬 약한, 일련의 혼란스러운 상황으로 존재하는 것이 보통이다. 약한 상황이란 어떤 식으로든 범주화할 수는 있겠지만 근본적으로 매우 애매모호한 상황을 말한다. 예를 들면, 밤에 낯선 곳을 걷고 있는데, 좁고 어두운 길에 덩치 큰 남자들이 어슬렁거리면 막연히 위험을 느낄 수 있다. 실제 이런 상황이 위험한 것일 수도 있고 그렇지 않을 수도 있는데, 이를 구별하기란 쉽지 않다. 바로 이런 상황에서 우리는 개인의 성격이 행동과 반응에 어떤 영향을 미치는지 살펴볼 수 있다. 만약 한 개인의 활동역活動閾, threshold of activation, 자극에 반응하여 활동하기 시작하는 점이 낮으면 근심 메커니즘이 활성화되지만, 활동역이 높은 사람은 그냥 산책을 즐길 것이다. 마찬가지로 우리가 직접, 까닭 없이, 그리고 명백히 모욕을 받는다면 우리는 몹시 화가 날 것이다. 그것은 명성-방어 메커니즘이 작동하기 때문이다. 그러나 회사에서는 사소한 경멸과 모욕을 느낄 수 있는 수많은 일이 일상적으로 벌어지는데, 어떤 사람은 그것을 느끼지도 못하고, 어떤 사람은 그냥 웃어넘기며, 또 어떤 사람은 심각하게 받아들여 화를 내기도 한다. 이렇게 차이가 나는 이유는 그 상황에 관련된 심리적 메커니즘의 활동역이 사람마다 다르기 때문이다.

성격으로 미래 행동을 예측할 수 있을까?

이런 논의를 통해 볼 때 행동의 원천으로서의 성격과 상황 사이에는 아무런 모순도 없다. 상황이 정신적 메커니즘을 작동시키고, 정신적 메커니즘은 일련의 행동을 만든다. 그러나 상황에 따라 메커니즘이 작동되는 정도와 강도는 사람마다 다르다. 바로 여기서 우리는 '성격 차이'의 정의를 '어떤 상황에 반응하도록 설계된 정신적 메커니즘의 반응성에 있어 다소간 지속적인 개인 간의 차이'로 말할 수 있게 되었다. 이런 정의는 다소 장황하긴 하지만, 유용하게 사용할 수 있는 표현이다.◆

'성격-상황' 논쟁의 가장 중요한 쟁점들은 지금부터다. 이중 첫 번째 주장은, 성격에 대한 본인 평가와 타인 평가가 일치하고 시간이 가도 그 평가가 크게 변하지 않는다 해도, 성격으로 행동을 충분히 예측할 수 있다고 볼 수는 없다는 것이다. 설문지를 통해 얻은 성격평가 자료를 실제 행동사례와 비교해보면, 그 상관관계가 매우 약한 경향이 있다. 이는 분명한 사실이다. 그러나 심리학의 모든 예측력은 상당히 낮다는 것을 기억해야 한다. 심리학은 소수점 단위로 정확하게 물체의 궤적을 예측하는 물리학이 아니다. 심리학이 추구하는 것은 인간에 대해 '통계적으로 어느 정도 의미 있는' 예측을 하려는 것이지, 인간이 언제 무엇을 할지 '정확히' 예측하는 것은 아니다(이는 사실상 불가능하다).

이런 점을 고려한다 해도, 성격과 행동 간의 상관관계가 상대적으로 낮은 것은 분명하다. 특히 행동이 일회적인 경우(즉, 단 한 번의 실험으로 행동을 측정한 경우)엔 더욱 그렇다. 한 번만 측정한 행동은 특정한 한순간의 환경적 영향만 받을 가능성이 크고, 따라서 행동을 한 번만 측정할 경우 성격과 행동 간의 상관관계는 0.3 이하가 되는 경향이 많다. 그러나 반복해서 행동을 측정하면, 성격의 중요성은 훨씬 더 확연해진다.

사례를 하나 들어보겠다. 바쁜 회사에서 일하는 사람의 경우, 동료가 필요한 물건을 사용하는 경우가 많을 것이다. 하루에 20번 정도 그런 경우가 있고, 그는 친화성 수치가 낮기 때문에 20번 중 한 번은 동료에게 짜증 낼 가능성이 90퍼센트라고 해보자. 그러면 20번 중 한 번만 관찰해서는 나중에 같은 상황이 벌어졌을 때 그가 화를 낼지 안 낼지 예측하기가 매우 어렵다. 성격의 예측력이 현저히 떨어지는 것이다. 그러나 20번 모두 관찰하면, 그가 하루에 평균 한 번, 일주일에는 평균 다섯 번, 일 년에는 평균 200번 이상 소동을 벌이는 것을 볼 수 있다. 이것은 그 사람의 삶에 영향을 미치는 매우 중요한 차이지만, 단 한 번의 경우에는 발현될 가능성이 매우 약하다. 행동을 많이 관찰하면 할수록 예측 도구로서의 성격은 더 중요해진다.

그 사람의 행동과 상황이 서로 상호작용한다는 점을 고려하면, 행

◆ 이런 정의는 5대 성격특성 중 네 가지 성격특성에는 아주 잘 들어맞는다. 그러나 곧 알게 되겠지만, 이 책 7장에서 다루는 '개방적 기질'에는 적용하기 어렵다. 성격 차이에 대한 월터 미셸의 최근 정의도 이와 매우 유사하다(Mischel and Shoda 1998).

동상 약간의 차이가 누적된 결과는 훨씬 더 분명하다. 앞 사례의 경우, 내가 동료들에게 화를 내면 동료들도 화가 나 내가 필요한 물건을 더 오래 갖고 안 주려 할 수도 있다. 나에게 따끔한 교훈을 주기 위해 교묘한 방법으로 나를 따돌릴 수도 있다. 특히 그 역시 친화성이 낮은 동료라면 나의 행동에 특별한 반응을 보일 것이다. 나의 행동을 무시하거나 웃어넘기는 대신 이들은 나와 주먹다짐이라도 하려고 할 것이다. 따라서 나는 친화성이 낮은 성격 때문에—그런 성격의 간접적인 결과로서— 수많은 격투를 치러야 하는 또 다른 상황을 만들게 된다.

서로 다른 성격이 서로 다른 상황을 낳는다

성격이 상황에 미치는 이런 영향은 매우 일반적인 현상이다. 다른 사람보다 외향적인 사람이 낯선 사람과 우연한 섹스를 많이 하는 이유는 무엇일까? 내향적인 사람도 그런 섹스를 원하고, 적절한 상황만 되면 이들도 그렇게 할 것이다. 그러나 내향적인 사람은 그런 상황을 잘 포착하지 못하는 것 같다. 외향적인 사람은 낯선 사람과 대화하고 쉽게 사귀며 많은 파티에 갈 가능성이 더 크다. 물론 파티는 외향적인 사람들이 우글거리기 때문에 외향적인 사람들이 서로를 찾을 수 있는 좋은 장소다. 따라서 외향적인 사람들은 우연한 섹스가 가능한 상황에 이르는 선택을 한다. 우연한 섹스라는 행동이 전적으로 어떤 상황에 의해 결정된다면, 외향적인 사람들은 단지 그런 상황을 선택하기 때문에 우연한 섹스를 더 많이 하게 되는 것이다. 성격과 상황 간의 이런 관계를 '상황선택situation selection' 이라 한다.

상황선택은 '상황조성situation evocation'과 대비된다. 상황조성이란 우리가 이미 갖고 있던 성격을 지속시키거나 더 강화시키는 타인의 반응을 이끌어내는 것을 말한다. 앞 사례에서 볼 수 있는 것처럼, 내가 자주 화를 내면 동료들도 나를 기분 나쁘게 대하고, 그래서 나는 또 화가 난다. 나의 성격이 나의 성격을 더 강화하는 상황을 조성하는 것이다. 상황조성의 또 다른 사례는 결혼과 이혼이다. 결혼과 이혼을, 그 사람 내면이 아니라 외면에서 발생한 대표적인 인생사라고 판단해, 결혼과 이혼을 행동을 결정하는 강력한 상황조건이라고 볼 수도 있다. 그러나 결혼과 이혼은 모두 내면적인 성격으로부터 큰 영향을 받는다. 상대적으로 비슷한 일란성 쌍둥이들의 결혼생활에서 얻은 증거에 따르면, 유전적 요인이 결혼과 이혼에 실제로 상당한 영향을 끼쳤다. 나의 습관적인 생각과 감정(성격)을 보고 상대방은 나와 결혼하고 싶은 욕구 또는 이혼하고 싶은 욕구를 갖게 된다. 이처럼 나의 성격이 상대방의 결혼 또는 이혼 욕구를 불러일으켜 결혼이나 이혼이라는 상황을 조성하는 것이다. 따라서 결혼 상태만 가지고 그 사람의 행동을 설명하면, 그 사람의 성격이 결혼 상태에 미치는 영향을 보지 못한다.

상황선택과 상황조성의 힘은 상당히 크다. 그리고 행동이 인생사(상황)에서 비롯된 것이라면, 인생사는 성격에서 비롯된다는 사실이 지난 수십 년간 분명히 드러났다. 또한 긍정적이고 부정적인 인생사를 경험하는 성격은 상당부분 유전적 요인임이 최근 밝혀졌다. 일란성 쌍둥이들의 인생사가 이란성 쌍둥이들보다 훨씬 비슷했기 때문이다. 성격에 유전적 차이가 있다는 것 말고는 이를 설명할 수 없다.

동일한 유전자에 의해 형성된 비슷한 성격 때문에 일란성 쌍둥이들은 비슷한 상황을 선택하고 조성한다. 사실 인생에는 수많은 가능성이 존재하고, 그 가능성 속에서 우리가 하는 각각의 행동은 그 다음에 우리가 처할 상황에 영향을 미친다. 풍요롭고 자유로운 사회에서 성숙한 성인이 되기까지, 우리의 인생은 의식적이든 무의식적이든 상당부분은, 우리 자신이 선택한 상황에 적절히 대응하는 일로 점철되어 있다.

행동 패턴으로 성격을 예측할 수 있다

인간의 행동을 (일기나 무선호출기 같은 도구를 사용해) 실시간으로 관찰한 연구들에 따르면, 항상 다음과 같은 패턴이 발생한다. 인간의 행동은 순간순간 맥락에 따라 매우 다르다. 내향적인 사람조차 계속 말을 해대는 경우가 있고, 친화성이 매우 높은 사람도 논쟁을 할 때가 있다. 그러나 내향적인 사람이 말을 멈출 수 없는 경우는 외향적인 사람보다 훨씬 드물다. 내향적인 사람이 말을 멈추지 않는 활동역에 들어가는 경우가 극히 드물기 때문이다. 즉 5대 성격특성과 관련된 감정과 행동의 정도는 사람마다 다르다. 그 결과, 일정한 기간 (2주 정도라고 하자) 동안 나타나는 한 사람의 평균적인 행동을 가지고 몇 주 후 그 사람의 행동을 훌륭하게 예측할 수 있다. 우리는 각각 독특한 성격을 갖고 있으며, 일정한 맥락에서 우리가 하는 행동을 전부 모으면 그런 성격이 나타난다. 이런 성격이 중요한 것은, 뒤에서 보겠지만, 삶에 중대한 영향을 끼치기 때문이다.

성격에 관한 또 다른 중요한 문제가 있다. 사람들의 행동은 시간이 갈수록 일관성을 갖는데, 그런 일관성은 동일한 상황에 처했을 때 가장 높게 나타난다. 예를 들면, 아이들의 도덕적 행동에 관한 한 연구에 따르면, 한 아이가 어떤 시험에서 커닝을 했다면, 그런 행동을 통해 그 아이가 비슷한 시험에서도 같은 식으로 커닝할 것이란 것을 비교적 잘 맞출 수 있었다. 하지만 다른 유형의 시험에서도 그 아이가 같은 식의 커닝을 할지는 잘 맞추지 못했다. 따라서 우리는 '정직' 같은 보다 일반적인 특성을 예측하기보다는 '답을 베낄 수 있는 가능성이 있는 시험에서 부정행위를 하는 경향' 같은 협소한 특성에서 그 아이가 보일 추후 행동을 보다 잘 예측할 수 있다.

이 때문에 일부 심리학자들은 어떤 상황 속에서 성격을 파악해야지 일반적인 성격을 파악해선 안 된다고 주장한다. 예를 들면, 신경성은 부정적인 감정이 과도하게 활성화된 것이므로, 어떤 사람이 '신경성이 높다'라고 말하려면 그 사람이 '위협이라고 느낄 수 있는 어떤 상황에 처했을 때 신경과민적으로 반응한다'라는 의미여야 한다는 것이다. 그러나 이런 식의 정의는 그 상황이 얼마나 광범위한지 또는 얼마나 구체적인지에 대해서는 말하지 않고 있다. 신경성을 측정한다고 할 때, 우리가 측정해야 하는 것은 무엇인가? 일반적인 신경성인가? 아니면, 질병에 대한 신경성, 대학입시에 대한 신경성, 인간관계에 대한 신경성 등을 각각 따로 측정해야 하는가? 예컨대 '질병에 대한 신경성' 같은 보다 구체적이고 협소한 하위특성을 사용하면 '일반적인 신경성' 같은 보다 광범위하고 일반적인 특성을 사용할 때보다 일관성 있는 행동을 예측할 수 있기는 하다. 그러나 광범위한 특성을 사용해도 어느 정도—실제로 상당한—일관된 행동을 예측할 수 있을 뿐만 아니라, 훨씬 광범위한 여러 상황에서도 그런 일관성을 발견할 수 있다. 아이들의 도덕적 행동에 관한 연구에서조차, 서로 다른 부정행위 간의 상관관계는 0보다 훨씬 높다. 즉 어떤 특정 유형의 시험에서 부정행위를 한 아이는 같은 유형의 시험에서 같은 부정행위를 할 가능성이 가장 크지만, 다른 유형의 시험에서도 어떤 식으로든 부정행위를 할 가능성이 크다. 마찬가지로 어떤 특정 위협 상황에 대해 신경증적인 사람은, 추후 그런 상황이 발생할 경우 신경증적인 행동을 할 가능성이 매우 크지만, 다른 유형의 위협 상황에서도 신경증적인 행동을 할 가능성 또한 다른 사람보다 크다.

성격은 진화된 심리 메커니즘

그렇다면 과연 우리는 무엇을 측정해야 하는가? 소수의 광범위한 일반적인 성격을 측정해야 하는가? 아니면 다수의 구체적이고 협소한 하위성격들을 측정해야 하는가? 답은 둘 다 측정해야 한다는 것이다. 하위성격을 측정하면 다소 제한적인 상황에서 그가 어떤 행동을 할지 매우 잘 예측할 수 있다(강한 예측력). 그러나 매우 광범위한 여러 상황에 걸쳐서도 (다소 약하긴 하지만) 행동에 일관성이 있으며, 5대 성격특성 같은 광범위한 수준에서도 이런 일관성을 파악할 수 있다. 병에 신경과민적인 사람은 다른 일에 대해서도 보통사람들보다 더 신경과민일 거라고 예측할 수 있는 것은 바로 이런 일관성 때문이다.

이런 광범위한 성격은 어떤 의미를 갖는가? 병에 대해 걱정하는 정도를 가지고 어떻게 인간관계에 대해 걱정하는 정도를 알 수 있을까? 질병을 걱정하는 마음과 인간관계를 걱정하는 마음의 기저에 있는 정신 메커니즘이 동일한 뇌 회로를 공유하고 있기 때문에 그것을 알 수 있다. 이런 걱정의 정신 메커니즘이 공유하고 있는 뇌 회로의 반응은 한 가지 걱정에서만 나타나는 것이 아니라 모든 종류의 걱정에서 동일하게 나타난다. 이는 자동차와 비슷하다. 핸드 브레이크와 발 브레이크는 서로 다른 기능을 하고 부품도 다르지만, 동일한 유압시스템에 의존하고 있다. 따라서 브레이크 유압이 망가지면 두 브레이크 모두 효율성이 떨어진다. 두 개의 부품이 동일한 기계장치에 의존하면 할수록, 둘 중 한 부품의 성능을 통해 다른 부품의 성능을 예측하는 예측력도 더 커진다.

따라서 5대 성격특성 각각은 해당 성격특성의 모든 개별적 심리활동에 영향을 미치는 공통된 뇌 회로를 갖고 있다. 즉, 외향성이나 신경성을 나타내는 모든 개별적 심리활동은 외향성 또는 신경성을 관장하는 공통된 뇌 회로의 영향을 받는다. 그러나 각각의 심리활동은 함께 공유하지 않는 뇌 회로의 영향도 받는다. 그래서 이들 심리활동 간의 상관관계가 완벽하지 않은 것이다. 우리는 섹스에 대한 관심, 여행에 대한 관심, 사교활동에 대한 관심, 경쟁에 대한 관심 같은 일련의 심리활동이 서로 느슨하게 어우러지면서 외향성 성격을 이룬다는 것을 살펴본 바 있다. 이런 다양한 심리활동을 이어주는 것은 무엇일까? 뒤에서 나는 이들은 모두 동일한 뇌의 보상회로에 의존한다고 주장할 것이다. 매력적인 이성을 만나는 것, 돈을 받는 것, 음식을 받는 것, 그리고 마약을 먹는 것 같은 다양한 보상을

69

기대하는 데는 동일한 뇌 구조가 작용한다. 다양한 보상, 즉 모험, 섹스, 유혹, 사교 등에 대한 우리의 복잡한 심리는 자연선택—우리의 오랜 조상과 우리로 하여금 종족보존에 유리한 것을 택하도록한, 훨씬 더 원초적인 메커니즘, 그 메커니즘에서 비롯된—에 의해형성된 것으로 보인다. 보상을 기대하는 뇌 안의 그 공통 메커니즘이 남보다 더 활성화된 사람은 한 가지만이 아니라 많은 보상을 추구하는 경향이 남보다 강하다.◆

　서로 다른 심리 메커니즘들이 동일한 자원을 공유할 수 있다. 그것은 이 메커니즘들이 동일한 진화과정을 거쳐왔거나, 이들의 역할이 구조적으로 유사하거나, 아니면 이들이 동시에 필요한 경우가 있기 때문이다. 이 세 요인 중 둘 또는 세 요인이 모두 함께 결합한 것도 이유가 될 수 있다. 어떻든 분명 단순한 하나의 원형에서 분리된(그러나 서로 관련된) 이들 심리 메커니즘들은 자연선택이 작용한다고 해도 하나의 뇌 안에서 기능적으로 완전히 독립될 수 없고, 독립할 필요도 없다. 따라서 이들 심리 메커니즘들이 동일한 또는 중첩된 자원에 기초하고 있다는 것은 별로 놀랄 일도 아니다.◆◆ 연구자가 협소한 하위특성을 연구할지, 아니면 광범위한 일반 특성을 연구할지는 연구 목적에 달려 있다. 협소한 하위특성을 연구하면 매우 구체적인 행동에 대한 예측력을 극대화할 수 있다. 반면 5대 성격특성을 연구하면 사람들이 어떻게 다른지에 대해—가령 한 사람, 한 성격에서 왜 여러 변덕스러운 모습들이 나오는가와 같은 재미있는 문제를 포함해—훨씬 더 종합적인 시각을 얻을 수 있다. 성격에 대한 종합적인 시각을 제공하려는 것이 이 책의 목적이기 때문에 지금부터 나는 광범위한 5대 성격특성에 초점을 맞출 것이다.

이번 장에서 우리는 몇 개의 중요한 포인트를 짚어봤다. 성격은 의미가 있고, 지속적이며, 부분적으로 유전된 행동의 일관성을 의미한다. 성격은 사람들의 평가를 통해 측정할 수 있다. 많은 사례를 가지고 관찰하면, 성격으로 개인의 행동을 예측할 수 있다. 또한 성격은 인생사에 대한 우리의 반응을 야기할 뿐만 아니라, 우리가 직면하게 될 인생사에도 영향을 미친다. 한 사람의 성격을 구성하는 많은 협소한 특성들은 몇 개의 일반적인 성격으로 범주화할 수 있고, 그것이 바로 외향성, 신경성, 성실성, 친화성, 개방성이라는 5대 성격특성이다. 우리는 이 5대 성격특성을 유용하게 탐색해볼 수 있다. 3~7장에서 이 5대 성격특성을 차례대로 살펴보겠지만, 먼저 '진화'의 문제를 짚고 넘어가야 한다. 왜 사람들의 성격은 저마다 다르고, 그런 성격 차이가 지속되는 진화론적 이유는 무엇일까?

◆ 뇌의 동일한 보상회로가 아름다운 얼굴, 돈, 음식에 공통적으로 반응한다. 여기서 나는 외향성과 신경성 각 이면에 있는 행동억제 시스템과 행동주의적 접근법에 대한 제프리 그레이Jeffrey Gray의 논의를 받아들였다. 기존의 심리 메커니즘으로부터 새로운 심리 메커니즘을 만들어내는 자연선택의 또 다른 사례는 심리적 고통인데, 사회적 소외로 느끼는 심리적 고통은 물리적 고통을 유발하는 뇌 회로에 영향을 미쳐 크게 활성화시킨다.
◆◆ 자연선택이 메커니즘들을 어떻게 상호 독립적으로 만들었는지를 강조하는 논의는 투비와 코스미데스의 논의를 참고했는데, 나의 입장과 이들의 입장은 크게 다르지 않다. 나는 어떤 특정한 심리 메커니즘이 특정한 영역을 갖고 있다는 증거를 부인하지 않는다. 그러나 서로 다른 유형의 부정적인 감정과 서로 다른 유형의 보상지향적 행동이 부분적으로 동일한 신경회로에 의존한다는 것은 학계에서 이미 밝혀진 사실이다. 자연선택이 이런 상황을 계속 지속시킬지는 여러 요인에 달려 있는데, 이런 요인에는 비효율성에서 유발되는 종족보존 비용, 그리고 대부분의 활동을 종족보존에 유리하게끔 만드는 기능적 독립에 이르는 경로 등이 포함된다.

핀치의
부리

왜 사람마다 성격이
다를까?

각 환경에 가장 적합한 생명체가 있다면, 각 생명체에 가장 적합한 환경도 있다.

— 리 크론바흐Lee Cronbach

자연선택: 생존에 유리한 것만 남겨라

갈라파고스 군도의 핀치◆는 다윈의 진화론에 영감을 준 새로 유명하다. 갈라파고스 군도는 19개의 큰 섬과 수십 개의 작은 섬으로 이루어져 있다. 이들 각 섬에 분포하고 있는 식물군이 조금씩 다르기 때문에 각각의 섬은 핀치에게 약간씩 다른 먹이환경을 제공하고 있다. 갈라파고스 군도에서 다윈이 발견한 것은 각 섬에 있는 핀치의 부리가 조금씩 다르다는 것이었다. 열매 크기가 큰 섬에 있는 핀치의 부리는 두껍고 단단했으며, 먹이를 찾기 위해 많은 구멍을 쪼아대야 하는 섬에 서식하는 핀치의 부리는 가늘고 길었다. 그 이유에 대해 다윈은 모든 갈라파고스 핀치의 조상은 같지만, 섬에 가장 적합한 부리 크기를 가진 핀치들만 생존하고 번식할 기회가 더 많았기 때문이라고 설명했다. 그래서 자신의 부리에 적합한 섬에서 살아남

◆ 갈라파고스 군도에 서식하는 참새목의 새. 동일한 목에 속하면서도 먹이 종류에 따라 부리 모양이 다르다.

은 각각의 핀치들, 즉 큰 부리를 가진 핀치들은 큰 부리의 새끼를 낳았고, 가는 부리를 가진 핀치들은 가는 부리의 새끼를 낳았다. 따라서 섬에 따라 핀치 부리 모양이 점차 달라지기 시작했다는 것이다. 이는 물론 자연선택이 작용한 것이다. 자연선택 때문에 서로 다른 서식지에 거주하는 유기체들 사이에 차이가 발생한 것이다.

우리의 논의와 관련해 갈라파고스의 핀치들에겐 또 다른 흥미로운 점이 발견된다. 그것은 각 섬의 핀치 무리 '내에도' 부리 크기에 차이가 있다는 것이다. 한 섬에 사는 핀치들의 부리 크기를 조사하면, 분명 지배적인 크기가 있다. 그러나 이런 부리보다 크거나 작은 다양한 부리도 역시 존재한다. 부리 크기는 유전적 요소가 강하기 때문에 대부분 유전된 것이다. 각 섬에 적합한 크기가 있는데도, 한 섬의 핀치가 똑같은 크기를 갖지 않은 이유는 무엇일까? 이를테면 '서로 다른' 섬들뿐만 아니라 '같은' 섬에 사는 핀치들의 부리 크기에 유전적 차이가 존재하는 이유는 무엇일까?

핀치의 부리에 대한 이런 질문은 성격에 대한 우리의 질문 '왜 사람마다 성격이 다른가' 하는 질문과 같다. 이 질문은 뒤에 나올 모든 이슈와 관련해 매우 중요하기 때문에, 이번 장에서는 이와 관련된 진화생물학에 대해 잠시 살펴보려고 한다. 인간의 성격은 핀치의 부리와 같이 유전적이다. '유전적'이라는 것은 '유전자의 차이'와 연관되어 있음을 의미한다. 게놈genome은 서로 다른 많은 유전자gene—인간의 경우에는 30,000개가량의 유전자—로 이루어져 있다. 이들 각각의 유전자가 활성화되면 일정한 생물학적 효과가 발생해 우리 몸속 세포에서 사용되는 특별한 단백질이 합성된다. 그런데 하나의 유전자가 둘이나 그 이상의 변형체variant가 되는 경우가 많다. 이런 변형체가 발생하는 것은 유전적 돌연변이 때문이다. 즉 정자와 난자가 만들어지고, 세포가 분열할 때 유전자를 복제하는 과정에서 아주 드물게 오류가 발생해 유전자코드의 염기서열이 반복되고, 삭제되고, 전치되고, 변형됨으로써 새로 만들어진 유전자 염기서열이 조상의 유전자 염기서열과 달라지는 경우가 있다. 이것이 바로 돌연변이다. 일단 이렇게 돌연변이가 발생하면, 돌연변이가 유전자를 갖게 된 개체는 그 유전자를 자손에게 물려주고, 자손은 또 자기 자손에게 물려줌으로써 돌연변이가 확산될 수 있는 환경과 기회만 조성되면 한 개체에서 시작된 돌연변이가 그 집단에 퍼질 수 있다.

어떤 돌연변이의 경우 그 유전자가 큰 기능을 하진 못하지만, 어떤 돌연변이들은 합성되는 단백질 구조를 바꿔 세포의 실제 작용에 크건 작건 영향을 미치기도 한다. 가장 극적인 경우, 어떤 유전자 변형체를 가짐으로써 낭포성섬유증Cystic Fibrosis, 염소 수송 유전자의 이상으로 생기는 선천성 질병이나 애퍼트씨증후군Apert's Syndrome, 유전자 돌연변이로 발생하는 선천성 기형 증후군 같은 심각한 장애가 발생하기도 한다. 그리고 보다 일반적인 경우, 이런 유전자 변형체는 훨씬 더 미묘한 영향을 끼쳐, 수혈 거부반응을 유발하거나 특별한 단백질을 아주 약간만 생산하도록 만들기도 한다. 게놈의 변이는 상대적으로 많다. 인간 유전자에 대한 조사 결과에 따르면, 인간 유전자의 반 이상이 하나의 변형체를 갖고 있는데, 이 변형체들은 그 기능에 차이가 있고 인간 집단에 상당수 존재하는 것으로 드러났다. 매우 일반적인 변형체도 있고 매우 드문 변형체도 있을 것이다. 이렇게 드문 변형체는 최근에 발생하여 일시적, 국지적으로 존재하곤 곧바로 사라질 돌연변이로 볼 수도 있다. 그런데 상대적으로 드문 이 변형체들 중 기원이 오래되고 인류 전반에 걸쳐 광범위하게 확산됨으로써 흔해진 경우도 있다.

같은 집단 내에서 차이가 존재하는 이유를 다르게 설명할 수도 있다. 이를 위해 잠시 핀치의 부리 크기에 초점을 맞추자. 어떤 유전자 변형체를 가진 새들은 더 두꺼운 부리를 갖게 되었다(유전자 변형체들은 케라틴Keratin을 조금 더 많이 만들어내거나, 부리를 더 길게 자라도록 하는 등의 역할을 한다). 두꺼운 부리가 적합한 섬에서는 좀더 두꺼운 부리를 만들어내는 유전자 변형체를 가진 핀치들이 생존과 번식에 가장 유리하다. 이 섬에서는 다른 유전자 변형체, 즉 가는 부리를 만들어내는 유전자 변형체를 가진 핀치들은 번식에 불리하고, 따라서 세대가 가면서 이들의 수가 감소해 결국 사라지고 만다. 다시 말해 두꺼운 부리가 가장 좋은 섬에 서식하는 핀치 무리는, 두꺼운 부리를 만드는 유전자 변형체를 가진 핀치들로만 이루어질 것이라고 볼 수 있다. 즉 어떤 한 섬의 핀치 집단에는 다른 유전자 변형체가 남아 있어서는 안 된다.

이를 다른 식으로 말하면, 돌연변이가 유전자 변이(유전적 차이)를 낳고, 자연선택이 그 유전자 변이를 키질(선택)했다고 할 수 있다. 키질이란 가장 좋은 것만 남기고 쓸데없는 것은 버리는 농사의 한 과정이다. 자연선택이 바로 이런 키질 과정이다. 즉 그곳 환경에 가장 적합한 개체를 만드는 유전자 변형체가 자연선택되어, 그런 개체 수는 계속 증가하지만 다른 개체는 모두 사라지게 된다. 자연선택의 이런 키질효과를 '피셔의 기본정리Fisher's fundamental theorem' ◆라고도

한다. 자연선택이 유전적 차이의 다양성을 감소시키는 것이다.

성격은 진화의 산물이다

성격 문제로 돌아가보자. 우리는 한 사람의 부정적인 감정을 자극하는 최적의 감정역 쁺情閾. 감정을 느끼는 영역 이 있다고 추측할 수 있다. 처음에 자연선택은 이런 최적의 감정역을 찾기 위해 일종의 튜닝과정을 거친다. 그러다가 일단 최적의 감정역을 발견하면, 그것이 들불처럼 확산되어 우리 모두는 최적의 감정역을 만들어내는 동일한 유전자 변형체를 갖게 될 것이다. 그러나 쌍둥이와 가족 연구에 의하면, 사람마다 그 정도가 다른 신경성이 유전된다는 것이 밝혀졌기 때문에, 우리 모두가 동일한 유전자 변형체를 갖게 된다는 것은 옳지 않다. 사람마다 정도가 다른 신경성이 유전된다는 것은 부정적인 감정역에 영향을 미치는 서로 다른 유전자 변형체들이 인간 내에 존재한다는 것을 의미하고, 또한 우리는 부모가 가졌던 유전자 변형체를 갖게 된다는 것을 의미한다. 그렇다면 왜 이 경우엔 피셔의 기본정리가 적용되지 않는 것일까?

피셔의 기본정리 때문에 진화심리학자들은 생존·번식과 크게 관련이 있는 '성격'의 경우, 유전적 차이가 거의 없을 거라고 믿었다. 따라서 레다 코스미데스Leda Cosmides와 존 투비John Tooby는 "중요한 모든 심리적 메커니즘은 종별로 고유할 것(즉 모든 정상인의 경우에

◆ 한 유전자 변이가 어떤 환경에 잘 적응할수록 다른 환경엔 적응하기 어렵다는 피셔의 이론. 천재적인 통계학자였던 로널드 피셔는 다윈의 성적 선택 이론을 훌륭하게 계승한 진화생물학자이기도 했다. 그는 생물의 형질은 환경 적응의 결과가 아니라 유행에 의해 진화된다는 견해를 폈는데, 암컷 공작이 긴 꼬리를 가진 수컷을 선호하는 이유는 다른 암컷들도 그런 수컷을 좋아하기 때문이라고 주장했다. 꼬리가 짧은 새 끼를 낳아 도태시키는 일을 피하기 위해서였다. 따라서 수컷들은 더 긴 꼬리를 가지려고 노력했고, 이런 수컷의 노력과 암컷의 선호가 결합해 진화과정에서 폭주 선택 모델이 형성되었다고 주장했다.

동일할 것이다)"이고, 유전적 차이가 있는 경우란 혈액형이나 눈동자 색깔처럼 "기능적으로 피상적인" 특징에 해당되는 경우뿐이라고 주장했다. 그런데 이는 명백히 틀린 주장이다. 인간의 지능, 성격, 키, 그외 많은 특징은 유전 때문이라는 강력한 증거가 있다. 이런 모든 특징들이 생존과 번식에 영향을 미치는 것은 물론이다. 앞서 이미 살펴본 성격과 결혼, 성격과 장수의 사례만 봐도 그렇다.

투비와 코스미데스는 실제로 몇 가지 관련된 주장을 했다. 첫째, 질적으로 다른 정신 메커니즘을 가진 개체가 인간이나 다른 집단에 존재할 수 없다는 것이다. 그 이유는 수십 개의 유전자들이 정신 메커니즘을 구성해 복잡한 최종 설계도를 만드는 데 함께 참여하기 때문이라는 것이다. 여러분은 부정적인 감정시스템 하나만 가지고 그것으로 주변에서 발생하는 모든 위협을 피한다고 말하겠지만, 나는 뇌 영역이 완전히 분리된 두 개의 부정적인 감정시스템을 갖고 있다고 얘기해보겠다. 하나는 사람들로부터의 위협을 피하기 위한 것이고, 또 하나는 무생물적인 환경으로부터의 위협을 피하기 위한 것이다. 이 둘은 모두 매우 합리적인 목적을 가진 것이고, 둘 중 하나가 다른 것보다 더 좋은 것이라고 생각할 어떤 선험적인ª priori 이유도 없다. 이제 하나의 부정적인 감정시스템만을 가진 사람과 두 개의 부정적인 감정시스템을 가진 사람이 모두 포함된 한 집단이 있다고 상정해보자. 아기를 만들 때마다 엄마와 아빠는 자신의 유전물질을 섞는다. 이 집단에서 불운한 아이의 경우, 두 개의 부정적인 감정시스템을 만드는 데 필요한 유전물질의 반만 갖게 되고, 하나의 부정적인 감정시스템을 만드는 데 필요한 유전물질도 반만 받게 될 것이다. 오믈렛을 만드는 데 필요한 재료의 반과 카레를 만드는 데 필요한 재료의 반만 가지고 있으면, 좋은 오믈렛도 좋은 카레도 만들지 못하고, 결국 뒤죽박죽이 되고 만다. 하나의 감정회로를 만드는 데 필요한 통합된 유전자 세트 각각의 반만 가지는 것은 요리보다 훨씬 심각한 문제다. 하나의 통합된 유전자 세트의 50퍼센트라는 것은 100퍼센트보다 좋지 못할뿐더러 100퍼센트의 반만큼도 좋은 것이 될 수 없다. 사실 그 50퍼센트는 완전히 쓸모없는 것이 될 수도 있기 때문이다. 그런데 여러분이 인간 고유의 구성원리인 종족보전을 위해 섹스를 하게 되었다고 하자. 다른 사람과 짝짓기를 할 때, 여러분은 여러분과 상대의 두 게놈이 아이의 게놈 속에 섞여 들어가 기능적으로 완벽한 하나의 전체―오믈렛도 카레도 아닌, 그리고 뒤죽박죽도 아닌―가 될 거라고 믿는다.

번식에 있어서 두 게놈의 조화를 믿는 것은 자기 집단 내에 다른 유형의 사람은 존재하지 않을 거라고 믿는 것과 같다.◆ 따라서 사람들을 서로 다른 유형으로 분류하는 성격체계가 생물학적으로는 수용되기 어렵다. 그러나 사람들 간에 분명 차이는 존재한다. 내가 이

◆ 여기에는 매우 교훈적인 예외도 있다. 혈액형 집단처럼 아주 좁은 도미노 효과를 가진 단일 유전자 다형태성polymorphism이 있는 것이다. 동물의 예로, 어떤 어류는 서로 다른 두 개의 수컷 유형이 있다. 보통 하나는 매우 느리게 성장하지만 영역을 지키기 위해 경쟁하는 유형이고, 다른 하나는 성적으로 빨리 성숙하지만 크게 자라지 않고 영역을 지키는 데 관심이 없으며 도둑교미를 하는 유형이다. 행동생물학자들은 후자를 '교미도둑sneak fuckers'이라고 부른다. 이 두 수컷 간의 차이가 하나의 유전자에 의해 통제되는 경우는 최소한 한 번 있다(Zimmerer and Kallman, 1989). 가장 그럴듯한 설명은 이들 수컷은 기본적으로 모든 메커니즘을 함께 공유하지만, '스위치switch' 유전자의 조절작용에 의해 성장과 영역방어 메커니즘이 다르다는 것이다. 다시 말해, 질적으로 달라 보이는 것이 사실은 동일한 기본 목적을 갖는 양적으로 다른 조절 메커니즘이라는 것이다. 이는 유형적 차이가 없어야 한다는 원칙에 대한 또 다른 분명한 예외, 즉 수컷과 암컷의 존재를 상기시킨다. 수컷과 암컷의 게놈은 모두 수컷이나 암컷을 만드는 데 필요한 완전한 메커니즘 세트를 갖고 있다. Y염색체를 지배하는 유전자는 자라는 개체에서 이들 중 어떤 것이 어느 정도 표현될지를 조절할 뿐이다. 이것이 가능한 유일한 방법이다. 그렇지 않으면, 아비는 수컷을 만드는 데 우수하고 어미는 암컷을 만드는 데 우수하며, 이성 커플은 아이를 만드는 데 결코 적합하지 않을 것이다.

미 논한 사례들—키, 성격, 지능에 관한—을 보면, 이런 특징들이 기본적으로 영속적인 것임을 알 수 있다. 키에는 유전적 차이가 있다. 그것은 유전자 변형체들이 시스템의 조화를 깨지 않고 성장 프로그램을 작동시키는 방법이 다양하기 때문이다. 중요한 유전적 차이가 발생하는 이유는 유전자 변형체가, 우리가 공유하는 일부 시스템의 발전과 기능에 차이를 만들어내기 때문이다. 모든 사람의 신체는 기본적으로 동일한 기능을 추구하지만, 그 크기는 모두 다르다. 모든 사람이 같은 부정적인 감정을 갖고 있지만, 신경성이 높은 사람은 상대적으로 쉽게 과민해진다. 모든 사람이 같은 눈을 갖고 있지만, 어떤 사람의 눈은 다른 사람보다 더 빨리 더 효율적으로 작동한다. 개인 간의 차이를 연구할 때는 이런 사실을 항상 기억해야 한다. 결국, 지금 우리는 '정신'이라는 모든 인간이 갖고 있는 보편적인 메커니즘 속에 존재하는 차이(정신 차이, 즉 성격 차이)에 관해 살펴보고 있는 것이다.

유전적 차이가 존재하는 이유

아직 우리는 이런 차이가 지속되는 이유에 대해서는 살펴보지 않았다. 투비와 코스미데스는 번식 성공에는 최적의 조건이 있으며, 모든 사람이 이런 최적의 조건에 맞는 (하나의) 유전자 타입을 가질 때까지 자연선택이 계속될 거라고 가정했다. 이들은 어떤 성격의 경우 '약간'의 지속적인 유전적 차이가 있을 수는 있지만 그것이 그렇게 중요한 거라고는 생각지 않았다. 이들의 이런 입장에 대한 나의 유일한 반박논리는, 그런 약간의 차이가 그렇게 작은 것도, 그렇게 약간도, 그렇게 하찮은 것도 아니라는 것이다. 자연선택에도 불구하고 중요한 성격특성에서 그런 약간의 차이가 지속되는 이유를 검토하기 위해 다시 갈라파고스의 사례로 돌아가보자.

1997년 갈라파고스 군도의 다프네 메이저 섬Daphne Major, 대다프네 섬이라고도 한다에는 심각한 가뭄이 있었고, 이 때문에 핀치새 무리는 1,400마리에서 200마리로 줄었다. 대부분의 핀치가 영양실조로 죽었다. 핀치의 먹이였던 조그만 열매들이 귀해졌고, 생존할 수 있는 유일한 길은 정상적인 상황이라면 먹지 않았을 더 크고 질긴 열매를 먹는 것뿐이었다. 다프네 메이저를 탐사한 그랜트 조사단은 가뭄 이전과 이후, 핀치 무리의 부리 두께를 측정했다. 가뭄 전 핀치의 평균 부리 두께는 9.5mm였으며, 이 평균을 중심으로 해서 양쪽으로 부리의 두께가 분포되었다. 그러나 가뭄 후에 생존한 핀치들의 부리 두께는 전체적으로 더 두꺼운 쪽으로 이동해 평균 부리 두께는 약 10.5mm로 커졌다. 이는 생태 조건에 맞는 자연선택이 작용해 핀치 집단이 더 큰 부리를 갖도록 한 결과다.

여기까지는 좋다. 그런데 핀치 무리의 부리 두께에 여전히 차이가 존재하고 있다. 그 이유는 무엇일까? 매년 가뭄이 계속되었다면, 핀치들의 부리가 전부 11mm 이상은 되었을 것이다. 그러나 매년 가뭄이 발생하는 것은 아니다. 1984년 이곳은 비가 많았고, 따라서 작고 부드러운 열매가 풍부했다. 그해, 생존하고 번식할 가능성이 가장 큰 핀치는 상대적으로 작은 부리를 가진 것들이었고, 따라서 핀치의 부리 두께 분포는 전체적으로 작은 쪽에 치우쳐 있었다. 부리가 두꺼우면 크고 두꺼운 열매를 먹을 수 있는 혜택은 있지만, 작은 열매를 효율적으로 먹기는 어려운 비용이 발생한다. 이런 혜택과 비용 사이의 최적의 균형은 정확히 섬의 상황에 따라 다르다. 만약 1977년에 가늘고 긴 부리를 갖고 태어난 핀치라면, 불행히도 이들에게 가장 좋은 시절인 1984년보다 8년 일찍 태어난 셈이다. 만약 과거에 매우 성공적이었던 두꺼운 부리를 가진 핀치의 자손으로 1984년 태어났다면, 이때는 날씬한 부리를 가진 가느다란 핀치 무리들보다 불리했을 것이다. 다소 다른 맥락에서 코리올리누스 Coriolanus. 고대 로마의 전설적 장군가 말한 것처럼 "모든 일에는 적합한 때가 있는 법이다.ripenes is all"◆

자연선택의 키질은 일정하지 않다는 점을 이해하는 것이 중요하다. 갈라파고스 군도의 작은 섬에서조차 자연선택은 일관된 부리 크기를 만들어내지 못했다. 어떤 해에는 최적의 크기였던 부리가 다른 해에는 최적의 부리가 되지 못했다. 이런 비일관적인 자연선택을 감안할 때, 자연선택에 의해 핀치 무리가 하나의 부리 크기를 가진 유전자 타입으로 수렴되기란 매우 어려운 것으로 보인다. 자연선택이 몇 년간은 작은 부리의 핀치들을 모두 없애려고 노력하다가도, 그 다음에는 오히려 작은 부리의 핀치는 늘리고 두꺼운 부리의 핀치는 줄이는 일을 번갈아가며 했다. 가장 적합한 것을 찾아 계속 이렇게 방황하고 있지만, 바로 이런 방황과 변동성 때문에 자연선택은 결코 어느 한 곳, 즉 보편적인 최적점에 결코 안착하지 못한다. 평균적으로 여러 해 동안 가장 적합한 부리 크기가 있다 해도, 방황하는 자연선택 때문에 모든 핀치의 부리가 그 크기로 수렴되지도 않으며, 다

◆ 세익스피어의 희곡 〈코리올리누스〉에서 주인공 코리올리누스가 한 말.

른 크기의 부리가 모두 사라지는 것도 아니다.

유전적 차이가 지속되는 한 가지 이유는 바로 이와 같은 '방황선택彷徨選擇, fluctuating selection, 환경 변화에 적응하는 형태가 세대 또는 개체마다 달라지는 자연선택 과정' 때문이다(〈그림 1〉 참조). 그런데 방황선택 때문에 유전적 차이가 지속되기 위해서는 몇 가지 조건이 더 충족되어야 한다. 첫째, 한 가지 특성을 지속적으로 유지하는 경향이 강하든 약하든 간에, 어떤 한 특성을 유지하는 데에는 그에 따른 혜택과 비용이 동시에 존재해야 한다. 땅이 가물건 물이 풍부하건 간에, 두꺼운 부리만 좋다면(혜택만 있으면) 게임은 끝난 것이다. 그러면 모든 핀치는 두꺼운 부리를 갖게 된다. 요컨대, 두꺼운 부리가 어떤 때는 좋지만(혜택) 어떤 때는 나빠야(비용) 부리 크기에 계속 차이가 존재하게 된다. 둘째,

〈**그림 1**〉 방황선택과 유전적 차이

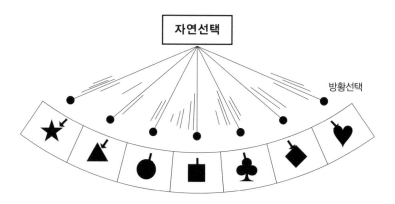

* 자연선택의 추가 움직이면서 개체 수 만큼이나 다양한 유전적 차이,
즉 성격 차이를 만든다.

'생존 및 번식의 성공'과 '특성'의 관계가 일정치 않아야 한다. 즉, 한 특성만이 생존과 번식에 유리한 것이 아니라 다른 특성도 생존과 번식을 할 수 있어야 한다. 핀치의 사례에서 볼 때, 시기적으로 어떤 때는 큰 부리가, 어떤 때는 작은 부리가 생존과 번식에 유리하다. 비슷한 현상이 공간적으로도 벌어진다. 한 섬 내에서도 식물군의 패턴이 다르기 때문에, 섬의 정상부에 가장 적합한 부리 크기와 섬의 하단부에 가장 적합한 부리 크기는 다소 다르다. 또 한 지역에 사는 무리 대부분과 다른 특성을 갖는 개체도 생존과 번식에 성공할 수 있는 것이기에, 특성과 생존·번식의 관계가 획일적인 것은 아니다. 예를 들면, 다른 모든 핀치 무리들이 큰 부리를 갖고 큰 열매만 먹어 치운다면, 비록 큰 열매가 가장 쉽게 구할 수 있는 먹이라 해도 작은 부리의 핀치는 큰 부리의 핀치가 무시하는 작은 부스러기 열매를 먹으며 생존하고 번식할 수 있다. 반대로 다른 모든 핀치가 작은 부리를 갖고 풍부하게 널린 작은 열매를 먹고 산다면, 큰 부리의 핀치는 작은 핀치들과 경쟁하지 않고 약간의 단단한 너트를 쪼아 먹으면서 생존하고 번식할 수 있다. 이런 효과를 '역(-)의 빈도의존성 선택 negative frequency dependent selection'◆이라고 한다. '역의 빈도의존성 선택'은 그 무리(개체군)에서 드믄 특성을 가진 개체이기에 생존과 번식에 유리할 수 있음을 말한다. 이들 드문 특성의 개체는 틈새niche를 장악함으로써 생존하고 번식할 수 있다. 이런 역의 빈도의존성 선택으로 인해 동일 개체군 내에도 유전적 차이가 존재하는 것이다. 그러나 '역의 빈도의존성 선택'은 방황선택이라는, 보다 일반적인 현상의 하위현상이며, 핀치의 사례에서는 갈라파고스에 서식하는

핀치 무리의 특성 때문에 방황선택이 있었다.◆◆

　방황선택이 유전적 차이를 지속시키는 데 필요한 세 번째 조건은 특성의 차이를 만들어내는 데 관여하는 유전자 수가 적당히 많아야 한다는 것이다. 관련된 유전자 수가 너무 적으면, 우연히 또는 자연선택이 요동치는 가운데 유전자 변형체가 없어질 수 있다. 상실된 유전자 변형체가 새로운 돌연변이로 대체될 때까지는 오랜 시간이 걸린다. 그러나 여러 개의 유전자가 관련되면 꾸준히 새로운 유전자 변이를 공급함으로써 변이과정이 지속될 수 있다.

돌연변이도 유전적 차이를 낳는다

방황선택만이 유전적 차이를 만들어내는 것은 아니다. 방황선택 외에, 유전적 차이를 만들어내는 또 다른 요인들을 검토하기 위해, 공작의 꼬리를 예로 들어보자. 우리는 수컷 공작이 암컷의 관심을 끌기 위해 우리가 보기에는 추레한, (그러나 수컷 공작의 눈에는 매우 매력적인) 화려한 부채 모양의 꼬리를 이용한다는 걸 잘 알고 있다. 이미 확인된 것처럼, 가장 우아한 꼬리를 가진 수컷이 암컷을 가장 잘 유혹하고, 그 결과 많은 공작새끼의 애비가 된다. 공작의 세계는 일부일처제가 아니기 때문에, 가장 우아한 꼬리를 가진 수컷들만 많은

◆ '빈도의존성 선택'이란 어떤 유전자형의 생식(생존과 번식) 성공이 개체군 내의 빈도에 의해 결정되는 것을 말한다. '정(+)의 빈도의존성 선택positive frequency dependent selection'은 그 개체군 내에서 일반적인 유전자형이 생식에 유리한 경우를 말하며, 역의 빈도의존성 선택은 그 개체군에서 일반적이지 않은 유전자형이 생식에 유리한 경우를 말한다.

◆◆ '역의 빈도의존성 선택'이 유전적 차이를 만들어내는 매우 강력한 메커니즘이긴 하지만, 그것이 자연에서 실제로 작동하고 있다는 것을 보여주는 직접적인 증거는 아직 상대적으로 적다. 그러나 암수의 비율을 거의 비슷하게 유지시켜주는 것이 바로 이 역의 빈도의존성 선택 메커니즘이다. 블루길 붕어의 경우, 이 메커니즘이 두 종류의 수컷 비율을 조절한다. 한 종류의 블루길 수컷은 책임감 있고 애비다운 반면, 다른 한 종류의 수컷은 바람둥이로 책임감 없이 치사하다. 바람둥이 블루길은 그 개체가 적으면 꽤 잘 지내지만, 바람둥이의 개체가 많아져 보편적인 것이 되면 책임감 있는 수컷이 실제로 더 잘 지낸다(Gross, 1991).

암컷을 임신시키고, 못생긴 다른 수컷들은 자손을 보지 못할 수도 있다.

이처럼 멋진 꼬리를 가진 공작만이 번식 가능성이 큼에도 불구하고, 공작 꼬리 모양에 상당한 유전적 차이가 있다는 것은 무척 곤혹스러운 일이다. 우아한 꼬리 유전자를 가진 수컷만이 씨를 뿌린다면, 한두 세대만 지나면 그런 유전자만 남아야 하기 때문이다. 그저 그런 꼬리의 유전자는 빠른 속도로 사라지고 하나의 꼬리 유전자형만 남아 우아한 꼬리를 가진 공작들만 존재해야 할 것이다. 그런데 이런 일은 벌어지지 않고 있다. 그 이유를 이해하기 위해서는 관련된 유전자 수를 검토해야 한다.

우아한 꼬리를 기르는 것은 매우 어려운 일이다. 에너지와 단백질이 많이 필요하기 때문에 비용도 많이 든다. 몸의 성장대사 작용도 완벽해야 한다. 만성병에라도 걸리면 꼬리에 사용해야 할 에너지를 다른 데로 돌려야 하기 때문에 우아한 꼬리를 만들 수 없다. 따라서 완벽한 꼬리를 기르려면 몸의 면역체계도 잘 작동해야 한다. 또 음식물로 에너지를 제대로 섭취하지 못하면, 꼬리 깃털에 사용할 충분한 에너지를 공급할 수 없기 때문에 우아한 꼬리를 기르려면 창자 기능도 좋아야 한다. 더욱이, 음식을 찾거나 포식자를 피하는 데 서툴면, 충분한 여분의 에너지를 비축할 수 없기 때문에 완벽한 꼬리를 기르기 위해서는 뇌의 기능도 좋아야 한다. 한마디로 완벽한 꼬리를 기르기 위해서는 매우 많은 자원이 필요하며 모든 것이 잘 기능해야 한다. 이처럼 완벽한 꼬리를 기르기 위해 몸의 모든 시스템이 잘 작동해야 한다면, 몸의 어떤 시스템에 부정적인 영향을 미치는 유전적 돌연변이가 생기면, 그것은 간접적으로 꼬리에도 나타난다. 꼬리는 공작이 얼마나 잘 지내고 있는지를 보여주는 이력서라 할 수 있다. 이 때문에 생물학자들은 공작의 꼬리를 생식적합성, 또는 생식능력을 알려주는 '생식능력 지표특성fitness indicator trait'◆으로 본다.

유전자에 돌연변이가 생기면 시스템의 효율성이 다소 떨어진다. 그 이유는 간단하다. 자동차의 스파크 플러그나 전구 같은 부품을 아무렇게나 바꾼다고 해보자. 부품을 아무렇게나 바꾼다는 것은 돌연변이 부품으로 바꾼다는 것을 의미한다. 부품을 약간 더 크게 하거나 작게 하거나, 하위 부속품의 크기를 바꿔보자. 이렇게 바꾼 부품이 더 잘 작동할 수도 있고, 그렇다면 자동차 회사들은 그 새 부품(돌연변이)을 채택할 것이다. 그러나 그럴 가능성은 적다. 기존 부품(기존 유전자)은 오랜 역사를 거쳐 설계된 것이고, 마구 부품을 바꿨다는 것은 그 부품을 멋대로 튜닝한 것에 불과하기 때문이다. 결국, 잘못될 가능성은 많지만 잘될 가능성은 적기 때문에, 멋대로 바꾸면 잘못되기 십상이다. 이처럼 돌연변이는 유기체와 사물의 기능을 떨어뜨린다.

게놈에는 많은 유전자가 있고 이 각각의 유전자가 유전될 때마다 돌연변이가 될 확률이 조금씩은 있기 때문에, 전체적으로는 꽤 많은 돌연변이가 나올 수 있다. 우리 각각은 부모가 정자와 난자를 만들 때 발생하는 한두 개의 새로운 돌연변이를 갖고 있을 뿐만 아니라,

◆ 생존과 번식에 더 적합한 개체임을 보여주는 특성. 공작의 우아한 꼬리, 수사자의 크고 다부진 몸 같은 것을 말한다. 인간의 경우, 여성의 대표적인 생식능력 지표특성은 외모, 젊음, 정절 등이고, 남성의 생식능력 지표특성은 재력, 직업, 사회적 지위 등이다.

조상 때부터 이미 발생한 약 500~2,000개의 돌연변이도 갖고 있는 것으로 추정된다. 그리고 때가 되면 이런 돌연변이들이 발현된다. 보통 돌연변이들은 사람들 사이에 다소 다르게 분포되어 있다. 누군가와 짝짓기를 할 때 우리는 가능한 한 돌연변이가 적은 사람을 택하려고 한다. 자식이 돌연변이 없이 삶을 시작하길 원하기 때문이다. 암컷 공작이 수컷의 꼬리를 보는 이유도 바로 그런 것이다. 수컷은 '날 봐. 나는 나쁜 돌연변이가 거의 없어. 자식도 돌연변이가 없을 거야' 라고 말하고 있는 것이다. 실제로 매리언 페트리 Marion Petrie 는 우아한 꼬리를 가진 공작의 새끼들은 그저 우아한 꼬리만 갖는 것이 아니라 생존능력도 더 우수하다는 것을 증명한 바 있다. 최고의 꼬리를 가진 수컷 공작은 전체적으로 유전자 질이 보다 우수하며, 이런 우수한 유전자를 새끼 수컷과 새끼 암컷 모두에게 물려주는 것이다.

공작의 꼬리 같은 생식능력 지표특성의 차이는 자연선택이 강력하게 '작용함에도 불구하고' 지속된다. 그런 생식능력 지표특성의 차이가 지속되는 이유는 순전히 관련된 유전자 수 때문이다. 특성의 발현에 영향을 미치는 유전자가 수천 개에 이르고, 이들 각각이 세대에 걸쳐 전달될 때마다 돌연변이가 될 수 있다면, 어느 한 특성을 선택하려는 자연선택이 아무리 강력히 작용해도 다양한 차이가 나올 수 있다. 모든 사람은 해로운 돌연변이들을 갖고 있다. 여기서 게임은 '누가 경쟁자보다 그런 돌연변이를 얼마나 더 적게 갖고 있느냐'로 결판난다.

돌연변이의 작용 때문에 생식능력 지표특성에 유전적 차이가 지속적으로 존재하는 것이다. 이는 방황선택에 의해 유전적 차이가 지속되는 것과는 다른 유형이다. 방황선택에서는 한 특성이 강하다면 현지 조건에 따라 어떤 때는 좋지만 어떤 때는 나쁜 것이지만, 생식능력 지표특성의 경우에는 그런 특성을 많이 갖는 것이 항상 더 좋다. 돌연변이는 그런 생식능력 지표특성을 더 많이 갖는 것을 방해한다. 방황선택으로 유전적 차이를 유지하는 데 필요한 유전자는 몇십 개 정도지만, 생식능력 지표특성의 경우 해당 특성에 영향을 미쳐 유전적 차이를 만들어내기 위해서는 수천 개의 유전자, 게놈 전체가 필요할 수도 있다. 자연선택의 경우, 한 특성이 강한 개체의 자손은 어떤 상황에서는 경쟁자보다 유리하지만 다른 상황에서는 불리하다. 예컨대, 암컷 핀치가 두꺼운 부리의 수컷과 교미하는 것은 가뭄이 올 때는 현명하지만 우기가 올 때는 어리석은 행동이 된다. 반면, 생식능력 지표특성이 강한 개체의 새끼는 다른 경쟁자보다 항상 유리하다. 따라서 암컷 공작이라면 장기적인 날씨와 관계없이 항상 가장 우아한 꼬리를 가진 수컷과 교미해야 한다.

방황선택이 인간의 성격 차이를 만든다

이 책에서 나는 인간의 성격 차이가 존재하는 이유는 생식능력 지표특성 메커니즘보다 방황선택 메커니즘 때문이라고 주장할 것이다. 이는 확실히 증명된 사실이 아니라 그럴 것이라는 개연성에 토대를 둔 주장이다. 내가 보기에, 성격은 여러 이유로 방황선택 모델에 잘 들어맞는다. 어떤 성격이 더 강하다고 할 때, 그 성격에 유리한 상황과 불리한 상황을 찾아내기란 매우 쉽다. 모든 성격에는 혜택만 있는 것이 아니라 비용과 혜택이 모두 있다. 신경성 수치가 높건 낮건 간에, 두 경우 모두 혜택도 있고 비용도 있다. 외향성도 마찬가지다. 외향성이 높다고 해서 좋은 점만 있는 것이 아니라 나쁜 점도 있다. 사실, 모든 성격특성의 수치가 극도로 높거나 극도로 낮은 양 극단은 둘 다 병적인 것이다. 이는 그 특성이 강한 것이 항상 좋고 약한 것이 항상 나쁜 공작 꼬리와는 전혀 다르다. 더욱이, 인간의 성격 차이와 아주 유사한 다른 종의 유전적 차이도 방황선택에 의해 나타난다는 증거가 있다. 이는 잠시 뒤에 살펴볼 것이다. 물론, 내가 틀린 것일 수도 있다. 성격 차이가 나타나는 것은 방황선택 때문이 아니라 다른 요인 때문일 수도 있다. 무엇이 옳은지는 시간과 더 심오한 연구만이 말해줄 것이다.

인간에게도 생식능력 지표특성이 있다. 멋진 몸매도 그중 하나다. 몸매가 좋은 남자일수록 그렇지 않은 남자보다 더 매력적으로 느껴지며, 더 많은 섹스파트너를 갖는다. 몸매가 좋아서 나쁜 점은 없다. 여러분도 가능하면 좋은 몸매로 가꾸는 것이 좋다. 제프리 밀러 Geoffrey Miller는 지능도 생식능력 지표특성임을 보여주었다. 일반적인 믿음과 달리, 지능은 '학문적으로 뛰어난 정도'가 아니다. 지능검사는 반응속도와 공간지각 능력 같은 학문이나 학습과 별 관련 없는 실용적인 일을 수행하는 능력을 측정한다. 지능검사로 무엇을 측정하든, 지능은 신경시스템이 전반적으로 얼마나 잘 기능하는지를 나타내는 지표다. 또한 지능은 몸의 균형과도 긍정적인 상관관계가 있다. 다른 조건이 동일할 경우, 지능이 높아서 나쁜 점이 무엇인지는 아직 알려진 게 없다. 지능의 차이가 유전적 차이에 기인하는 한(이는 단지 부분적으로만 그렇다는 것을 기억하자), 지능이 더 높다는 것은 '신경시스템의 작동을 방해하는 돌연변이가 상대적으로 적다'는 것을 의미한다. 따라서 지능이 생식능력 지표특성이라는 견해는 가능한 논거다. 그런데 뒤에서 보겠지만, 성격은 지능이나 몸매와는 아주 다른 특징을 갖고 있다.

재미있는 동물 사례: 환경이 만드는 기질적 차이

판치의 부리는 형태학적 특성, 즉 신체 구조상의 차이다. 그렇다면 동물의 행동 특성에도 유전적 차이가 있다는 증거가 있을까? 매우 많다. 지금까지 연구된 다양한 동물들의 지속적인 행동 특성에는 차이가 있었다. 특히, 생물학자들은 여러 동물 종의 성격특성이 인간의 성격특성과 다소 유사하다는 사실을 발견했다. 침팬지에게서 인간의 5대 성격특성과 유사한 특성이 관찰되었으며, 무척추동물인 문어도 외향성이나 신경성과 비슷한 성격특성이 있다는 것이 관찰되었다. 물론, 동물들의 성격특성을 발견하는 것은 인간 연구와는 다른 일이다. 문어의 성격특성을 연구하기 위해 설문지를 만들 수는 없다. 동물들의 자기 평가는 불가능하며 우리의 관찰에 의존해야 한다. 그러나 이것을 제외하면 적용하는 방법은 유사하다. 인간의 경우와 마찬가지로, 동물들의 행동은 시간이 가도 일관성이 있어야 하고, 다른 관찰자나 다른 측정방법을 동원해도 관찰할 수 있어야 하며, 그들의 행동이 실제로 그들 삶에 영향을 미쳐야 한다. 어떤 경우에는 인간과 마찬가지로 동물들의 성격특성도 유전된다는 것이 증명되기도 했다.

동물에 대한 매우 우수한 일부 연구들은 인간 연구에서도 보기 힘든 훌륭한 연구결과를 내기도 했다. 그것은 동물들의 생명주기가 인간보다 훨씬 짧아 여러 세대에 걸쳐 많은 성격특성을 관찰할 수 있었기 때문이다. 이런 연구들을 통해 볼 때 '방황선택이 유전적 차이를 만든다'는 것을 알 수 있다. 따라서 지금부터는 방황선택과 유전적 차이에 관한 논의를 두 가지 동물 사례로 검토해보겠다.

첫 번째 사례는 매력적이고 장난기 많은 작은 물고기 '구피'다. 천적이 있는 장소에서 구피들은 무척 상반된 행동을 보이는 것이 관찰되었다. 구피의 천적은 그 이름도 화려한 펌프킨시드pumpkinseed 같은 대형 육식 물고기다. 펌프킨시드가 있는 투명한 어항 옆에 다른 투명한 어항을 놓고 그곳에 구피를 넣으면, 어떤 구피들은 다른 구피들보다 펌프킨시드에 더 가까이 오래 머무른다. 반복 실험을 해본 결과, 이런 경향은 각각의 구피들에서 일관성이 있었다. 또 어떤 구피들은 다른 구피들보다 펌프킨시드를 더 경계했다. 이런 구피의 행동 특성에 관한 권위 있는 연구자 리 듀거킨Lee Dugatkin은 구피를 강한 경계, 중간 경계, 낮은 경계의 세 그룹으로 나누었다. 그리고 인간에게는 할 수 없는 실험을 했는데, 각 그룹에 속한 구피를 20마리씩 실제로 펌프킨시드가 있는 어항에 넣은 것이다.

36시간이 흐른 후 강한 경계그룹에 속했던 구피 중 14마리가 살아남았고, 중간 경계그룹은 7마리, 약한 경계그룹은 5마리가 살아남았다. 60시간이 흐른 후 강한 경계그룹의 구피는 8마리가 살아남았고, 약한 경계그룹의 구피는 모두 죽었다. 결론적으로 듀거킨은 포식자가 존재하는 상황에서 자연선택은 경계성을 택한다는 것을 보여주었다. 그렇다면 경계심 없는 구피들은 과거에 모두 포식자에게 잡아먹혔을 것이기 때문에 살아남은 구피들은 모두 경계성이 높은 구피여야 한다. 그런데 어떻게 해서 경계심이 낮은 구피들이 계속 살아남게 되었을까? 구피 무리에서 경계심의 차이가 계속 존속해온 이유는 무엇일까?

이에 대한 답은 트리니다드 전역에서 서로 다른 여러 구피 무리를 관찰한 한 연구에서 나왔다. 어떤 구피들은 물길이 너무 좁아서 포식 물고기가 살 수 없는 상류에 살았고, 어떤 구피들은 포식 물고기가 사는 하류에서 살았다. 시릴 오스틴Shyril O'Steen과 동료들은 서식지가 서로 다른 구피들을 골라 포식 물고기가 있는 인공풀장에 넣으면, 포식자가 없던 상류의 구피들이 포식자가 있던 하류의 구피보다 잡아먹힐 가능성이 더 크다는 것을 발견했다. 이런 현상을 포식자를 경험했느냐 아니냐의 차이로 설명할 수 있다고 생각하겠지만, 그렇지 않다. 연구자들은 상류와 하류에서 잡은 구피들을 안전한 어항에 넣어 길렀고, 이 구피들이 거기서 새끼를 낳았는데, 포식자가 있던 하류의 구피 새끼들이 상류에 서식했던 구피 새끼들보다, 포식자가 있던 풀장에서 더 잘 살아남았다. 이 새끼들은 포식자를 경험한 적도 없고, 실험용 포식 물고기는 부모 구피들이 경험했던 포식 물고기와 달랐는데도 말이다.

이런 결과는 포식자가 있을 때 갖는 경계심의 유전적 차이로밖에 설명할 수 없다. 포식자가 있던 하류에서는 자연선택이 작용해 구피 무리가 높은 경계심을 갖게 되었지만, 상류에서는 그런 작용이 없었다. 오히려 상류에서는 경계심을 '갖지 않게 하는' 자연선택이 작용한 것으로 보인다. 왜냐하면 포식자와 같이 살았던 구피의 새끼들이 포식자가 없는 서식지에서 새로운 무리를 형성했을 때, 이들의 경계심 수준은 세대가 가면서 낮아졌기 때문이다. 포식자를 경계해야 할 때는 먹지도, 쉬지도, 교미도 하지 못한다. 따라서 포식자가 없는데도 포식자를 경계하는 데 시간을 낭비한다면, 편안하게 지내는 다른 경쟁자에 비해 생식적합성과 생식능력이 훼손된다. 따라서 포식자가 없는 서식지에서 살게 된 새로운 구피 무리들의 경계심 수준은 생식능력을 유지하기 위해 점점 낮아졌던 것이다. 포식자가 없을 때는 경계할 필요가 없는 것이다.

그렇다면 하류에 사는 경계심이 많은 종과 상류에 사는 경계심이 없는 종, 이렇게 두 종의 구피로만 존재하지 않는 이유는 무엇일까? 한 가지 이유는 상류와 하류의 서식지가 서로 단절되지 않았기 때문이다. 구피들은 상류에서 하류로 또는 하류에서 상류로 이동할 수 있다. 따라서 이 두 유형의 구피는 항상 섞일 수 있었다. 더욱이 포식자의 존재는 절대적 상황이 아니고, 포식자의 분포도 시간에 따라 다르다. 수량이 많으면 포식 물고기는 상류로 더 올라갈 수 있다. 따라서 경계심을 가질 때의 혜택과 비용은 계속 유동적이고, 그 결과 자연선택도 시공에 따라 계속 다르게 작용한다. 그래서 구피 무리 전체를 놓고 볼 때 경계심의 유전적 차이가 광범위하게 나타나는 것이다. 모든 개별 구피들의 차원에서 가장 적절한 수준의 경계심은 있지만, 어떤 특정한 수준의 경계심을 자연선택이 선호하는 것은 아니다.

두 번째 사례는 정원이나 공원에서 흔히 볼 수 있는 박새다. 박새

의 성격과 그 영향에 관해서는 닐스 딩게만스Niels Dingemanse와 그의
동료들이 최근 네덜란드에서 치밀한 연구를 수행한 바 있다. 딩게만
스 등은 박새의 탐구행위가 박새에 따라 다르다는 것을 처음 입증했
다. 이들은 야생 박새를 잡아 일종의 성격테스트를 한 후 풀어주었
다. 이들은 테스트를 위해 다섯 그루의 인조나무가 있는 실험실에
박새를 넣었다. 그리고 처음 2분 동안 실험실에서 박새가 나는 횟수
와 뛰는 횟수를 측정했다. '빠른' 박새들은 한 곳에 가만있는 경향
을 보인 '느린' 박새들보다 더 많이 뛰고 날았으며 더 많은 공간을
움직였다. 이들 박새들에게는 꼬리표를 매달아두었기 때문에 풀어
준 박새를 다시 잡았을 때 어떤 놈이 어떤 놈인지 알 수 있었다. 결
과적으로 각각의 박새들은 시간이 가도 탐구특성에 일관성을 보였
다. 더 재미있는 것은, 꼬리표를 통해 연구자들은 어떤 것이 부모 박
새이고 어떤 것이 새끼 박새이며, 어떤 것이 형제인지 알 수 있었다
는 것이다. 그래서 연구자들은 탐구특성의 유전성을 추정할 수 있었
는데, 박새의 탐구특성의 약 30~50퍼센트가 유전적이라는 사실이었
다. 이는 인간의 성격특성에서 유전이 차지하는 비율과 거의 같은
수준이다.

  인간의 성격특성이 실제 삶에도 영향을 미치는지 알아보는 것과
마찬가지로, 박새들의 탐구특성이 실험실 밖 박새들의 실제 생활에
도 영향을 미치는지 알아볼 수 있는데, 결론적으로 영향을 미치는
것으로 드러났다. 딩게만스는 야생에서 박새들의 자연스러운 행동
을 7년 동안 기록한 자료를 가지고, 실험실에서 박새들이 기록한 탐
구특성 점수와 실제 삶을 비교했다. '빠른' 박새들은 둥지에서 더

멀리 날아가는 새끼 박새들을 낳았고, '느린' 박새들보다 더 먼 곳에서 새끼들을 길렀다. 더욱이 야생에서 태어났지만 실험실에서 길러진 '빠른' 박새 새끼들은 '빠른' 탐구특성을 가진 것으로 드러났다. 따라서 빠른 탐구특성을 가진 박새들은 느린 탐구특성을 가진 박새들보다 더 멀리 더 광범위하게 움직였다.

탐구특성은 번식 성공에 어떤 영향을 미쳤을까? 재미있게도 그것은 상황에 따라 달랐다. 딩게만스 등은 박새의 성격과 생존·번식의 관계에 대해 1999년, 2000년, 2001년 세 번 조사했다. 2000년은 박새들에게 호시절이었던 것으로 보인다. 네덜란드의 너도밤나무 열매가 풍성히 열렸기 때문이다. 그러나 이런 호시절이 항상 계속되는 것은 아니다. 1999년과 2001년은 박새들에게 힘든 해였다. 당시는 겨울에 먹이를 얻기가 쉽지 않았다. 그러나 고난 속에도 기쁨은 있는 법이다. 어려운 나날이 길어지자 살아남은 박새들 수가 줄어들었으며, 따라서 봄이 오자 영역 경쟁이 평소보다 심하지 않았다. 반면 좋았던 2000년에는 겨울먹이가 풍부했고, 따라서 그해 겨울에는 경쟁은 덜했지만, 많은 박새가 겨울을 넘길 수 있었기에 다음 해 봄에는 영역 경쟁이 매우 심해졌던 것이다.

1999년과 2001년에는 '빠른' 박새 암컷들의 생존율이 훨씬 더 높았다. 활동반경이 더 넓고 움직임이 많아 부족한 겨울먹이 찾기 경쟁에서 앞설 수 있었기 때문이다. 그런데 2000년의 경우, '빠른' 박새 암컷의 생존 가능성은 오히려 더 낮았다. 모두가 배불리 먹을 수 있는 먹이가 풍부할 때는 과도한 움직임과 활동이 도움이 되지 않던 것이다. 수컷의 경우, 다소 다르긴 하지만 그래도 암컷의 사례를 보완해주는 결과가 나왔다. 수컷의 생존은 봄에 영역을 다투고 지키는 능력에 따라 달랐다. 호시절이었던 2000년, 많은 경쟁자가 살아남은 후 영역 수호는 치열한 사투가 되었고 '빠른' 수컷 박새들이 가장 뛰어난 능력을 보여주었다. 그런데 힘들었던 1999년과 2001년, 겨울이 지난 후 찾아온 봄에 영역 경쟁은 그리 심하지 않았고, 그러자 '빠른' 수컷 박새들이 '느린' 수컷 박새들보다 더 힘든 모습을 보여주었다. 불필요한 움직임이 많은 데 따른 비용을 부담해야 했기 때문이다.

적절한 탐구특성이 어느 정도냐 하는 것은 태어날 때 우연히 직면하는 상황에 따라 다르다. 좋은 해에 태어난 수컷 박새라면 '빠른' 탐구특성을 갖는 것이 이듬해 봄에 격화될 경쟁에 도움이 되지만, 어려운 해에 태어난 '빠른' 수컷 박새라면 이듬해 봄에는 그 특성이 별 도움이 되지 않는다. 그리고 어려운 해에 태어난 암컷 박새라면 '빠른' 특성을 갖는 것이 부족한 먹이를 두고 다투는 경쟁에 도움이 되지만, 좋은 해에 태어난 암컷 박새의 경우엔 '빠른' 특성이 오히려 장애가 된다. 이런 사실을 두고 볼 때, 한 가지 유전자형으로만 자연선택이 이루어지는 것은 결코 아님을 알 수 있다.

나는 구피와 박새가 보여준 경계성과 탐구성이라는 특성이, 인간의 신경성과 외향성이라는 성격특성과 아주 유사했기 때문에 이를 사례로 택했다. 이 사례가 가능한 유일한 사례는 아니지만, 매우 훌륭한 연구였기 때문에 우리는 많은 유용한 원칙을 발견할 수 있었다. 각 사례를 통해 우리는, 한 유전적 특성이 어떤 상황에서는 번식에 유리하지만 또 어떤 상황에서는 번식에 불리하다는 사실을 알 수 있었다. 또 한 유전적 특성의 혜택과 비용이 무엇인지 알아낼 수 있었고, 그 특성이 혜택이 되는 상황과, 비용이 되는 상황을 밝혀낼 수 있었다. 인간의 성격특성도 그 혜택과 비용을 밝힐 수 있을까? 이런 점을 염두에 두고 외향성부터 차례로 5대 성격특성을 살펴보도록 하자.

chapter 3

울고 있는,
혹은
웃고 있는
당신

외향성과 내향성

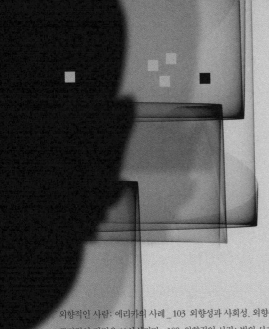

외향적인 사람: 에리카의 사례

55세의 에리카는 조용한 삶을 살고 있다. 잉글랜드 남부 저지대에 있는 그녀의 예쁜 집은 작은 삼림계곡에 위치해 있는데, 그녀의 말에 따르면 사슴과 토끼를 이웃으로 삼고 살아간다고. 아침 8시경, 에리카는 작은 차를 몰고 10마일가량 달려 또 다른 시골지역에 있는 사무실로 출근한다. 그녀는 자신이 발간하는 작은 잡지사의 동료 기자들과 함께 사무실을 쓰고 있다. 그녀는 동료들과 사이가 좋지만, 퇴근 후의 일상은 조용하다. 다시 차를 몰고 아주 한가한 도로를 달려 집으로 돌아와 저녁을 먹고 TV를 조금 보다 일찍 잠에 든다. 그녀는 잠을 자면서 "생생하고 흥미진진하며 영화 같은 심오한 꿈"을 꾼다고 한다.◆

◆ 이 책에 소개한 사람들의 사례는 개인의 익명성을 보호하기 위해 다소간 수정을 가했다. 이 사례들은 과학적으로 완전히 부합하진 않지만 매우 유용하고 흥미로운 성격자료다. 사적인 이야기를 내게 들려준 모든 이들에게 감사를 표한다.

에리카는 외향성과는 별 관계없는 사람처럼 보인다. 외향적인 사람은 야심 있고, 진취적이며, 일반적인 의미로 말하면 욕정이 강한 편인데, 에리카는 삶의 목표에 대해 "아무것도 소유하지 않는 것이며, (다른 사람처럼 돈을 좋아하긴 하지만) 특별히 성공을 원하는 것도 사랑을 열망하는 것도 아니다"라고 적어 보내왔다. 그녀가 묘사한 것은 목가적이지만 대체로 고독하고 수수한 삶이었다. 그럼에도 불구하고, 에리카는 몇 년 전 조사에서 상당히 높은 외향성 수치를 보였다. 호기심이 생긴 나는 그녀의 삶 어디에서 어떻게 그런 외향성이 드러나는지 알아보기 위해 그녀를 보다 깊이 살펴보기로 했다.

그녀의 외향성을 발견할 수 있는 첫 번째 실마리는 그녀가 야망이 작은 이유를 아주 단순하게 설명했다는 데 있었다. 그녀는 "나는 어린 시절의 꿈을 거의 이뤘어요"라고 말했다. 어떻게 그런 꿈을 이뤘을까? 그녀는 항상 전문작가가 되기를 원했고, 지금 그렇게 된 것이다. 그녀는 외국어를 하나 배워 외국에서 살기를 원했는데, 10년 이상을 이탈리아에서 살았다. 그녀는 다른 많은 사람들처럼 가수가 되기를 꿈꿨고, 대부분의 사람과 달리 실제로 꿈을 이뤘다. 이탈리아에서 그녀는 한 밴드의 보컬로 노래를 했고, 팬도 한 명 있었다. 따라서 그녀의 조용한 삶이 겉보기처럼 그렇게 조용한 것 같지는 않았다. 관절염에 걸리기 전 그녀는 "지칠 줄 모르고 걷는 뚜벅이였고, 기수였으며, 항해자였고, 오토바이족이자 요가선생이었고, 댄서였다".

그렇다면 에리카는 충동과 열정으로 가득 찬 사람이었다는 것인데, 이는 그녀가 표현한 로맨틱한 삶에서도 발견되었다. 그녀는 다음과 같이 솔직한 글을 보내왔다.

사춘기 이후 내 인생을 지배한 것은 강렬한 성적 욕구였어요. 남편을 만나기 전까지 나는 극도로 난잡한 생활을 했어요. 남편을 만나고 나서야 좀 진정되었죠. 남편과 나는 몇 년 간 멋진 섹스를 했어요. 그러나 나이가 들면서 그의 성욕이 줄더군요…… 우리 부부가 이탈리아에서 살 때 나는 애인을 몇 명 뒀어요. 결혼한 이탈리아 남자들이었죠. 그중 둘과는 오랫동안 친밀한 관계를 유지했어요……

이런 풍부한 라이프스토리 속에 있는 각각의 요소들, 여행에 대한 열망, 성적 욕망, 지칠 줄 모르는 다양한 활동들, 음악공연 등을 하나로 묶는 것은 무엇일까? 이 질문에 답하기 위해서는 외향성에 대해 좀더 살펴볼 필요가 있다.

외향성과 사회성, 외향성과 친화성, 외향성과 성실성

외향성extraversion과 내향성introversion이란 말은 칼 구스타브 융Carl Gustav Jung이 1921년 처음 사용한 용어다. 융은 이 용어를 세상에 대한 두 가지 서로 다른 태도를 묘사하기 위해 사용했다. 융이 묘사한 외향적인 사람은 외부에 초점을 맞춘다. 그는 사색보다 활동을 좋아하고, 자신의 생각에 빠지기보다 다른 사람과 어울리기를 좋아하며, 끊임없이 밖으로 나가고 움직인다. 반면, 내향적인 사람은 자신의 생각과 감정에만 몰두하며, 다른 사람들과 떨어져 있는 것이 보통이고, 고독과 평화롭게 사색하는 것을 즐긴다. 외향성의 개념은 오랜 시간에 걸쳐 조금씩 변화했다(그리고 같은 용어를 쓰고 있긴 하지만, 융의 심리 유형은 이 책에서 묘사하고 있는 성격특성과 완전히 일치하는 것은 아니다). 그러나 5대 성격특성 모델을 포함한 모든 성격이론은 내가 이 책에서 묘사한 외향성과 매우 유사한 특징을 담고 있다. 물론 그 개념의 원조는 당연히 칼 융이다.

일반적인 생각처럼 초기의 일부 심리학 이론도 사회성sociability을 외향성의 핵심 개념으로 보았다. 외향성 수치가 높은 사람은 외향성 수치가 낮은 사람보다 사교활동에 더 많은 시간을 쓰고, 말이 더 많으며, 파티를 더 좋아하고, 관심의 대상이 되고 싶어 한다. 이는 분명한 사실이다. 또 외향적일수록 다른 사람보다 사람을 더 빨리 사귄다. 이는 대학 신입생들에 대한 연구에서 잘 드러났는데, 이 연구에 따르면 외향적인 사람일수록 내향적인 사람보다 더 빨리 친구를 사귀었다.

그러나 사회성을 외향성과 동일시하는 데는 각별한 주의가 필요하다. 우선, 사회성의 반대인 수줍음은 외향성 수치가 낮은 것이 아니라 신경성 수치가 높은 것이 원인이다. 외향성 수치가 낮다고 해서 반드시 수줍음을 타는 것은 아니다. 외향성 수치가 낮은 사람은 그저 다른 사람들과 많이 어울리지 않는 것뿐이며, 수줍음 없이 다른 사람들과 어울리는 경우도 많이 있다. 이 때문에 외향성 수치가 낮은 사람은 혼자 동떨어진 것처럼 보이는 경우가 많다. 우리는 또한 높은 외향성을 좋은 인간관계와 혼동해선 안 된다. 외향성은 한 사람이 파티를 얼마나 좋아하는지, 사교활동에 얼마나 많은 시간을 쓰는지, 새 친구를 얼마나 쉽게 사귀는지를 알려주는 지표가 되기는 하지만, 그런 인간관계를 얼마나 잘 유지하는지 알려주는 지표는 아니다. 앞의 신입생 연구에 따르면, 다른 학생들과 얼마나 조화를 이루는지 알려주는 지표는 외향성이 아니라 친화성이었다. 외향적인 사람도 친화성이 높지 않으면 좋은 인간관계를 유지하는 데 상당한 어려움을 겪을 수 있다. 외향적인 사람들은 파티에 가서 신나게 취하고는 한 번도 만난 적이 없는 사람과 대판 싸움을 벌이는 부류들이다. 친화성 수치가 낮은 외향적인 사람들은 아무런 가책 없이 다른 사람이 보는 앞에서 친구를 무시하기도 하며, 이런 행위를 통해 뭔가 얻는 것이 있으면 그런 행동을 즐기기도 한다(에리카는 이런 사람은 아니다. 그녀는 친화성 수치도 높았다).

그렇다면 외향적인 사람이 인간관계에 관심을 갖는 진짜 이유는 무엇일까? 외향성에 속하는 다른 여러 특징들이 무엇인지 보면 그 이유를 잘 알 수 있다. 외향적인 사람들은 야망을 가진 경우가 많고(물론 그 야망의 내용은 사람마다 다르다), 높은 지위와 사회적 관심을 즐기는 경향이 있다. 이들은 여가활동도 좋아하지만 명예와 돈을 좇아 열심히 일할 준비도 된 사람들이다. 이들은 운동, 여행, 그리고 신기한 것을 좋아한다. 전체적으로 볼 때, 이들은 목표를 추구하는 데 많은 에너지를 쏟아 붓는 매우 활동적인 사람들이다. 오랫동안 어느 정도의 충동성impulsivity, 숙고하기보다 충동에 따라 행동하는 경향이 외향성인가 하는 논쟁이 있었다. 내가 말하는 충동성이란 미리 고려하지 않은 개인적 또는 경제적 리스크를 감수하는 것, 도박이나 마약을 하는 것, 법을 경시하는 것, 약간의 삶의 위험을 택하는 것 같은 행동을 의미한다. 이런 행동들은 외향성과 성실성, 두 성격의 공통 영역에 속한다. 즉 이런 행동들은 외향성과 성실성, 두 성격수치로 모두 예측할 수 있는 그런 행동들이다. 물론, 마약중독 같은 위험한 행동은 성실성 수치로 더 잘 예측할 수 있다. 그러나 뒤에 밝혀지겠지만 외향성과 성실성 간에는 분명한 개념상의 차이가 존재한다.

외향성에 속하는 경향으로 다른 성격들을 이해하는 열쇠가 되기도 하는 마지막 일군의 경향들이 있다. 외향적인 사람들은 긍정적인 감정을 많이 갖고 있다. 일상생활에서 외향성 수치가 높은 사람들은 외향성 수치가 낮은 사람보다 기쁨, 욕망, 열정, 흥분 등의 상태를 더 많이 경험한다고 일관되게 보고되고 있다. 에리카의 경우, 그녀는 지금 상대적으로 조용한 삶을 살고는 있지만 그런 일상을 "즐기고 있다"고 말한다. 그녀는 "달빛이 노란 벽에 드리우는 레이스 문양을 사랑한다". 그녀의 사무실은 "훌륭한" 동료들이 있는 "소중한 곳"이다. 그녀는 집에서 허드렛일을 하고 전화로 수다를 떠는 것이 그렇게 스릴 있는 것은 아니지만 "그런 생활을 사랑하는 것 같다"고 말한다. 또 그녀는 토요일 오전 그녀가 느끼는 감정을 평범한 소문자로 적기엔 충분하지 않은 듯 "나는 침대에 누워, 책을 읽고, 커피를 마시고, 낮잠을 자는 것을 정말 사랑해요"라고 대문자로 크게 쓴 글을 보내왔다. 그녀의 전체적인 표현은 긍정적인 감정상태로 가득 차 있었다. 나의 연구에 참여하는 것조차 "굉장한 기회"라고 말하면서 그녀는 "제가 보기엔 낙관적이고 유머러스한 저의 감정을 당신께 성공적으로 전했기를 바란다"며 글을 맺었다.

긍정적인 감정은 보상심리다

긍정적인 감정이란 무엇인가? 긍정적인 감정이란 가치 있는 어떤 것을 추구하거나 얻었을 때 그 반응으로 활성화되는 감정을 말한다. 욕망은 우리가 원하는 것을 추구하게 만들며, 원하는 것을 얻게 되었을 때는 흥분하고, 원하는 것을 얻은 후에는 기쁨을 느낀다. 욕망, 흥분, 기쁨은 모두 '어떤 것'을 얻는 것과 관계된 감정상태다. 그러나 그 어떤 것이란 과연 무엇인가? 긍정적인 감정을 유발하는 그 어떤 것들이란, 중요한 어떤 타인의 관심(친구를 사귀는 것), 지위(승진하거나 베스트셀러 작가가 되는 것), 물질적 이득(연봉 인상), 새 짝을 얻는 것, 새로운 기술을 습득하고 과제를 완수하는 것 등이다. 또는 그저 즐거운 곳에 있는 것만으로도 긍정적인 감정이 생긴다. 긍정적인 감정을 이끌어내고 만들어내는 이런 모든 일들은 '자극' 또는 '동기'라고 할 수 있다.

동기에는 두 종류가 있다. 하나는 태어날 때부터 선천적으로 갖는 '무조건 동기 unconditioned incentives, unconditioned stimulus, 무조건적 반응을 일으키는 동기나 자극'다. 무조건 동기란 누가 가르쳐주지 않아도 사람과 동물이 자연스럽게 어떤 보상을 추구하게 만드는 동인이다. 배고픈 쥐에게 먹기를 가르치거나 물 대신 설탕을 먹으라고 가르칠 필요가 없다. 아이에게 친구를 사귀는 것이 좋은 일이라거나 이성애자에게 이성이 묘하게 흥분을 준다고 가르칠 필요가 없다. 배고픈 쥐는 누가 가르쳐주지 않아도 먹을 것을 찾고, 아이는 시키지 않아도 친구를 사귀며, 정상적인 남자는 자연스럽게 여자에게 흥분을 느낀다. 이런 무조건적 동기는 진화에 의해 형성된 것인데, 그 이유는 여러 세대에 걸쳐 배고플 때 더 적극적으로 먹으려 했던 사람들이 더 많이 살아남을 수 있었고, 짝짓기에 더 열성적이었던 사람들이 자손을 더 많이 번식했기 때문으로 보인다. 지위를 추구하거나 동료를 구하거나 기술을 익히려는 다른 무조건적 동기들에도 이런 진화론적 설명이 가능하다.

두 번째 동기는 '조건 동기conditioned incentives' 다. 유명한 파블로프의 개가 이런 경우에 속한다. 파블로프의 개는 음식을 주면 침을 흘렸다. 그런데 음식을 주면서 종을 치는 행동을 반복하자, 나중에 파블로프의 개는 종소리만 들어도 침을 흘리게 되었다. 종소리가 나면 음식이 나온다는 것을 학습했기 때문이다. 본질적으로는 무의미한 자극인 종소리가 조건화되면서 하나의 동기가 된 것이다. 인간의 동기도 아주 복잡한 문화적 방식으로 조건화되는 경우가 많다. 예컨대, 돈은 대부분의 사람들에게 강력한 동기가 되지만, 사람과 돈의 관계가 무조건적인 것이 될 수는 없다. 돈이 사람들에게 하나의 동기가 된 것은, 돈이 있으면 재화와 서비스를 소비하는 내적 즐거움 같은 자연적인 동기를 충족시킬 수 있다는 것을 알았기 때문이다. 그러나 최소한 풍요로운 서구사회에서 돈은 이와는 좀 다른 의미를 갖는다. 여러 증거에 따르면, 우리가 돈과 돈으로 사는 물건에 관심을 갖는 것은 돈이 (소비의 즐거움을 주는 것에 그치지 않고) 우리의 사회적 지위를 보여주는 역할을 하기 때문이다. 많은 돈과 값비싼 물건을 가진 사람은 다른 사람들보다 높은 지위를 가진 것으로 간주된다. 돈은 그 자체로 무조건 동기는 아니다. 그러나 사회적 지위라는 무조건 동기를 충족시켜주는 역할을 해왔기 때문에 사람들에게 강력한 조건 동기가 되었다. 우리 사회에 만연한 프로테스탄트적 노동 윤리와 소비 과잉은 사회적 지위라는 무조건 동기가 초래한 것이다.

뇌 속의 긍정적인 감정 메커니즘은 주어진 상황에서 이용할 수 있는 무조건 동기나 조건 동기의 단초를 찾아 그 동기에 따라 우리가 행동하도록 만든다. 그래서 우리는 그 동기에 따라 움직이기 시작하고, 관심을 가지며, 보상을 얻기 위해 우리가 해야 할 일—구직신청서를 작성하거나 이성을 유혹하는 일 등—을 한다. 인간에게만 이런 메커니즘이 있는 것은 아니다. 아메바가 화학적 구배를 통해 먹이를 먹고 소화시킬 때도 긍정적 감정에 따라 그런 행동을 하고 있다고 할 수 있다. 감각이 있는 모든 유기체는 주어진 환경 속에서 자기에게 좋은 것을 찾고 추구하는 시스템을 갖고 있는데, 인간의 긍정적인 감정이란 이런 시스템이 고도로 발전한 형태에 불과하다. 긍정적인 감정은 행동방식이나 행동촉진 시스템을 만들어 보상을 획득하게 한다.

외향적인 사람: 빌의 사례

외향성과 관련된 모든 다양한 행동을 하나로 묶는 것은 긍정적인 감정이다. 우리는 에리카가 자신의 삶에 매우 긍정적인 감정을 가지고 있다는 것을 보았다. 나의 또 다른 연구대상자인 빌도 그랬다. 빌의 외향성 수치도 매우 높았는데, 오십대인 빌은 잉글랜드 중서부에 거주하는 스칸디나비아계 노동자 가족 출신이다. 매우 성공한 기업가였던 빌은 40세에 이미 수백만 달러의 재산을 모았다. 빌은 다음과 같은 글을 보내왔다.

나는 돈과 권력을 모두 가지고 있었지요. 농장, 말, 포르쉐, 숲, 그리고 근처 도시에 멋진 펜트하우스도 갖고 있었어요.

그런데 빌은 그의 말대로 하자면 "부주의했고, 1년도 안 돼 모든 것을 잃었다". 결혼생활도 종지부를 찍었는데, 그는 결혼에 대해 다소 철학적인 것처럼 보였다. 지금 그는 스키강사로 일하고 있으며, 그 대가로 숙식을 제공하는 콜로라도의 한 호텔에서 살고 있다(다른 많은 외향적인 사람들과 마찬가지로 빌도 육체적으로 활동적인 직업을 갖고 있었다). 물질적인 흥망성쇠를 겪은 빌이 금욕적인 사람이 됐을 것이라고 생각할지 모르겠지만, 전혀 그렇지 않다. 그는 다음과 같이 말했다.

한 가지 목적이 있는데, 그것은 다시 부자가 되는 것입니다. 나는 그렇게 할 수 있다는 것도 알고, 부자의 삶이 얼마나 멋진지도 알아요. 인생은 부자가 되었을 때에만 살 가치가 있는 것이죠…… 전 은퇴하고 싶지 않아요. 죽을 때까지 일하고 싶어요. 지금 러시아어를 배우고 있는데, 러시아 여자들은 정말 너무 예쁘고 야심만만하지 않습니까?…… 우크라이나 여자와 결혼해서 그녀에게 멋진 인생을 선사해주고 싶어요.

빌이 한때 자수성가해서 백만장자 반열에 올랐다가 모두를 잃었지만 다시 도전하고 있다는 점을 감안하면, 그의 낙관적이고 결의에 찬 태도와 불굴의 용기에 깊은 인상을 받지 않을 수 없다. 무엇보다 그가 이 모든 일을 하는 이유는 실제로 그렇게 해야만 해서가 아니라 도전을 하고 보상을 얻는 데 큰 흥분을 느끼기 때문이다. 그의 다음과 같은 말은 외향적인 남성의 신조를 잘 드러내고 있다.

투쟁에서 이기는 것보다 좋은 것은 없어요. 나는 위험을 감수하는 것을 즐깁니다. 사람들 앞에서 이야기하고 그들에게 인생이 얼마나 멋진지 들려주는 것을 좋아해요…… 내 인생 최고의 순간은 한 회의에서 250명의 청중에게 연설하고 그들이 나에게 갈채를 보낸 순간이었어요. 그 갈채소리가 아직도 귓가에 맴돕니다.

에리카로 하여금 이태리에 가고, 록 뮤직에 빠지고, 이태리 남자들과 사랑할 수 있게 한 것이 동기에 대한 그녀의 강력한 반응이었던 것처럼, 빌이 열심히 일하고, 포르쉐를 몰며, 매력적인 여성에게 구애하고, 비즈니스 미팅에서 대중들 앞에 설 수 있었던 것은 동기에 강력히 반응했기 때문이다. 이 모든 일은 자연히 또는 일정한 조건하에서 보상을 주는 일이고, 따라서 일반적인 사람도 이런 일에서 모두 기쁨을 느낀다. 그러나 빌은 이런 일에서 일반인보다 더 큰 기쁨과 자극을 느끼는 사람이다.

빌의 긍정적인 감정시스템이 다소 적게 반응했을 경우를 잠시 생각해보자. 빌이 포르쉐나 숲(!)을 갖는다는 생각에 자극을 좀 적게 받았다면, 그런 것을 얻기 위해 아주 많은 시간을 들이지 않았을 수도 있다. 또 만약 에리카가 연애에 실제보다 덜 흥분했다면, 복잡한 혼외정사에서 파생되는 위험과 비용을 피하려고 했을지 모른다. 언

113

더그라운드 이탈리아 팝스타가 되는 것이 쉬운 일도 아니다. 단언컨대, 그녀가 밴드 보컬이 되기 위해 투자한 시간은 엄청났으며 밑바닥부터 시작하지 않으면 안 되었을 것이다. 따라서 그녀는 최소한 처음엔 버는 돈보다 나가는 돈이 더 많았을 것이다. 결국 이런 일은 그를 통해 얻는 흥분과 자극이 크지 않으면 정말 할 일이 못 된다.

보상을 추구하지 않는 사람도 있다

빌과 에리카의 긍정적인 감정이 동기(자극)에 매우 강력하게 반응했다면, 빌과 에리카보다 반응성이 약한 사람의 인생은 어떨까? 분명 이들은 빌과 에리카보다 적은 긍정적인 감정을 경험할 것이다. 그렇다고 이들의 삶이 부정적인 감정으로만 가득 차 있다고 말하는 것은 아니다. 기쁨과 흥분의 반대는 슬픔과 두려움이 아니라 기쁨과 흥분이 없는 상태—지루한 무감각 상태—다. 많은 연구에 따르면, 우리의 긍정적인 감정의 양으로 우리의 부정적인 감정의 양을 알 수 없다. 한 사람의 긍정적인 감정의 양과 부정적인 감정의 양은 서로 독립적이며, 아무런 관계가 없다. 기쁨이나 슬픔 모두를 많이 느끼지 못하는 사람이 있는 반면, 기쁨과 슬픔을 모두 많이 느끼는 사람도 있다. 따라서 자극과 동기에 대한 (긍정적인 감정의) 반응이 상대적으로 약한 사람이라고 해서 꼭 슬픈 사람이라고 할 수 없다. 오히려 이들은 세상살이에 관심이 적은 사람이라고 할 수 있다. 물론 이들도 때로 다른 사람처럼 섹스, 파티, 지위 등에 끌리긴 하지만, 그런 일에서 느끼는 흥분은 상대적으로 적다. 따라서 이들은 그런 일에 별로 매달리지 않는다. 경제학자들의 말처럼, 비용이 동일할 경우 어떤 일을 할 때 얻는 보상이 적으면 보상이 클 때보다 열심히 하지 않는다. 따라서 동기에 상대적으로 적게 반응하는 사람은 약간 더 많은 돈이나 명예를 얻으려고 여유시간을 쓰는 일, 파티에 가려고 시내를 가로질러 차를 몰고 가는 일, 또는 새로운 섹스를 시도하기 위해 현재의 결혼생활을 포기하는 일을 시도할 가능성이 적다.

내향적인 사람: 앤드루의 사례

동기에 대한 나의 생각은 덜 외향적인 사람의 경우에도 잘 증명된다. 25세의 앤드루는 컴퓨터 프로그래밍 능력이 뛰어난 청년이다. 현재 그는 여자친구와 동거하고 있으며, 매주 만나는 좋은 친구들도 있다. 그럼에도 불구하고 때로 그는 한두 달 동안 친구들을 만나려 하지 않는데, 그것이 그리 큰 문제는 아니다. 그는 몇 번 (당일치기 드라이브로) 스코틀랜드에 간 적이 있지만 그 정도에 그쳤다. 그의 말대로 그는 "여행을 약간 좋아하기도 하고 약간 싫어하기도 한다".

앤드루의 컴퓨터 프로그래밍 능력은 오늘날 매우 유망한 것이고, 컴퓨터로 전자음악을 작곡할 수 있기 때문에, 내가 볼 때 그는 분명 재능 있는 청년이다. 그러나 그는 음악이나 컴퓨터 프로그래밍으로 돈을 벌고 유명해지는 데 그리 적극적이지 않았다. 앤드루는 조만간 좋은 일자리를 얻겠지만, 오히려 그는 좋은 일자리를 얻는 데 별로 흥분을 느끼지 않았다. 그는 말하기를,

나는 기대하는 것이 많지 않아요. 안정된 직업을 얻으면 이사를 가서 어디서든 살 수 있겠죠. 여자친구도 만나고, 필요 없는 많은 물건도

사겠죠. 또 결혼도 하고, 아이도 낳고, 아이에게 물건도 사주겠죠······
그러고는 죽거나 하겠죠.

나는 앤드루의 이 말 속엔 대단히 훌륭한 금욕주의 철학이 있다고
본다. 또 앤드루의 말은 내향적인 사람의 동기가 어떤 것인지에 대
해 많은 것을 말해준다. 앤드루를 약간 불행하고 우울한 사람의 범
주에 넣으려는 사람이 있겠지만, 나는 그렇게 보지 않는다. 정상적
이라면 쾌감을 느껴야 할 상황에서 별로 쾌감을 느끼지 못하는 '쾌
감상실anhedonia'이 우울증의 한 증상인 것은 사실이다. 쾌감상실과
낮은 외향성 사이에는 확실한 상관관계가 있다. 그러나 우울증에서
의 쾌감상실은 공포, 근심과 함께 나타난다. 그러나 나는 앤드루에
게서 공포나 근심은 발견하지 못했다. 앤드루는 사람들이 노력해서
얻으려는 것들—물질적 부, 결혼, 경력 등—이 좋다는 것을 분명
인식하고 있었지만, 그에겐 중요한 것이 아니었다. 따라서 그는 그
런 것들이 생기면 갖긴 하겠지만, 생기지 않는다고 괴로워하지도 않
을 것이다. 그는 친구가 있으면 만나겠지만 친구가 없다고 안달하지
는 않을 것이기에, 어쨌든 만족스러운 삶을 살아갈 수 있다. 내향적
인 사람은 어떤 의미에서는, 세상이 주는 보상에 무관심하며, 따라
서 보상에 구애받지 않는 비범한 힘과 독립성을 가진 사람이다.

내향적인 사람: 데이비드의 사례
내향적인 사람과 외향적인 사람을 비교하는 것이 두 성격을 이해하
는 데 도움이 된다. 외향적인 빌은 다시 부자가 되어야 하고 갈채를

받아야 하며 옆구리에 우크라이나 미인을 끼고 있어야 한다. 빌과 비교할 또 다른 내향적인 사람은 메릴랜드 베데스다 출신의 과학자 데이비드다. 데이비드는 첨단 생화학 연구원인데, 최근 그의 연구소 는 연구비 조달에 실패했다. 따라서 데이비드는 어쩔 수 없이 강의 도 하고 밥벌이도 해야 했다. 지금 그는 본업인 생화학 연구를 할 기 회가 거의 없으며, 곧 연구소를 그만둬야 할 것으로 보인다. 이런 상 황이 빌 같은 사람에게도 닥쳤다고 해보자. 우선 데이비드의 반응은 다음과 같았다.

> 나는 곧 실업자가 될 거예요. 나는 이것을 하나의 기회로 보지요. 실
> 업자가 되면 자유를 얻게 되고, 돈과 지위—난 이 둘 모두에 관심 없어
> 요—를 얻기 위해 억지로 흥미 없는 일을 해야 하는 치열한 경쟁에서
> 벗어날 수 있지요.

빌에게는 큰 동기가 되는 돈과 지위 같은 것이 데이비드에게는 그 를 나가 싸우게 만들 만큼 큰 동기가 아니었다. 대신 그는 관찰하고, 생각하고, 배우고, 정원을 가꾸는 일에 꽤 행복을 느꼈다.

사람마다 성취 동기가 다른 이유

그렇다면 여기서 우리는 외향성의 핵심특징을 찾아낼 수 있다. 외향 성에 차이가 나는 것은 자극과 동기에 반응하는 긍정적인 감정의 정 도가 저마다 다르기 때문이다. 외향성 수치가 높은 사람은 자극과 동기에 대한 반응성이 크고, 따라서 사교, 성공, 칭찬, 로맨스를 통

해 열정적으로 흥분을 느끼려고 한다. 반면 외향성 수치가 낮은 사람은 긍정적인 감정시스템의 반응성이 적고, 따라서 사교, 성공, 칭찬 등에서 얻는 심리적 혜택도 적다. 이런 것들을 성취하는 데 드는 비용이 외향적인 사람이나 내향적인 사람 모두에게 동일하다는 점을 감안하면, 내향적인 사람은 그런 것들을 성취하려는 동기가 약한 사람이라고 할 수 있다.

외향성에 대한 이런 설명을 뒷받침해주는 많은 과학적인 증거가 있다. 한 연구에서 연구대상자들은, 과거에 경험한 끔찍한 혹은 멋진 경험을 몇 분간 글로 적었다. 연구대상자들은 그 경험을 글쓰기 전과 후에 각각 자신의 기분을 표현했다. 그러고는 이들의 외향성 수치를 가지고 멋진 경험을 글로 쓴 후 이들의 기분이 얼마나 좋아질지 예측했다. 후속 연구에서는 연구대상자들에게 즐거운 영화, 무서운 영화, 슬픈 영화, 혹은 혐오스러운 영화장면들을 보여주었다. 그리고 외향성 수치를 가지고 즐거운 영화를 본 후 그들의 기분이 얼마나 좋아질지 예측했다. 그 결과, 외향성 수치가 높은 사람의 기분은 많이 좋아졌지만, 외향성 수치가 낮은 사람의 기분은 조금 좋아진 데 그쳤다. 이 실험에서는 외향성 수치를 가지고 부정적인 영화를 본 후의 감정반응은 예측하지 않았다. 따라서 외향성 수치로 일반적인 감정반응에 대해 예측할 수는 없다. 외향성 수치는 보상이 있거나 즐거운 자극에 대한 감정반응의 경우에만 예측력을 갖는다.

뇌촬영에서 이런 견해가 확인되기 시작했다. 최근 한 연구에 의하면, MRI 촬영 중 연구대상자들에게 부정적인 감정과 관련된 영상(울부짖는 사람들, 거미, 총기류, 공동묘지)이나 긍정적인 감정과 관련된 영상(행복한 연인, 강아지, 아이스크림)을 보여주었다. MRI는 산소를 함유한 혈액, 즉 함산소혈액의 신호를 추적하여, 뇌의 각 영역의 대사활동을 시간별, 영역별로 극히 높은 해상도로 촬영하는 장치다. 이 연구 결과, 긍정적인 영화를 보았을 때 나타나는 뇌의 신진대사 증가량과 외향성 수치 사이에 서로 상당한 상관관계가 있는, 몇 개의 뇌 영역이 있음을 발견했다. 즉, 강아지를 보았을 때 외향성 수치가 높은 사람은 이런 뇌 영역의 신진대사가 많이 증가했으며, 외향성 수치가 낮은 사람은 상대적으로 미미했다. 부정적인 영상에 반응하여 신진대사가 증가하는 또 다른 뇌 영역이 있었지만, 이 부분의 신진대사 증가량은 외향성 수치가 아니라 신경성 수치와 상관관계가 있었다.

외향적인 사람은 도파민에 사로잡힌 사람

동물 연구 역시 긍정적인 감정 이면에 있는 뇌 메커니즘을 밝히는 데 도움을 주었다. 포유류 뇌 속에는 복측피개영역ventral tegmental area 과 측좌핵nucleus accumbens을 포함하는 일련의 뇌 영역◆이 있는데, 이곳에서는 설탕액을 주입했을 때처럼 즉각적인 보상에 반응하여 신경세포의 발화율rate of firing, 자극을 받은 신경세포가 신호를 전달하는 과정에서 발생시키는 전압의 생성 비율이 증가한다. 이는 미세한 측정장치를 동물의 뇌 속에 삽입한 후 관찰한 것인데, 이런 방법을 인간에게는 적용할 수 없다. 그러나 우리는 fMRI를 통해 사람 뇌에 어떤 장치를 삽입하지 않고도 이 영역의 신진대사 활성화 정도를 관찰할 수 있게 되었다. 쥐 실험과

◆ 복측피개영역과 측좌핵은 모두 쾌락과 관련된 것으로 알려진 영역이다.

마찬가지로, 연구대상자의 혀에 쿨에이드라는 달콤한 음료수를 주입하자 인간의 복측피개영역과 측좌핵의 활성화가 증가했다. 활성화 정도가 특히 높은 사람은 컴퓨터 게임에서 높은 점수를 받기 위해 기꺼이 위험을 감수하는 이들이었다. 더욱이 단순히 설탕뿐 아니라 돈이나 매력적인 이성의 얼굴 같은 다른 여러 보상에도 이 영역의 활성화가 증가했다.

쥐의 복측피개영역이나 측좌핵 중 하나에 작은 전극을 삽입한 후 전선으로 발판을 연결하면, 쥐는 이 영역에 자극을 전달하기 위해 먹고 마시는 것도 무시하고 계속 발판을 누른다. 이러한 보상과 관련된 중뇌의 뇌 영역은 뇌의 피질 내부와 그 아래에 있는 많은 핵심 영역 속에 스며들어 있어 뇌의 결정에 큰 영향을 미친다. 복측피개영역과 측좌핵 같은 보상 관련 뇌 영역은 도파민을 신경전달물질로 사용하는 일련의 신경세포들을 포함하고 있다(〈그림 2〉참조). 도파민은 뇌의 보상과 관련된 화학물질로 알려져 있다. 이는 매우 단순한 설명이긴 하지만, 도파민과 동기 사이에는 분명한 관계가 있다. 즉 도파민이 증가하면 보상을 받으려는 동기도 강해진다. 코카인처럼 도파민 신경세포를 자극하는 효과를 가진 약물은 쾌감과 행복감을 불러일으키며 중독성이 매우 강하다. 또 쥐의 중뇌에서 도파민이 증가하면 탐구성과 성적 활동, 먹이 찾기 활동이 증가한다. 이런 모든 활동은 보상을 얻으려는 활동이다. 인간의 경우, 도파민 효과를 내는 약물에 대한 중뇌의 반응은 외향성 수치와 정비례한다. 즉 외향성 수치가 높을수록 그런 약물에 대한 중뇌의 반응성이 높다.

다시 말해, 복측피개영역과 측좌핵, 그리고 그 돌출영역을 포함한 도파민 관련 뇌 영역에서 반응성이 높은 사람이 외향적인 사람이다. 이런 뇌 영역은 보상을 기대할 수 있을 때 우리의 동기를 자극하는 역할을 한다. 외향성 수치가 낮은 사람은 이 부분의 반응성이 낮고, 따라서 보상을 찾아 나서는 일이 적다. 그렇다면 어떤 사람이 다른 사람보다 더 크게 반응하는 이유는 무엇일까?

우리는 외향성 수치의 차이가 나는 원인의 약 50퍼센트가 유전적 요인임을 이미 살펴본 바 있다. 그렇다면 그렇게 서로 다른 뇌 시스템, 즉 서로 다른 도파민 시스템을 만들어내는 특정 유전자가 있다는 것이며, 이 유전자 변형체가 반응성의 차이를 만들어내는 것이 분명하다. 보상 추구 행동에 도파민 회로가 연관되었다는 것을 알게 된 연구자들은 생쥐의 유전자를 조작해 도파민 활성화 수준을 크게

〈그림 2〉 쾌감과 중독의 도파민 회로

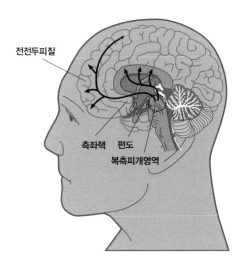

전전두피질

측좌핵   편도
복측피개영역

* 도파민은 쾌락 중추인 복측피개영역에서 생성되어 측좌핵에서 전전두피질로 이어지는 뇌신경 회로를 활성화시킨다. 마약·도박·알코올 중독, 혹은 사랑에 빠졌을 때 이 부분에서 도파민 생성이 촉진된다. 외향적인 사람은 도파민 활성화가 자주, 그리고 크게 일어나는 사람들이다.

증가시켰다. 초자극 상태가 된 생쥐는 다소 특별할 것이 없는 텅 빈 우리 안에서조차 흥분의 도가니에 빠져 마구 달려댔다. 반대로 도파민 생성능력을 줄이도록 유전자를 조작한 생쥐는 그 반대로 행동했는데, 도파민을 인위적으로 주입하지 않으면 배고플 때도 음식과 물을 먹으려 들지 않았다.

외향성 유전자는 다르다

연구자들의 다음 과제는 인간의 도파민 시스템을 만드는 데 관여하는 유전자가 있는지 밝혀내는 것이었다. 사람을 '활동적인' 생쥐나 '무기력한' 생쥐처럼 만드는 어떤 유전자 변형체가 있다면, 그것으로 사람들의 외향성에 차이가 있는 이유를 일부분 설명할 수 있을 것이다. 1996년 발표된 두 연구가 이를 정확히 설명해주고 있다. 도파민이 결합하는 도파민 수용체를 지정하고 그 수용체로 하여금 신경세포 간에 신호를 전달하게 하는 D4DR(DRD4라고도 함)이라는 유전자가 있다. 지금까지의 연구결과에 따르면, D4DR은 사람마다 상당히 다르다. 이 유전자에는 48쌍의 DNA 염기로 이루어진 염기서열이 있는데, 이 염기서열이 반복되는 횟수가 사람마다 다르다. 어떤 사람은 두 번 반복되지만(2×48쌍의 DNA 염기=96쌍의 DNA 염기), 어떤 사람은 11번 반복되기도 한다(11×48쌍의 DNA 염기=528쌍의 DNA 염기). 이 염기서열이 4번이나 7번 반복되는 경우가 가장 일반적이다. 인간은 두 개의 D4DR 유전자를 갖는데, 하나는 모친에게서 하나는 부친에게서 온 것이기 때문에 두 개의 D4DR 유전자가 꼭 같을 필요는 없다.

1996년의 두 연구에 따르면 '긴' D4DR 유전자를 하나 이상 가진 사람들(즉, 염기서열이 최소 6번 이상 반복되는 사람들)이 높은 외향성 점수를 받았다. 고무적인 것은 이 두 연구의 연구방법과 연구대상 집단이 서로 아주 달랐다는 것인데, 따라서 두 연구결과는 사실에 부합되며 널리 적용될 수 있다. 그러나 그후 이런 사실을 확인한 연구도 많았지만, 확인하지 못한 연구도 있었다. 따라서 현재 단계에서 학계 통설은 D4DR 유전자의 차이와 외향성 간에 '어떤' 관계가 있다는 정도이다. 예를 들면, 사람들이 가지고 있는 D4DR 유전자 변형체로 그 사람의 성적 욕망이 어느 정도인지 알 수 있다는 연구 보고가 있다. 그러나 D4DR 유전자의 길이는 성격에 매우 적은 영향만 미친다. 모든 연구에서 D4DR과 성격 간의 관계가 확실히 밝혀진 것은 아니기 때문이다. 더욱이 이 유전자에 속하는 몇몇 부분 상호 간, 그리고 이 유전자와 다른 유전자들과의 상호작용도 매우 복잡하다. 때문에 D4DR 염기서열의 반복 횟수와 성격 사이에 확실한 관계가 있다고 주장하기엔 무리다. 그러나 놀라거나 과도하게 실망할 필요는 없다. 우리는 외향성 같은 성격특성이 서로 복잡하게 상호작용하는, 비교적 많은 유전자들의 차이에 의해 영향받는다. 핵심은 유전적 차이는 분명히 유전되며, 도파민에 의해 활성화되는 동기시스템에 관련된 유전자가 분명 존재한다는 것이다.

긴 D4DR 유전자형은 현재의 분포 양상으로 볼 때 수천 년 전부터 있었던 것으로 보이며, 선택적 이점selective advantage◆을 가진 유전자

◆ 어떤 유전자형이 생식에 유리하다는 이유로 선택되어 유전될 때, 그 유전자형은 '선택적 이점'이 있다고 한다. 예로, 수컷 공작의 길고 화려한 꼬리, 수사슴의 큰 뿔, 사람의 경우 좌우대칭형 이목구비와 몸매, 큰 키 등이 그 것이다.

변형체로서 계속 증가한 것으로 보인다. 그러나 긴 D4DR 유전자형의 선택적 이점이 인간 생식에 전적으로 유리한 것이었다면, 긴 D4DR 유전자형이 지금보다 훨씬 더 많이 퍼졌을 것이고, 그랬다면 지금 우리 모두는 두 개의 긴 D4DR 유전자형을 갖고 있어야 한다. 그러나 그렇지 않은 것을 보면, 긴 D4DR 유전자형을 갖는 것이 어떤 때는 유리하지만 반대로 어떤 때는 불리했던 것이다.

외향적인 사람의 성공과 리스크

그렇다면 진화는 외향성에 어떤 영향을 끼쳤을까? 우리는 외향성 수치가 높은 사람들이 잘 사는 여러 이유를 살펴보았다. 빌처럼 외향성 수치가 높은 사람들은 용기 있게 도전하고, 때로 그 도전이 성공해 지위와 부를 얻는다. 평생 관계하는 섹스파트너 수와 외향성 수치는 다소 비례한다. 에리카처럼 외향성 수치가 높은 사람은 외향성 수치가 낮은 사람보다 결혼은 물론이고, 우연한 섹스와 정사를 더 많이 하는 경향이 있다. 조상들이 살던 환경에서, 많은 섹스를 한다는 것은—특히 번식의 견지에서 많은 섹스파트너를 갖는 것이 더 유리한 남자의 경우—당연히 높은 번식 성공률을 의미했다. 따라서 우리는 최근의 진화과정에서 외향성 수치가 높은 사람들이 흔히 잘 살게 되는 많은 이유를 알 수 있다.

그러나 박새의 사례에서 본 것처럼, 빠른 박새—사람의 경우, 외향성 수치가 높은 사람—는 어떤 생태환경에는 잘 적응했지만 다른 생태환경에서는 그렇지 못했다. 외향성 인간에게도 비슷한 일이 벌어질까? 결론부터 말하면 그렇다. 빌이 돈을 벌 때보다 훨씬 빨리 돈을 잃었다는 점을 기억해야 한다. 빌은 이런 일이 벌어질 것을 전혀 대비하지 않았고, 더 큰 목표를 열심히 추구하면서 재산을 관리하는 데 소홀했던 것으로 보인다. 더 신중했던 사람이라면, 애초에 모든 재산을 한 번에 걸진 않았겠지만, 최소한 한 번에 모든 것을 잃지는 않을 것이고 번 돈으로 여생을 편히 보냈을 것이다.

에리카의 경우를 보자. 남편은 그녀의 일탈행동에 매우 관대해야만 했다. 에리카가 일탈행동을 할 당시, 이들 부부는 아이가 없었다. 그러나 만약 아이가 있었다면, 이들 부부의 파란만장한 결혼생활을 감안할 때, 아이는 아버지와 함께 살지 못했을 것이다. 외향성 수치가 높은 사람은 바람을 피우거나 여러 번 결혼할 가능성이 크기 때문에 그들 자녀는 양부모와 살게 될 가능성이 크다. 양부모는 이미 잘 알려진 대로 아동학대의 가능성이 크고, 이혼은 아이들의 삶에 분명 해악을 끼친다.[◆] 이처럼 외향적인 사람의 부유하지만 안정되지 못한 삶은 실제로 이런 리스크를 수반한다.

외향적인 사람에게 수반되는 리스크는 훨씬 더 직접적일 수 있다. 외향적인 사람은 항상 여기저기 기웃거리며, 육체적으로 활동적이고 위험한 일을 한다. 버스기사에 대한 한 연구에 따르면, 사고를 당한 기사들은 그렇지 않은 사람보다 외향성 수치가 높았다. 또 광산을 연구한 결과에 따르면, 사고나 부상으로 병원에 입원한 광부들은 그렇지 않은 광부들보다 외향성 수치가 높았다. '터먼의 아이들' 의 인생사 연구에서도, 어려서 낙관적인 성향—외향성의 특징으로 볼

◆ 부모의 이혼과 자녀 문제에 관한 연구에는 많은 논란이 있다. 보통 이혼이 자녀들의 문제를 야기한다고 생각하지만, 이것을 증명하기란 어렵다. 오히려, 자녀에게 대물림된 가족의 유전적 성격이 자녀의 문제를 야기할 수도 있는 것이다.

수 있다— 을 보인 사람들이 더 일찍 죽었다. 연구자들은 그 원인을 부분적으로는 외향적인 사람들이 술과 담배를 더 많이 하는 탓으로 돌렸고, 나머지 원인은 아직 규명하지 못한 그들의 라이프스타일 탓으로 돌렸다. 내가 보기에, 그 나머지 라이프스타일 요인이란 외향적인 사람들에게 많이 보이는 스릴 넘치는 보상 추구 성향임이 분명하다.

외향적인 사람에게 불리한 환경 조건이 있다

외향성의 혜택과 비용은 균형을 잘 이루고 있다. 우리 조상들 가운데, 어떤 외향적인 조상은 어떤 환경에서는 매우 잘 지낼 수 있었겠지만, 다른 외향적인 조상은 무모했던 탓에 결국 힘들게 생을 마쳤을 수도 있다. 내향적인 사람은 언제나 더 꾸준한 삶을 살았다. 생식 능력의 관점에서 볼 때, 가장 적절한 성격 수준은 (다른 사람들은 어떻게 하고 있느냐를 포함해) 현지의 구체적인 상황에 따라 변했다. 유전학자 딩Yuan-Chun Ding과 그의 동료들은, 현지 환경이 황폐해지거나 급격히 변하는 곳에서는 가능한 보상을 찾고 추구하는 매우 활동적인 사람이 자연선택되지만, 자원이 풍부하고 환경이 안정된 곳에서는 활동적인 성향은 불필요하고 위험한 기질이 되며, 더 신중한 사람이 더 잘 산다고 주장했다.

이 재미있는 이론은 최근의 인류사에도 적용된다. 15만 년 전 우리 조상들은 적도 아프리카 일부 지역에서만 살고 있었는데, 1만 년 전 신석기 농업혁명이 도래할 즈음에는 모든 대륙에 퍼져 살았다. 딩은 이런 인류의 확산을 이끈 것은 고향의 자원이 고갈되자 먼 곳으로 새로운 가능성을 찾아 나선 활동적이고 방랑가적인 유형의 인간이라고 주장했다. 흥미롭게도, 긴 D4DR 유전자형은 정착사회보다 유목사회에 더 많이 분포되어 있다. 지난 7천 년 동안 오랜 이주 생활을 해왔던 남아메리카 토착 인디언 집단은 긴 D4DR 유전자형이 매우 많이 분포되어 있다. 이것이 뜻하는 것은, 환경 조건 때문에 방랑자가 되는 것이 유리한 때가 긴 D4DR 유전자형에게도 유리한 때였다는 것이다.

그렇다 해도, 외향성 같은 성격 차이 대부분은 무리 간에 존재한다기보다 무리 내에 존재한다. 또 최적의 외향성 수준은 적은 수의 사람과 작은 공간으로 이루어진 매우 밀접한 무리 각각의 내부상황(틈새와 기회)에 따라 다르다. 즉, 생식에 유리한 최적의 외향성 수준은 현지 환경과 주변 사람들에 따라 다르다. 동기로 유발된 행동을 통해 얻는 혜택과 비용이 끊임없이 변한다면, 우리는 하나의 획일적인 동기 관련 유전자를 결코 가질 수 없게 된다.

이런 역동적인 변동성이 바로 이 책의 핵심 주제와 맞아떨어진다. 절대적으로 옳고 절대적으로 나쁜 외향성 수준이란 존재하지 않는다. 본질적으로 좋거나 나쁜 수준이란 없다. 나는 에리카의 삶이 앤드루의 삶보다 가치 있다거나 가치가 없다고 보지 않는다. 성격은 삶의 선택에 영향을 미치는 요인 중 부분적인 요인에 불과하다. 이에 대해서는 이 책 말미에서 다시 논의할 것이다. 유혹적이긴 하지만, 나의 외향성이 지금보다 더 높거나 낮기를 바라는 것은, 내가 1777년에 태어났거나, 혹은 파푸아뉴기니에서 태어났기를 바라는 것처럼 쓸데없는 짓이다. 내가 1970년 지금의 외향성 수치를 갖고 우리나라에서 태어난 데 의미를 부여해야 한다. 그러나 우리가 사는 시대를 이해해야 하는 것처럼, 살다 보면 여러분과 외향성 수치가 다른 사람과 교류해야 할 때가 있기 때문에, 외향성의 본질을 이해할 필요가 있다. 자신보다 외향성 수치가 높은 사람과 결혼할 경우, 남편이나 부인이 파티에 가거나 포르쉐를 사거나 바보같이 보이는 새로운 취미생활을 하는 등 당신이 보기에 의미 없고, 낭비적이며, 이해하기 어려운 일을 하려고 할 때가 있을 것이다. 반대로 여러분보다 외향성 수치가 낮은 사람과 결혼하면, 당신을 따라 움직여주질 않고 당신의 관심사에 도통 흥미를 보이지 않는 데 실망을 느낄 수도 있을 것이다. 그러나 걱정할 필요는 없다. 배우자가 그런 행동을 하는 것은 여러분을 사랑하지 않아서가 아니라 그가 타고난 유전적 차이 즉, 성격 때문이다.

chapter 4

부정적인
사람들

신경증, 불안, 우울의
심리적 근원

신경증과 불운: 수전의 사례

불운이란 불운은 다 겪는 것처럼 보이는 사람이 있다. 수전은 계속 나쁜 남자들을 만난 것 같았다. 런던의 고등학교를 마칠 즈음, 수전은 앞으로 할 일에 대해 생각했다. 선생님들은 그녀가 옥스퍼드 대학에 진학할 충분한 실력이 있다고, 여태껏 가르친 학생 중 가장 총명했다고 생각했다. 그러나 그녀는 옥스퍼드 대학 입학시험을 치르지 않았고, 다른 대학에조차 지원서를 내지 않았다. 그녀는 예술학교에 지원할 생각이었지만, 예술학교를 실제 방문해본 다음, 과정 탈락률이 매우 높다는 것을 발견하곤 진학을 포기했다. 그 다음에 그녀는 뭘 하게 되었을까?

수전은 다음과 같은 글을 보내왔다.

내 해결책은 바로 나왔어요. 내 친구들이 마을의 청년클럽에 나가기 시작했는데, 내게도 함께 가자고 하더군요. 그렇게 청년클럽에 간 지 몇 주 만에 첫 남편이 될 첫사랑 아담을 만났어요. 아담은 건축업자였죠. 꽤 많은 돈을 벌었을 뿐만 아니라 매우 멋지고 사랑스러운 남자였어요. 우리는 사랑했고 결혼을 약속했어요. 그래서 나는 고등학교를 마치고 직장을 얻었죠…… 그리고 아담과 결혼했고, 결혼 후 집안일을 하는 동안 대학에 간 친구들과는 연락이 끊겼어요.

그러나 아담과의 평화로운 결혼생활도 오래가지 못했다. 그녀는 "일이 지겨워지기 시작했어요. 그래서 내 인생에 맞는 일이 뭘까 하고 생각하기 시작했죠. 우린 만난 지 2년 만에 결혼했는데, 그후 곧 결혼생활이 힘들어지기 시작했어요"라고 말했다. 그녀가 말한 힘든 일이란 다름 아닌 우울증이었다. 체중이 급속히 빠졌고, 직장일에 어려움을 겪었으며, 결근하기 시작했다. 그래서 그녀는 여러 종류의 항우울제를 복용해야만 했다. 이런 일이 벌어진 것은 1980년 초였는데, 당시의 항우울제는 지금보다 부작용이 심했다. 의사들은 극심한 무기력증을 유발하지 않으면서도 효과적인 약을 찾기 위해 수전에게 계속 약을 바꿔 처방해줬다.

수전은 결혼생활에 대해 "내가 완벽한 아내가 되기를 원하는 만큼 뭔가 아주 잘못되고 있었어요. 그렇지만 뭐가 잘못되고 있는지 몰랐죠"라고 말했다. 그것이 바로 경고신호였다. 아담은 성질이 고약했기 때문에 결혼 전에도 수전에게 한두 번 손찌검을 한 적이 있었는데, 결혼하고 나서는 본격적으로 권위적이고 폭력적이 되었다. 그는 수전의 월급으로 갖가지 청구서를 계산하게 했으며, 그녀가 입는 옷까지 간섭했다. 그러면서도 자기는 밖에서 맘대로 친구들과 술을 퍼마셨다. 수전의 우울증이 깊어질수록 아담의 폭력도 더해갔다.

이 시기가 수전에게는 암흑의 고립기였다. 그러나 그녀가 한 재즈 음악가에게 홀딱 빠지면서 이 암울한 시기도 끝났다. 수전과 재즈 음악가의 관계는 곧 불륜으로 발전했다. 당시, 아담은 더욱 잔혹해지고 의심도 많아졌다. 몸이 안 좋아 수전은 직장을 그만뒀는데, 아담은 이를 불만스럽게 여겼다. "아담은 나를 지킬 어떤 의향도 없었어요…… 그는 내가 집 생활비를 계속 내기를 원했기 때문에 자기가 번 돈은 마음대로 쓸 수 있었어요. 그리고 그의 구타도 더욱 잦아지고 있었죠. 저는 여러 번 맞아 쓰러졌고, 코도 한두 번 부러졌어요."

마침내 그녀는 용기를 내어 아담을 떠나 친정으로 갔다. 어쨌든 당시 아담도 바람을 피우고 있었다는 사실이 드러났다. 친정에 온 후, 수전은 대학에 입학해 간호학을 배웠고 세상의 도움 없이 다시 삶을 시작했다. 그러나 그후의 삶도 아주 평탄한 것은 아니었다. 그녀의 새 남자친구인 재즈 음악가는 유부남이었고, 악명 높은 오입쟁이로 드러났다. 그와 5년 동안 함께했지만, 그는 수전에게 어떤 미래도 약속하지 않았고 바람은 수도 없이 피웠다. 수전은 "돌이켜보면, 그는 내게 참 지독한 사람이었어요"라고 회상했다.

몇 년 후 수전은 마침내 그 음악가와의 동거생활을 청산하고 두 번째 남편인 스티브를 만났다. 그녀는 말했다. 스티브는 "약간 슬픈 경우였어요(항상 술에 취해 있었고 땡전 한 푼 없었죠). 그래서 그에게 유감이 좀 있었죠." 처음 스티브를 만났을 때 수전은 그와 특별한 관계로 발전하리라곤 생각지 않았다. 그런데 "대부분의 친구들이 망연 자실하게도 " 몇 년 후 수전은 스티브와 결혼했다. 처음엔 일이 잘 풀리는 듯했다. 그러나 스티브가 사회적으로 무능력하다는 것이 드 러났고, 이유 없이 직장을 바꾸기 시작했다. "스티브는 갈수록 집에 늦게 돌아왔고, 점점 더 취해서 왔지요. 생활비 주기를 주저했고, 말 도 안 되는 이유로 월급이 늦게 나오기도 했어요."

스티브의 음주벽은 갈수록 악화되었고(그가 부정하기는 했지만) 직 장을 잃는 일도 계속되었다. 그리고 마침내 수전에게 포악한 짓을 하기 시작했다. 결국 스티브가 딸을 때리자 수전은 경찰을 불렀고, 스티브에겐 접근금지 명령이 내려졌다. 이런 힘든 시기를 거치는 동 안, 수전은 우울증을 치료하기 위해 지금은 널리 유통되고 있지만 당시로선 나온 지 얼마 안 된 신약을 복용하고 있었다. 그후 지금까 지 그녀는 한 대형 유통업체에서 그녀를 괴롭히는 매니저 밑에서 일 을 하고 있었다. 이 피곤한 매니저 때문에 수전은 몇 번이나 자살을 생각하기도 했다. 결국 몇 차례 휴직을 한 후 퇴직금을 받고 회사를 그만두었다. 어쨌든 수전은 이 퇴직금으로 아주 잠시 동안은 어떻게 든 살아갈 수 있을 것이다.

수전의 삶은 다사다난했고 파란만장했으며, 단순한 연구대상으로 보기에는 심각한 것이었다. 내가 수전의 삶을 신경성 사례로 택한 것은 그녀의 신경성 수치가 아주 높았기 때문이었다. 또 수전의 이 야기는 매우 자세하고 정직했으며, 분명하면서도 미묘한 신경성의 특징을 보여주고 있었다. 수전에게서 전형적으로 보이는 신경성에 대해 자세히 살펴보기 전에 과학자들은 신경성을 어떻게 보고 있는

지 먼저 알아보도록 하자.

걱정, 불안, 슬픔을 안고 사는 사람들

외향성이 긍정적인 감정과 관련 있는 것처럼 신경성은 부정적인 감정과 관련 있다. 재미있는 영화를 보거나 멋진 경험을 글로 썼을 때, 외향성 수치가 높은 사람의 기분이 크게 좋아졌던 앞의 실험을 기억하자. 무섭거나 혐오스러운 영화장면을 보여주거나 나쁜 경험을 글로 쓰게 했을 때, 사람들이 얼마나 부정적인 감정을 느낄지는 그들의 신경성 수치로 예측할 수 있다. 신경성 수치가 높은 사람은 신경성 수치가 낮은 사람보다 일상에서 부딪치는 어려움에 더 큰 영향을 받는다. 따라서 신경성은 부정적인 감정시스템의 반응성(반응 정도)을 나타낸다고 할 수 있다.

그렇다면 부정적인 감정이란 무엇인가? 공포, 걱정, 모욕감, 죄책감, 혐오, 슬픔 등의 감정으로, 이런 감정을 경험하면 불쾌하며, 이 불쾌감은 우리에게 부정적인 감정을 경험하지 말라고 가르치는 하나의 설계특징design feature◆이 된다. 긍정적인 감정이 존재하는 이유(설계특징)가 우리로 하여금 좋은 것을 추구하도록 만들기 위해서라면, 부정적인 감정이 만들어진 목적은 우리로 하여금 먼 조상 때부터 나빴던 것을 피하도록 만들기 위한 것이다. 따라서 공포라는 부정적인 감정은 우리에게 잠재적인 위험을 경계하고 무서운 것을 피하게 만들며, 걱정은 우리에게 주변이나 우리 마음속에 혹시 있을지

◆ 어떤 역할을 하도록 미리 설계, 계획된 특징. 예컨대 공포라는 부정적 감정의 설계특징은 위험과 무서운 것을 경계하고 피하게 만드는 것이다.

모를 문제나 위험을 찾아내도록 만든다. 혐오는 해롭거나 병을 유발할 수 있는 것을 피하도록 만들며, 모욕감과 죄책감은 복잡한 감정이긴 하지만, 우리로 하여금 부정적인 결과가 초래되는 행동을 하지 못하게 한다. 그리고 슬픔이 있다. 슬픔은 약간 이상한 감정인데, 슬픔이 어떤 기능을 하는지는 아직 완전히 파악되지 않고 있다. 어떤 학자는 슬픔을 하나의 사회적 신호, 즉 다른 중요한 사람에게 '지금 잘 못 지내고 있으니 좀 도와줘'라는 신호를 보내는 것이라고 주장한다. 또 어떤 학자들은 에너지를 아끼기 위해 이미 실패한 어떤 계획에서 물러나는 것이 슬픔이라고 주장하기도 하며, 슬픔을 이와 관련된 하나의 인식기능으로 보는 사람도 있다. 암울한 가운데, 있는 그대로 슬픔을 느끼면서 우리는 실패한 목표와 과거의 실수를 반추하고 미래를 위해 더 나은 계획을 세운다는 것이다. 이는 슬픔이 일종의 삶의 조절기능을 한다는 것을 말한다. 이런 해석 모두 옳은 것일 수 있다. 다만 분명한 것은 슬픔이, 걱정 같은 보다 자극적인 다른 부정적인 감정과 동일한 심리기제를 갖는, 부정적인 감정의 하나라는 것이다.

부정적인 감정은 화재경보기와 같다

부정적인 감정의 설계특징에 대해 좀더 살펴보는 것도 의미 있다. 부정적인 감정은 이른바 '화재경보기 원칙smoke detector principle'에 따라 작동된다. 화재경보기는 불이 났다는 것을 우리에게 알려줄 목적으로 설계된 것이다. 그런데 화재경보기는 두 가지 방식으로 오작동될 수 있다. 불이 나지 않았는데도 경보가 울릴 수 있으며(거짓 양

성반응·false positive), 불이 났는데도 경보가 울리지 않을 수 있다(거짓
음성반응·false negaitve). ◆ 거짓 양성반응의 결과는 그리 치명적이지 않
지만, 거짓 음성반응의 결과는 치명적이다. 따라서 화재경보기 센서
를 조절할 때, 이따금 잘못된 경보를 울리는 한이 있어도 불이 나면
'항상' 경보가 울리도록 센서의 화재감지 수준을 민감하게 설정해
두는 것이 합리적이다. 불이 나지 않았는데도 화재경보기가 울려서
건물에 들어가지 못하고 비를 쫄딱 맞고 밖에서 기다려야 할 때라
도, 잘 설계된 경보기는 불이 나면 반드시 경보를 울릴 거라는 데서
위안을 삼아야 한다. 만약 불이 안 났는데도 경보가 울리는 일을 피
하기 위해 센서를 덜 민감하게 조절해두면, 실제 불이 났을 때는 경
보가 울리지 않아서 사람이 죽을 수도 있다.

　부정적인 감정도 이와 매우 흡사하다. 부정적인 감정은 본래 포식
동물에 잡아먹힐 위험, 사회적 지위를 잃을 위험, 또는 사회에서 추
방당할 위험 같은 심각한 위험을 탐지할 목적으로 설계된 것이다.
이런 모든 위험은 우리 조상들에게는 사형선고나 마찬가지였다. 실
제 위험을 탐지하지 못했을 경우 치러야 할 비용을 감안할 때, 자연
선택이 부정적인 감정을 여러 방식으로 매우 민감하게 설계한 것은
당연하다. 다소 근거 없는 걱정을 하는 편이 잡아먹히거나 굶어 죽
는 것보다는 훨씬 나은 법이다. 생존경쟁이 극심하게 진행되는 한,
반드시 그래야 한다. 그러나 부정적인 감정을 민감하게 설계한 데
따른 비용이 있다. 걱정이라는 부정적 감정이 설계에 따라 작동하는

◆ 거짓 양성반응: 사실은 그렇지 않은데(음성인데) 그렇다는(양성이라는) 신호를 내는 것.
　거짓 음성반응: 사실은 그런데(양성인데) 그렇지 않다는(음성이라는) 신호를 내는 것.

순간에도 사실 대부분의 걱정은 거의 근거가 없는 것이다. 만약 여러분이 영향력이 큰 동료의 감정을 상하게 했을지도 모른다는 걱정에 잠 못 이루고 있다면, 그것은 사실 쓸데없는 걱정일 확률이 높다. 여러분이 이렇게 쓸데없는 걱정을 하고 있다면 사실 별 문제가 되진 않겠지만, 이런 저런 걱정에 잠 못 이뤘던 조상을 둔 탓이다. 별 걱정 없이 잠을 잘 자던 조상의 경쟁자들은 여러분 조상보다 행복했던 사람들이긴 하다. 그러나 이들은 때로 치명적인 판단오류를 범했고, 공격을 받았으며, 잡아먹히거나, 마을에서 내쫓기기도 했다.

부정적인 감정이 화재경보기와 같은 것이라면, 신경성 수치가 높은 사람은 센서를 아주 민감하게 조절해놓은 화재경보기와 같다. 한 모집단을 통해 '쓸데없는 걱정'을 얼마나 하고 있는지 그 추이를 살

〈표 4〉 신경성 수치가 높은 사람들의 '쓸데없는 걱정'

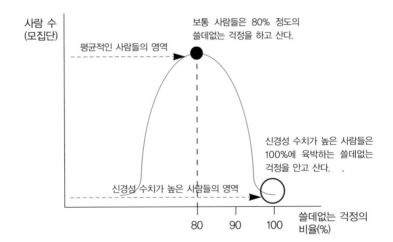

퍼보았다(〈표 4〉 참조). Y축을 사람 수, X축을 쓸데없는 걱정의 정도(비율)로 했을 때, 종 모양의 그래프가 만들어진다. 신경성 수치가 높은 사람은 그 종의 꼬리 부분에 위치하게 되는데, 이것이 의미하는 바는 가장 많은 사람이 속한 그룹의 쓸데없는 걱정의 비율이 80퍼센트라면, 신경성 수치가 높은 그룹의 쓸데없는 걱정의 비율은 99퍼센트다. 신경성 수치가 높은 사람들은 정말 사소한 걱정거리를 아주 오랫동안 고민한다.

부정적인 감정은 두 가지 경로를 거쳐 극히 민감해진다. 우선, 실제 위협이 발생할 가능성이 아주 낮아도 조금이라도 그런 조짐이 보이면, 부정적인 감정이 작동하기 시작한다. 그런 후 위협이 부분적으로라도 발생하면, 부정적인 감정은 지각, 인식, 관심의 모든 차원에서 그 위협을 극도로 경계한다. 걱정이 많은 사람은 다른 사람의 화난 표정을 빨리 감지하며, 화난 표정이 사라지지 않는 한 계속 신경을 쓴다. 걱정이 있거나 슬픈 사람은 '시체詩體'나 '장래將來'처럼 다소 애매하게 들리는 말을 '시체屍體'와 '장례葬禮'로 부정적으로 해석하기도 한다. 이와 유사하게, 부정적인 감정을 갖고 있으면 나쁜 일에 가장 비극적으로 반응한다. 예컨대 '최선을 다했지만 운이 안 좋았어' '저 사람들은 틀렸어' '다음엔 더 잘될 거야' 하는 식으로 반응하기보다 '그건 전부 내 탓이야' '모두 나를 싫어해' '나는 절대 성공 못 할 거야' 하는 식으로 반응한다.

우리 조상들이 생존을 위해 필요로 했던 것은 우리가 즐거움을 누리기 위해 필요로 하는 것과 다르다. 이는 신경성 수치가 높은 사람의 경우에 특히 그렇다. 진화론적 추론을 통해 우리는 부정적인 감정이 불안한 기분을 동반하는 이유를 알 수 있다. 우리는 거부, 오명, 질병, 개방된 공간, 낯선 사람, 그리고 타인의 말 없는 부정적인 태도를 두려워한다. 그것은 이 모든 것이 우리 조상들에게 실제로 위협이 된 상황들이었기 때문이다. 곧 살펴보겠지만, 사람들이 이런 모든 공포와 불안을 어느 정도 느낄지는 신경성 수치로 잘 예측할 수 있다.

신경성 수치가 높은 사람들의 뇌

외향성의 경우 감정시스템, 뇌 영역, 신경전달물질, 유전자 사이에 어떤 관계가 있음을 추정할 수 있었다. 신경성도 마찬가지다. 아이스크림이나 강아지 같은 긍정적인 이미지에 반응하는 (외향성과 관련된) 뇌 영역이 있는 것처럼 총, 화난 얼굴, 공동묘지 같은 부정적인 이미지에 반응하는 (신경성과 관련된) 뇌 영역이 있다. 이런 뇌 회로 중 핵심적인 것이 측두엽temporal lobe 하단에 있는 편도amygdala다(〈그림 3〉 참조). 편도는 부정적인 자극에 더 크게 반응하는 것은 물론, 기본적으로 신경성 수치가 높은 사람들에게 더 활성화되어 있다. 더욱이, 편도의 크기나 밀도 차이가 신경증이나 우울증과 관련이 있다는 증거도 있다.

편도와 관계된 것이 해마hippocampus와 우측 배외 전전두피질right dorsolateral prefrontal cortex이라고 하는 우측 전두엽right frontal lobe이다. 우울증 환자의 경우 이런 뇌 영역이 활성화되어 있지 않으며, 건강한 사람의 경우 부정적인 감정을 억누르려고 할 때 이 영역이 매우 활성화된다. 다음 장에서 이런 뇌 영역에 대해 더 살펴보겠지만, 이 뇌 영역은 지식을 사용해 부정적 감정이 자동적으로 반응하는 것을 억제하는 역할을 하는 것으로 보인다. 따라서 우울증 환자의 경우, 이 뇌 영역이 비활성화되어 있다는 것은 부정적인 감정을 통제하는 데 실패했음을 의미한다.

호르몬과 신경화학물질 중 몇 가지 물질이 부정적인 감정과 관련 있다. 예를 들면, 아드레날린adrenaline은 불안감과 관련된 호르몬이다. 베타수용체 차단제를 사용해 아드레날린의 작용을 막으면 공황 발작에 효과적이다. 또 오랫동안 부정적인 감정상태에 있으면, 스트레스 호르몬인 코티솔cortisol의 분비가 잘 조절되지 않는다. 그런데 가장 많은 관심을 받는 물질은 뇌 신경전달물질인 세로토닌serotonin이다(〈그림 4〉 참조). 세로토닌은 부정적인 감정을 조절하는 데 필수

〈그림 3〉 우울할 때 반응하는 뇌 영역

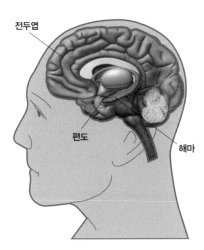

전두엽

편도

해마

* 불안하고 스트레스 받을 때 편도가 크게 활성화되며, 이 편도와 긴밀하게 연결되어 있는 해마를 거쳐 부정적인 감정이 기억된다. 이 감정 정보는 전두엽에서 제어되는데, 우울증 환자는 이 전두엽이 활성화되어 있지 않다.

적인 물질로 보인다. 특정 미립자 뇌촬영을 통해 봐도 그렇고, 프로 작Prozac과 d-펜플루라민d-fenfluramine 같은 세로토닌 분비 약물이 부정적인 감정을 낮추는 효능을 하거나, 세로토닌과 친화성이 있는 마약류가 붕 뜨고 편안한 기분을 유발하는 점만 봐도 그렇다.

세로토닌의 핵심 역할을 감안할 때, 학자들이 세로토닌 및 세로토닌 관련 단백질을 생산하는 유전자 간의 차이를 연구하는 것은 당연하다. 신경세포neuron들 사이의 시냅스synapse에서 세로토닌을 분리하는 화학물질을 만들어내는 유전자(세로토닌 전달유전자)에는 '긴 형'과 '짧은 형' 두 가지가 있다. 클라우스 페터 레시Klaus-Peter Lesch 와 그의 동료들은 두 개의 세로토닌 전달유전자 중 하나라도 짧은

〈그림 4〉 긍정적인 감정을 일으키는 세로토닌 회로

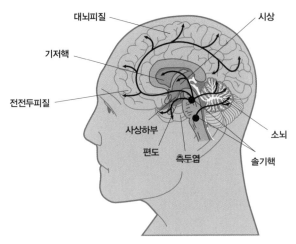

* 세로토닌은 솔기핵에서 생성되어 소뇌, 시상하부, 기저핵, 그리고 대뇌피질 전체로 퍼져나간다. 부정적인 감정을 조절하는 세로토닌의 효능이 알려지면서 세로토닌 전달 유전자의 개인차를 규명하려는 학자들이 많다.

유전자를 가진 사람이 긴 유전자를 가진 사람보다 신경성 수치가 높다는 것을 발견했다. 같은 결과가 지금까지 여러 번 재확인되었다. 물론 모든 연구에서 같은 결과가 나온 것은 아니다. 그 결과는 다양한 유전자 간, 그리고 유전자와 환경 간의 복잡한 상호작용에 의해 다소 모호한 것이 될 수 있다. 그러나 여러 증거를 균형 있게 검토해보면, 세로토닌 전달유전자의 형태가 신경성에 영향을 미친다는 것을 알 수 있다. 뇌촬영 기법과 분자유전학을 결합해 이와 관련된 새로운 증거들을 발견하고 있다. 무서운 사진을 보여주었을 때 짧은 세로토닌 유전자를 가진 사람의 편도가 긴 세로토닌 유전자를 가진 사람보다 활성화되었다.

신경성과 우울증

신경성은 분명 다양한 유전자와 다른 뇌 영역의 영향도 받을 것이다. 점차 그 수수께끼가 풀려가고 있다. 다시 신경성의 특징을 보자.

수전의 신경성 수치가 높다는 것을 단적으로 드러내는 것은 그녀의 우울증이다. 신경증이 바로 우울증으로 연결되는 것은 아니지만, 신경성과 우울증은 매우 밀접한 관련이 있기 때문에 이 둘을 별개라고 보기 어렵다. 신경증은 일관성이 있고 항구적인 하나의 특성인 반면, 우울증은 어떤 때는 발병하지만 어떤 때는 발병하지 않는 하나의 질병이다. 그러나 우울증은 재발하는 경향이 강하다. 우울증을 한 번 경험한 사람에게 우울증이 2년 내에 재발할 확률은 50퍼센트, 미래 어느 시점에 다시 재발할 확률은 80퍼센트에 이른다. 더욱이 증세가 일시적으로 완화된 순간에도 우울증을 앓았던 사람들은 감정상 확실한 특징을 보인다. 따라서 우울증을 일시적으로 우울한 기분 때문에 발생했다가 완전히 사라지는 것으로 보기보다는, 우울증 이면에 있는 성격특성이 주기적으로 종종 민감하게 반응한 결과로 보는 것이 좋다. 우울증은 부정적인 감정이 분출되어 (최소한 한동안) 스스로 확산되는 상태라고 볼 수 있으며, 부정적인 감정이 많이 분출될수록 우울증에 걸릴 가능성도 크다.

왕왕 사람들은 내게 우울증이 성격 탓인지 환경 탓인지 묻는다. 이는 홍수가 물의 고도가 높아서인지, 아니면 땅의 고도가 낮아서인지 묻는 것만큼이나 의미가 없다. 종종 인생살이 때문에 우울증이 촉진된다. 따라서 누구든 우울증에 걸릴 수 있다. 그러나 어떤 사람은 아주 큰 스트레스를 받아야 우울증에 걸리지만, 어떤 사람은 훨씬 작은 스트레스로도 우울증에 걸린다. 신경성 수치를 통해 일상적인 어려움이나, 더 심각한 위협에 직면했을 때 사람들이 얼마나 부정적으로 반응하는지—부정적인 반응의 크기—를 예측할 수 있다. 신경성 수치가 매우 높은 사람은, 수치가 낮은 사람은 인식조차 못하는 사소한 위협에도 크게 반응한다. 따라서 신경성 수치가 높은 사람은, 고도가 낮은 땅에 살고 있어 수위가 약간만 높아져도 홍수를 겪는 사람과 같다(부정적 감정이 촉발되는 감정역이 낮고, 따라서 우울증에도 그만큼 취약하다).

우울증과 유전자

아브샬롬 카스피Avshalom Caspi와 그의 동료들이 수행한 한 재미있는 유전학 연구는 위협에 대한 반응성의 차이가 어떻게 작용하는지 밝혀냈다. 이들은 한 젊은 뉴질랜드 성인 집단의 정신건강을 지속적으로 관찰하고, 세로토닌 전달 유전자형에 따라 짧은 유전자 두 개를 가진 그룹(s/s), 긴 유전자와 짧은 유전자를 각각 한 개씩 가진 그룹(s/l, 우리는 부모들로부터 각각 한 개의 유전자를 받는다. 따라서 이 두 유전자형이 반드시 같은 것은 아니다), 긴 유전자 두 개를 가진 그룹(l/l)의 세 그룹으로 나누었다. 그리고 이들을 인터뷰한 후 지난 5년 동안 이들이 몇 번(0, 1, 2, 3, 4번 이상)이나 힘든 인생사를 겪었는지 물었다. 힘든 인생사란 집, 건강, 직장, 인간관계 등에서 발생한 심각한 문제나 부정적인 상황이었다.

그 결과, 유전자형과 관계없이 부정적인 인생사가 없었다고 답한 사람들의 우울증 비율은 모두 낮았다. 또 일반적으로 부정적인 인생사가 많을수록 우울증이 발생할 가능성이 더 컸다. 그러나 부정적인 인생사와 우울증의 비율은 세 그룹에서 각기 달랐다. l/l그룹의 경우, 네 번 이상의 부정적인 인생사를 겪었어도 우울증 비율은 20퍼센트 미만이었다. s/s그룹의 경우, 두 번의 부정적인 인생사를 겪었을 때 우울증 비율은 20퍼센트, 세 번의 부정적인 인생사를 겪었을 때는 30퍼센트, 네 번 이상인 경우는 40퍼센트 이상이었다. s/l그룹은 이 두 그룹의 중간 정도 비율을 보였는데, l/l그룹보다는 부정적인 인생사 때문에 우울증에 취약했지만, s/s그룹보다는 덜 취약했다. 이 연구는 부정적인 사건에 대한 우리의 반응 정도를 결정하는 것은 유전된 기질이며, 우울증은 우리의 성격(땅의 높이)과 우리에게 벌어진 일(물의 높이)이 상호작용한 결과라는 것을 가장 확실히 증명했다.

신경성과 관련된 병은 우울증만이 아니다. 이름은 다르지만 실제로 서로 중복되고 우울증과도 중복되며 같은 사람에게서 발병하는 다양한 병이 있다. 불안장애anxiety disorder, 공포증phobia, 섭식장애eating disorder, 외상후 스트레스장애post-traumatic stress disorder, 강박장애obsessive-compulsive disorder 등이 그것이다. 이런 병들은 모두 높은 신경성을 특징으로 한다. 물론 다른 성격특성과 개인적 차이 때문에 증상의 정도는 다양하겠지만, 이런 병은 모두 신경성과 관련되어 있다. 예를 들면 외향성 수치가 낮으면 우울증에 걸릴 가능성이 특히 크지만, 불안장애는 외향성 수치와 별 관계가 없다. 더욱이 불면증이나 두통 같은 다른 유형의 증상이, 높은 신경성과 관련된 것처럼, 여러 성격장애와 정신분열증schizophrenia도 높은 신경성과 관련 있다.

신경성 수치가 높은 사람들의 특징: 정체성 불안, 낮은 자부심

내가 말하는 '부정적인 감정으로서의 신경성'이란 근거를 통해 수전의 이야기를 일부분 이해할 수 있다. 수전은 내게 보낸 글에서 많은 부정적인 감정을 표현했다. 그녀는 "겁나서" 진학하지 못했으며, 어린 시절 "너무 괴롭게 수줍음이 많았다". 그녀는 2년 월반하고 장학금을 받고 타지의 사립학교에 갈 정도로 머리가 좋았지만, 그런 특별한 지능도 그녀의 기쁨이나 자부심에는 아무런 영향을 미치지 못했다. 그녀가 말하길, 그런 우수한 지능은 "파멸을 앞당긴 궁극적인 원인"이었다. "나는 노는 시간이 죽도록 싫었어요. 나는 툭하면 아팠지요. 나는 학교를 싫어했고, 학교 갈 생각 때문에 나는 매일 아침 아팠어요." 수전의 글에는 일인칭 대명사가 많았고, 그 일인칭 대

명사는 고통을 의미하는 동사와 짝을 이루는 경우가 많았다. 이는 전형적으로 신경성 수치가 높은 사람의 글쓰기 방식이다.

그러나 수전에게는 일종의 패러독스가 있다. 만약 신경성이 우리로 하여금 주변의 위협 징후에 대해 극도로 경계하게 만든다면, 수전은 도대체 어떻게 가정폭력자, 박애주의자, 술꾼과 각각 커플이 될 수 있었단 말인가? 이런 사람들을 만났을 때 그녀의 심리적 경보 시스템이 약간의 위협 징후에도 작동했어야 했으며, 부정적인 감정의 논리에 따라 그녀는 이런 문제를 피하거나 최소한 곧 벗어나야 했다. 그런데 그녀가 그렇게 하지 않은 이유는 무엇일까?

이것을 이해하기 위해서는 부정적인 감정이 자신을 향하는 경우가 많다는 신경성의 보다 깊은 측면을 이해해야 한다. 우리가 자신과 자신의 가치를 평가하기 위해 사용하는 메커니즘은 외부세계를 평가하기 위해 사용하는 메커니즘과 마찬가지로 부정적인 감정의 영향을 받는다. 나는 수전이 그런 남자들과 문제를 겪게 될 것이란 것을 사전에 느꼈으며, 그것을 걱정하면서 밤잠을 이루지 못했을 것이라고 본다. 그러나 혼자 남는 것 역시 두려웠고 자부심이 낮았기 때문에, 수전은 혼자서는 잘 지낼 수 없다고 생각했을 것이다. 모교 역사상 가장 우수한 학생이었음에도 불구하고 수전은 대학에도, 예술학교에도 진학하지 않았다. 자신을 믿고 자부심이 있는 사람은 이렇게 행동하지 않는다.

수전은 자부심이 낮았을 뿐만 아니라 자아 개념도 불안했다. 신경성 수치가 높은 사람은 자신이 제대로 살아왔는지, 또 지금 제대로 살고 있는지 끊임없이 걱정하며 궁금해한다. 잘못된 인생경로를 갈 위험도 우리의 부정적인 감정이 탐지해내야 하는 위험 중 하나다. 따라서 부정적인 감정이 활성화되면 우리는 우리가 택한 삶의 경로에 대해 계속 의심하게 될 것이다. 신경성 수치가 높은 나의 다른 연구대상자들처럼 수전은 성인이 될 때까지도 자신의 정체성과 삶의 목표가 여러 번 변했다고 말했다. 그녀는 "과연 내가 내 인생에서 옳은 일을 하고 있는지 종종 의심하곤 했다"고 말했다. 신경성 수치가 높은 사람들은 나의 이번 연구가 "자신의 삶을 반추할 기회를 주어 감사하다"는 말로 글을 시작하는 경우가 많았고, 자신이 무엇을 하려고 하는지 잘 몰랐다. 그러나 신경성 수치가 낮은 사람은 이와 달랐다. 이들은 자신이 무엇을 하려는지 알고 있었고, 아마도 자기 자신보다는 내 연구를 돕기 위해 참여해주었다. 신경성 수치가 높은 사람들도 많은 글을 보냈지만, 그것은 아마도 자신의 삶을 반추할 기회가 되었기 때문일 것이다.

정체성 불안은 이른바 경계성 인격장애border line personality disorder 상태에서 절정에 이른다. 수전이 그런 상태에 있었던 것은 아니다. 그러나 경계성 인격장애는 높은 신경성을 특징으로 한다. 경계성 인격장애는 삶과 개인적 목표의 불안정을 주 증상으로 하며, 만성적인 자괴감이나 공허함도 수반한다. 삶에 고통을 받는 사람들은 새로운 그러나 종종은 비현실적인 계획을 많이 세우고, 짧은 그리고 종종은 부적절한 결혼을 여러 번 한다. 그 이유는 자신에 대한, 자신을 행복하게 해준다고 하는 것에 대한, 그리고 자신의 가치에 대한 만성적인 회의 때문이다. 로버트 매크래와 폴 코스타가 정확하게 말한 것처럼, 신경성 수치가 높은 사람들은 "불면증 환자가 편히 잠들 수 있는 자세를 찾으려고 계속 뒤척거리는 것처럼 끊임없이 자신을 새로 규정하려고 한다".

불안정한 정체성과 낮은 자부심은 "고민하는 사람은 고민하지 않는 사람보다 실제로도 더 많은 걱정거리를 갖게 된다"는 신경성의 가장 잔인한 특징을 낳는 데 일조한다. 여러 연구에 의하면, 신경성 수치가 높은 사람은 부정적인 인생사에 더 강하게 반응할 뿐 아니라 그렇게 반응할 부정적인 인생사도 더 많이 겪는 것으로 나타났다. 이런 현상이 발생하는 데는 많은 요인들―아직 완전히 이해되지는 않았지만―이 있다. 첫째, 신경성은 유전되어 가족들에게 전달되기 때문에 신경성 수치가 높은 가족 구성원이 우울증, 자살, 그리고 친척들에게 영향을 미치는 다른 여러 유형의 고통에 시달릴 가능성이 평균보다 크다. 둘째, 신경성 수치가 높은 사람들은 자부심이 낮기 때문에 실패할 가능성이 큰 일이라 해도 그것에 의지하는 경향이 있다. 수전이 "술주정뱅이에다 땡전 한 푼 없는" 스티브와 결혼을 강행한 것에 대해 많은 친구들이 충격을 받았었다. 부정적인 감정을 누그러뜨리기 위해서는 뭐든 하겠다는 심정에서 내린 결정들이 현명한 것일 수 없다. 셋째, 부정적인 감정은 피하려고 했던 바로 그런 결과를 초래할 수 있다. 예를 들어, 여자친구가 떠날까봐 전전긍긍하고 간섭하는 남자의 경우, 바로 그런 행동 때문에 여자친구가 떠날 수도 있다.

신경성 수치가 높은 사람에게는 비극이 기다리고 있는 것 같다. 신경성 수치가 높은 사람이 어떤 사람인지 다시 한 번 정리해보자. 이들은 우울증, 불안장애, 불면증, 그리고 모든 스트레스성 문제에 시달릴 가능성이 높다. 또 이들은 신경성 수치가 낮은 사람보다 더 자주 의사를 찾고, 자신의 건강이 나빠지고 있다고 본다. 아주 장기적으로 볼 때, 신경성 수치가 높은 사람은 심장병에서 위장장애 그리고 고혈압에 이르기까지 모든 종류의 병에 시달릴 위험이 다소 높다. 또 스트레스 호르몬이 만성적으로 증가한 데 따른 면역 억제 효과 때문에 이들의 면역기능도 더 약할 가능성이 많다. 건강상의 문제 말고도, 이들의 결혼과 직장생활의 만족도도 낮다. 그러면서도 이들은, 다른 사람들이 자신보다 결혼과 직장생활을 더 잘한다고 느낀다.

모든 성격엔 혜택과 비용이 있다

모든 성격에는 좋은 점(혜택)과 나쁜 점(비용)이 있다는 것이 이 책의 주요 논지 중 하나다. 그런데 신경성은 그런 주장을 하기에 가장 어려운 성격처럼 보인다. 신경성은 순전히 불행하며 심지어 병적인 것처럼 보인다. 그러나 신경성이라고 해서 나쁘기만 한 것은 아니다. 몇 가지 증거로 이를 살펴보자.

첫째, 부정적인 감정은 분명한 존재 이유(설계특징)가 있다. 부정적인 감정은 우리 몸과 마음을 보호하는 시스템이며, 부정적인 감정이 전혀 없다는 것은 사실, 우리 몸과 마음에 재앙이나 다름없다. 물리적인 고통을 선천적으로 느끼지 못하는 사람이 있는데, 이들은 위험한 것을 탐지하지 못하기 때문에 매우 어린 나이에 죽고 만다. 이와 유사하게, 나병의 궁극적인 위험은 나병 그 자체보다 나병으로 인해 감각을 상실한 데서 비롯된다. 나병으로 감각을 상실한 사람은 언제 손이 손상되는지 알지 못한다. 고통을 느끼는 감각을 상실하면 끔찍한 비용을 치러야 하며, 이는 공포나 슬픔, 죄책감을 느끼지 못하는 경우도 마찬가지다.

이처럼 우리가 자신을 보호하기 위해 부정적인 감정을 가지고 있어야 한다는 것을 감안하면, 이제 문제는 부정적인 감정의 활동역은 어떤 수준이 좋은가 하는 것이다. 화재경보기 사례처럼, 아주 민감하게 반응하면(즉, 부정적 감정의 활동역이 매우 낮으면) 경보 오류가 많겠지만, 실제 위협을 놓치는 법은 없을 것이다. 2장 구피의 사례를 상기해보자. 포식자가 있는 환경에서 별로 경계심을 보이지 않는 구피들은 일찍 포식자의 뱃속에 들어가는 걸로 생을 마감할 가능성이 컸다. 경계심이 높은 구피들은 그렇지 않은 구피들보다 큰 비용을 치러야 하지만―먹이활동을 줄이고 경계심을 높이는 것은 인간의 불안장애와 유사한 것이다―자손을 남길 가능성은 더 크다. 기실, 과거 조상들이 살던 환경에서는 신경성 수치가 낮은 사람들의 사망률이 더 높았을 것이다. 물론 이를 검증하기는 쉽지 않다. 그러나 아래에서 살펴보겠지만, 현대사회에서도 이와 유사한 현상이 벌어지고 있다.

이런 현상을 확인하기 위한 한 가지 방법은 신경성 수치가 낮은 사람들로 구성된 집단을 살펴보는 것이다. 그중 하나가 에베레스트 등반가 집단일 것이다. 숀 이건Sean Egan은 2000년 봄, 에베레스트의 베이스캠프로 갔다. 이 베이스캠프는 많은 산악인들이 모여 에베레스트 정상 등반 순서를 기다리는 곳이다. '고위도(해발 5,364m) 성격 연구'라는 희한한 연구의 일환으로 이건은 39명의 산악인을 대상으로 설문조사를 했다. 그 결과 이들 산악인의 신경성 수치는 일반인보다 훨씬 낮았다. 한 단위 정도나 낮았는데, 이는 실로 큰 차이였다 (반면 이들의 외향성 수치는 높았다). 에베레스트 등정이라는 위험한 일을 시도하는 이들이어서 그런지 불안감도 낮았고 스트레스 상황에 능숙하게 대처할 수 있다고 말했다. 그러나 이것이 시사하는 바는 신경성 수치가 낮은 사람은 더 위험하다는 것이다. 지금까지 약 300명의 등반가가 에베레스트에서 사망했다. 얼마나 많은 이들이 에베레스트 등반을 시도했는지는 모르지만, 지금까지 약 1,000명이 에베레스트 등정에 성공했다. 대충 3명이 시도해서 1명이 성공했다고 가정하면 3,000명이 시도했으며 그중 300명이 죽었기 때문에 사망률은 10퍼센트나 되는 셈이다. 에베레스트 등정은 이처럼 위험한 일이다.

등반가들의 용기를 칭찬할 수는 있겠지만, 이들은 신경성 수치가 낮아 자신의 생명을 위협하는 요인들을 다분히 무시하고 사는 사람들이다. 이와 유사하게, 신경성 수치가 낮으면 경찰이나 군인 업무에 적합하다고 생각되지만, 불행하게도 이런 직업은 상대적으로 사망률이 높다는 특징이 있다. 신경성 수치가 매우 낮은 사람들은 그런 성격 때문에 위험을 피하지 못할 수도 있는 것이다. 우리가 사회 규범에 반하는 행동을 자제하는 이유는 사회적 제재에 대한 두려움 때문인데, 폭력적이며 사회 규범을 깨는 행동을 하는 사람들은 사회적 제재를 별로 두려워하지 않는, 즉 신경성 수치가 낮은 사람들인 경우가 많다. 어떤 사람은 '성공적인 사이코패스' ─ 즉 냉혹하고, 말은 번드레하며, 거짓말을 밥 먹듯이 하는 이기적인 사람─는 신경성 수치가 낮고, 자신의 행동이 초래할 결과를 두려워하지 않는다고 주장한다. 그러나 낮은 신경성 수치가 반사회적 행동의 충분조건은 결코 아니다. 에베레스트 등반가들이 신경성 수치는 낮지만, 그들이 반사회적인 사람들이라고 볼 수는 없다. 뒤에서 살펴보겠지만, 비도덕적인 행동을 하는 데는 세 가지 제약 요인—결과에 대한 두려움, 숙고, 타인에 대한 감정이입—이 있는데, 신경성이 낮으면 이들 중에서 결과에 대한 두려움만 적다. 신경성과 함께 친화성, 성실성도 함께 낮아야만 이 세 가지 제약 요인이 다 제거되어 비도덕적인 행동을 하게 된다. 그러나 일반적인 사람에게 그런 경우란 흔치 않다.◆

신경증은 예술의 성취 동기

우리 조상들이 살던 환경에서는, 신경성 수치가 너무 낮으면 사망률이 높아지기 때문에 생존과 번식에 불리했을 것이다. 환경이 가혹하고 집단 내부 또는 집단 간 경쟁으로 인해 상당한 위협이 존재할 때는 신경성 수치가 높은 사람이 생존과 번식에 유리하다. 이스라엘 총리 골다 메이어Golda Meir는 "내가 아무리 의심하고 경계한다고 해도, 그들이 나를 잡는 것을 포기하진 않을 것이다"라는 유명한 말을 남겼다. 상당한 위협이 존재할 때는 극도로 경계하고 의심하라는 말이다. 그러나 환경이 좋은데도 불구하고 신경성 수치가 높으면, 지나친 걱정을 하는 데 따른 비용을 지불해야 하며 태평하게 잘 살아가는 걱정 없는 사람들보다 불리한 삶을 살게 된다. 다시 말지만,

---

◆ 신경성과 범죄의 관계는 단순하게 말할 수 없고 복잡하다. 많은 연구문헌은 신경성과 범죄 사이에는 평균적으로 약간의 플러스(+) 상관관계가 있다고 주장한다.

생식에 유리한 최적의 성격수치는 현지의 환경과 주변 사람들에 따라 다르다.

맹수에게 당하거나 사망할 가능성이 낮다는 신경성의 혜택은 대부분의 사람들에게는 피부에 크게 와 닿지 않을 것이다. 지금은 맹수에게 잡아먹힐 세상이 아니기 때문이다. 그렇다면 오늘날의 사회에서 실제로 유익한 신경성의 혜택은 무엇일까?

이는 무척 재미있는 질문이다. 기분장애mood disorder의 결과가 보통은 매우 부정적이라 해도―예를 들면 기분장애자의 사회경력에―기분장애자 중에는 대단한 성취를 이룬 사람이 특히 많다. 즉, 최소한 신경성 수치가 높은 사람 중 일부는 높은 신경성 때문에 뭔가를 이룰 수 있다. 여러 연구에 따르면 작가, 시인, 예술가들의 우울증 비율이 대단히 높은데, 이는 이들의 신경성 수치가 대단히 높다는 것을 의미한다. 그렇다면 신경성 때문에 이들이 업적을 이룰 수 있었던 것은 아닐까?

그럴 가능성이 몇 가지 있다. 첫째, 그들은 일종의 치료요법으로 글을 쓸 수 있다. 그러나 어떤 이유로 글을 쓰든 다른 사람에게 읽히는 글을 써야 한다. 따라서 신경성 수치가 높다고 해서 바로 창조적인 작가가 되는 것은 아니다. 즉, 높은 신경성은 창조적인 작가의 필요조건이긴 하지만 충분조건은 아니다. 개방적 기질도 높은 수준이어야 하고(7장 참조), 자질도 있어야 한다.

둘째, 신경성 수치가 높은 사람은 외부 세상에서 돌아가는 일과 자신 내부의 일 모두가 옳지 않다고 느끼기 때문에 그것을 바꾸려고 한다. 따라서 신경성 수치가 높은 사람은 다양한 영역, 특히 자신을 이해하고 자신에게 의미를 부여하는 일과 관련된 영역에서 혁신자가 될 가능성이 높다. 또, 신경성 수치가 높은 사람은 실패를 두려워하고, 그런 두려움 때문에—아무것도 못 할 정도로 심하게 좌절하지 않는 한— 실패하지 않기 위해 노력한다. 신경성이 노력을 유발한다는 증거는 매우 많다. 일중독자, 특히 재미나 사회적 관계를 위해서가 아니라 일을 하고 있지 않으면 불안하고 초조한 사람은 신경성 수치가 높은 사람일 가능성이 크다. 제임스 매켄지James McKenzie 는 대학생들의 학업성취도를 예측하는 지표로써 신경성을 연구했는데 '자아강도Ego-strength'가 높은 학생들 중 신경성 수치가 높은 학생들의 학업성취도가 더 높다는 사실을 발견했다. '자아강도'는 체계적인 사고와 자기수양 정도로 측정되며, 이 둘은 5대 성격특성 중 성실성 항목에 해당되는 것이다. 따라서 신경성 수치가 높은 학생들은 자신이 경험한 부정적인 감정을 동기와 자극으로 삼아 더 노력하고 더 높은 성적을 내는 것으로 보인다. 그러나 이들이 체계적인 사고를 못 하거나 부정적인 감정이 거의 병적인 수준에 이르면 신경성은 오히려 장애가 된다.

부정적인 감정을 동기 삼아 더 노력해서 높은 성취를 이루는 것이 바로 신경성의 '동기 이점motivational advantages'이라는 것이다. 신경성에는 또 '인지 이점cognitive advantages'이란 것도 있다. 일반적으로 사람들은 일단 계획을 세우면 자신의 행동이 초래할 결과에 대해 지나치게 낙관적이며, 다른 가능한 결과들에 대해서는 그리 깊게 생각하지 않는다고 알려져 있다. 이는 너무 낙관적인 성장 계획을 세우는 회사, 그리고 군대의 현황에 항상 과도한 자신을 가지면서도 그 복잡성에 대해서는 별로 생각지 않는 군 지휘부에서 흔히 나타나는 현상이다.

신경증을 이해하고 컨트롤하라

사회심리학자 셸리 테일러Shelley Taylor는 이런 과도한 자신감은 유익한 것이며, 특히 목표를 달성하기 위해 행동하는 '실행 단계'에서 더 유익하다고 주장했다. 낙관주의라는 장밋빛 선글라스를 쓰면 용기와 열정이 생기고 목적을 추구하는 데 전념할 수 있다. 그러나 우리가 추구하는 목표가 좋은 것이 아니라면 항상 실행 단계에 있으려고 해선 안 된다. '숙고 단계'에 들어가 정직하고 냉철하게 상황을 평가하고, 필요하다면 계획을 변경 또는 포기하거나 목표를 하향 조정할필요가 있다. 숙고 단계에서 우리는 덜 낙관적이 되고, 보다 조심스러워지며, 상세한 내용에 더 많은 관심을 갖고, 더 많이 걱정하며 반성한다.

　신경성 수치가 높은 사람은 낮은 사람보다 이런 숙고적인 정신상태에 훨씬 자주 빠진다. 건강한 정상인들은 자신의 미래를 낙관하고주변환경에 대한 자신의 통제력을 과신하지만, 우울증 환자들은 다소 냉철하고 정확한 태도를 보인다. 건강한 사람들은 자신의 실행전략에 사로잡힌 나머지 사태를 정확히 보지 못하는 경우가 많다. 그렇다고 해서 나는 이러한 '우울한 현실주의'를 지나치게 추구하고 싶지는 않다. 우울증 환자들은 아주 왜곡된 부정적인 믿음과 인식을 갖고 있기 때문이다. 그럼에도 불구하고, 신경증적인 기질은세상의 문제를 있는 그대로 보게 해주는 눈을 제공해준다는 점에서 의미가 있다. 재미있는 것은, 직업의 성공과 성격의 영향에 관한 광범위하고 영향력 있는 한 연구에 의하면, 신경증은 놀랍게도 직업의 성공과 (약하지만) 플러스 상관관계가 있었다. 신경성 수치가 높은 사람들이 직업적으로 성공하는 경향이 있었던 것이다. 특히 사고능력을 필요로 하는 직업의 경우엔 더욱 그랬다. 즉, 신경성은 세일즈나 육체노동이 아닌, 사고능력을 요하는 분야에 더 유리하게 작용할 수 있다.

나는 인간에 대해 가장 훌륭한 통찰력을 가졌던 사람들이 불행한 인물이었다는 사실에 항상 깊은 인상을 받는다. 극작가 헨릭 입센 Henrik Ibsen이 대표적인 사례다. 그의 희곡 『페르귄트Peer Gynt』는 과도한 낙관주의와 우울한 현실주의 간의 거래에 관한 것이다. 산 속 마왕은 페르귄트에게 근심 없는 영생의 삶을 제안한다. 페르귄트는 그 제안을 받아들이면 행복한 삶을 살 수 있고, 그렇게 되면 그의 삶과 결혼은 완벽해질 거라고 생각했다. 이런 삶을 얻는 대가로 페르귄트는 눈을 바쳐야 했다. 한쪽 눈은 뽑아내고 남은 한쪽 눈으로는 핑크색만 보아야 했던 것이다. 아무런 고민 없는 행복을 택할 경우, 페르귄트는 세상을 있는 그대로 볼 수 없고 다른 것을 추구하지도 못하게 된다. 현대의 삶에는 많은 틈새가 존재하기 때문에 냉철하고 비판적인 눈은 중요한 가치다. '한 개인으로서' 우리가 실행적인 정신상태와 숙고적인 정신상태를 모두 갖고 살아야 하는 것처럼, '한 사회집단으로서' 우리 모두가 항상 즐겁고 열정적이어선 또 안 된다.

정신과 의사 랜돌프 네스Randolph Nesse는 1990년대 말 주식시장을 풍미했던 과도한 낙관주의에 대해 재미있는 글을 썼다. 투자자들은 두 자릿수 수익률이 영원히 지속될 거라고 기대하면서 계속해서 더 많은 돈을 주식에 투자했다. 부분적으로 투자자들을 부추긴 것은 끝없이 낙관적인 주식중개인들이었다. 역사적으로 볼 때, 강세장 뒤엔 반드시 거품이 꺼지고 주가가 하락했지만 낙관적인 주식중개인들은 이번엔 다르다고 말했다. 그들은 마치 이번 시장이 영원히 상승할 것처럼 말했다. 그러나 당연히 주식시장은 폭락했고, 많은 사람들은 엄청난 돈을 잃었다. 그런데, 주식시장 활황기에 많은 직장인들은 프로작이나 항우울제를 쉽게 구할 수 있었고, 주식중개인들도 이런 약물을 복용하고 있을 거라고 네스는 추정했다. 네스는 약물을 복용했던 주식중개인의 비율이 25퍼센트에 달할 거라고 추측했다. 프로작의 효과가 그리 극적이진 않지만 우울증을 앓고 있지 않은 사람에겐 상당히 부정적인 감정을 줄여주긴 한다. 포로작의 효능 때문이었을까? 1990년 대 말 장밋빛 선글라스를 끼고 있었던 주식중개인들은 주식시장의 붕괴를 앞두고도 별로 걱정하지 않았던 것이다.

이처럼 진화론적 관점이나 현대적 맥락에서 볼 때도 높은 신경성이 혜택으로 작용하는 경우도 있다. 따라서 신경성 수치가 높은 사람은 자신의 근심이 사라지기를 바랄 것이 아니라, 그런 성격의 장점, 그 성격의 민감도, 그리고 그 성격 때문에 갖게 된 노력하는 자세와 통찰력을 십분 이해하고 활용해야 한다. 이런 특성을 매우 가치 있게 활용할 수 있는 분야는 많다. 물론 그 과정에 종종 아주 힘든 고통을 비용으로 지불해야 하지만, 이런 비용을 관리하고 억제하는 방법은 분명 존재한다. 그런 방법에 대해서는 9장에서 살펴보도록 하겠다.

chapter 5

성실맨과
알코올중독자

절제와 충동적 성향

심리 실험: 아이오와 도박과제

여러분이 카드로 도박을 하고 있다고 가정해보자. 테이블에는 A, B, C, D 영역에 각 한 벌씩(한 벌=52개 카드) 4벌의 카드더미가 뒤집어져 놓여 있다. 이 4벌 중 원하는 대로 차례로 카드를 고를 수 있고, 카드를 고를 때마다 일정 금액을 보상으로 받는다. 그러나 중간 중간 벌금카드가 섞여 있어서 벌금을 내야 할 경우도 있다. 벌금이 보상보다 많을 수 있으며, 따라서 벌금카드를 많이 뽑으면 결국엔 돈을 잃을 수도 있다.

이 도박을 하던 중, 여러분은 A와 B에서 카드를 뽑을 때마다 보상으로 받는 돈은 항상 100달러인데, C와 D에서는 50달러에 불과하다는 것을 알아채기 시작했다. 그러면 A와 B의 카드가 꽤 매력적으로 보인다. 그런데 A에서는 이따금—평균 10번에 1번—1,250달러의 벌금카드가 나온다. B에서의 벌금은 그보다 조금 낮은 500달러

였지만, 벌금카드가 나오는 횟수는 평균 4번에 1번(10번에 2.5번)이 었다. C에서는 250달러 벌금카드가 나오는 횟수가 평균 10번에 1번이었고, D에서는 100달러 벌금카드가 나오는 횟수가 평균 4번에 1번(10번에 2.5번)이었다.

그렇다면 A, B, C, D 중 어디에서 카드를 뽑아야 할까? 여러분은 어떤 카드가 이익이고 어떤 카드가 손해인지 아주 쉽게 알아낼 수 있을 것이다. A의 경우, 10번 카드를 뽑으면 10번 각각 100달러, 총 1,000달러의 보상을 받지만, 평균 한 번은 1,250달러의 벌금을 내야 한다. 따라서 결국 250달러를 잃게 된다. B에도 비슷한 계산을 적용할 수 있다. 10번 카드를 뽑았을 때 A와 똑같은 1,000달러의 보상을 받지만, 10번 중 평균 2.5번 벌금을 내야 하고 각각의 벌금은 500달러이기에, 총 벌금은 A와 마찬가지로 1,250달러(500×2.5=1,250)다. B의 경우도 결국 250달러를 잃게 된다.

C와 D의 경우를 살펴보자. C의 경우, 10번 카드를 뽑으면 보상으로 총 500달러밖에 못 받지만 벌금카드는 10번 중 한 번 나오며 벌금은 250달러다. 따라서 250달러를 벌게 된다. D의 경우, 10번 카드를 뽑을 때 보상은 총 500달러이고 벌금은 250달러(100×2.5=250)로 250달러를 벌게 된다.

이런 시나리오를 '아이오와 도박과제Iowa Gambling Task' 라고 한다. 이 이름은 아이오와의 주도州都인 디모인Des Moines 시 시민들의 합리성이나 도덕성과는 전혀 관계없는 것으로, 연구자들이 우연히 디모인에서 관련 연구를 했기 때문에 붙여진 이름이다. 이 도박게임 실험에 참가한 사람들은 처음엔 각각의 카드에 어떤 원칙이 적용되는

지 몰랐고, 시행착오를 통해 그 원칙을 알아내야 했기 때문에, 잠시 동안 4벌의 카드 모두를 가지고 실험했다. 그러나 사람들이 A와 B에서 한두 번 벌금카드를 뽑은 후에는 A와 B 대신 C와 D에서 카드를 뽑기 시작했다. 따라서 100번 카드를 뽑게 하면, 이들은 A와 B보다 C와 D에서 훨씬 더 많은 카드를 뽑을 것이다.

아이오와 도박과제가 심리학적으로 재미있는 이유는 무엇일까? 나쁜 카드인 A와 B가 가장 큰 즉각적인 보상을 주고 있다는 데 있다. A와 B에서 카드를 뽑는다는 것은 그 자리에서 100달러를 버는 것을 의미하지만, C와 D는 50달러에 불과했다. A와 B가 이익이 되지 않는 것은 그 안에 숨어 있는 거액의 벌금 때문이다. 그런데 카드를 뽑을 때마다 100달러의 보상을 받지만 벌금카드를 뽑을 경우는 보상이 훨씬 적다. 그래서 A와 B가 유혹적일 수 있다. 따라서 돈을 벌기 위해서는 즉각적인 보상 100달러의 유혹을 극복하고, 보상은 적지만 벌금이 훨씬 적은 C와 D를 택하면 돈을 벌 수 있다는, 보다 신중한 계산을 해야 한다. 우리의 인생도 많은 부분 '아이오와 도박 과제'와 유사하다. 내가 지금 이 책을 쓰고 있는 이 화창한 오후에 (공휴일이기도 하다) 일을 멈추고 고양이와 나가 놀면, 나는 보다 즉각적이고 확실한 보상을 받을 수도 있다. 나는 고양이와 노는 것을 좋아한다. 고양이와 노는 것은 나에게 항상 즐거운 일이다. 그러나 장기적인 삶의 관점에서 볼 때, 즉각적인 만족을 추구하는 충동을 억제하고 계속 이 책을 쓰면 더 많은 좋은 것들을 얻게 될 것이다. 우리는 내적으로 책정한 목표나 뒤로 미뤄둔 만족을 위해 주변에서 유혹하는 즉각적인 보상들을 끊임없이 억누르며 살고 있다.

앙투안 베카라Antoine Bechara와 동료들은 아이오와 도박과제를 발전시켜 특별한 뇌 손상 환자들을 조사했다. 과거에는 뇌의 전두엽 일부분이 뇌졸중이나 머리 부상으로 손상되면, 신중하고 정확했던 사람도 부주의하고 충동적인 사람이 되며, 때로는 사회적으로 부적절한 충동을 추구한다고 알려져 있다. 우측 안와전두피질orbitofrontal cortex을 손상시키는 동맥류aneurysm 파열로 고통받는 사람(대니얼이라고 하자)을 예로 들어보자. 전에는 책임감 있던 자동차 회사 직원이었던 대니얼은 동맥류가 파열된 후, 출고 준비 중인 회사 자동차를 몰고는 멀리 떨어진 자기 집 근처에 버리는 일을 자행하기 시작했다. 당연히 그는 직장을 잃었고, 시간 개념 부족과 남의 차를 멋대로 몰고 가는 버릇 때문에 다른 직장에서도 오래 있지 못했다. 오랜 실직기간 동안 그는 술을 마셨고 몰래 탈 차를 찾으러 밖으로 쏘다니기 일쑤였다. 그는 잠깐 타고는 그 차들을 버리기만 했을 뿐, 차를 훔쳐 돈을 벌 생각은 추호도 없었다. 그의 일반적인 인식기능은 정상이었다. 따라서 그는 자신의 행동이 불법이라는 것을 잘 알고 있었다. 그럼에도 불구하고, 그는 자신을 제어할 수 없었다. 지금까지 그는 약 100대의 차를 훔쳐 신나게 달렸고, 그 때문에 몇 차례 감옥에 가기도 했다.

아이오와 도박과제를 통해 이런 환자들의 특이점을 확인할 수 있었다. 이들의 기억력, 언어, 일반적인 지적 기능은 정상이었다. 그러나 이들은 아이오와 도박과제에서 A와 B의 카드를 뽑는 것 같은 일을 멈추지 못했다. 이들은 때로 자신들의 카드 뽑기 행태가 자신에게 매우 불리하다는 사실을 인식하긴 했지만, 그 100달러의 유혹을 극복하지 못했다.

마약, 도박, 알코올에 빠지는 사람들

이 책에서 아이오와 도박과제에 대해 살펴보는 이유는, A와 B를 선택하는 성향이 뇌 손상 환자에게만 국한되지 않기 때문이다. 뇌 손상을 입지 않은 다양한 사례의 집단들도 동일한 행동 패턴을 보였다. 그런 집단 중 어떤 면에서는 그래도 덜 충격적인 첫 번째 사례가 도박중독자들이다. 도박은 선진국에서 규모가 큰 산업이고, 스프레드 베팅spread betting◆과 인터넷 같은 새로운 형태를 통해 나날이 성장하고 있다. 영국인의 1퍼센트가 도박중독인데, 도박중독이란 도박을 많이 할 뿐만 아니라, 자신의 도박행위를 통제할 수 없으며, 그로 인해 자신의 삶을 위험에 빠트리고, 이성적인 다른 목표를 포기하면서까지 도박에 빠지는 증세를 말한다. 도박중독자들은 아이오와 도박과제에서 A와 B를 압도적으로 많이 택했다. 도박중독자들은 도박 전문가이기 때문에 일반인보다 A와 B가 불리하다는 것을 더잘 이해했어야 했는데, 스스로를 통제하지 못했다.

　아이오와 도박과제 실험에서 특이한 결과를 낸 또 다른 그룹은 알코올, 코카인, 혹은 마리화나에 의존성이 있거나 의존 경력이 있었던 사람들이다. 알코올이나 마약의존증은 도박중독보다 일반적인데, 이런 사람들도 아이오와 도박과제를 경험한 정상인들보다도 A와 B를 더 많이 택했다. 알코올이나 마약의존증이 이런 선택에 미친

◆ 한 사건의 결과를 맞추는 도박의 하나. 기존 도박처럼 단순히 승패를 맞추고 그 승패에 따라 일정한 돈을 따거나 잃는 것이 아니라, 베팅의 정확성에 따라 보상이 달라진다. 정확성이 높으면 건 돈보다 많은 돈을 딸 수 있고, 정확성이 낮으면 건 돈보다 많은 돈을 잃을 수 있다.

영향은 직접적인 뇌 손상의 경우보다 강하지 않았지만, 그래도 꽤 높은 수준이었다. 재미있는 것은, 이들이 꽤 오랫동안 알코올이나 마약을 하지 않았어도—따라서 그런 약물의 직접적인 영향이 없었음에도 불구하고—불리한 A와 B를 더 많이 선택했다는 것이다. 따라서 주변에서 유혹하고 있는 보상에 항상 흔들리고 부단히 그것을 추구하는 성격이 있으며, 그런 성격 때문에 약물의존이나 도박중독에 빠진다고 볼 수도 있다.

약물의존(경력)자와 도박중독자가 아이오와 도박과제에만 특이한 반응을 한 것은 아니다. 약물의존과 도박중독 같은 증상은 함께 진행되는 경우가 많다. 둘 중 한 증상을 가지고 있으면 다른 증상도 갖게 될 가능성이 평균보다 훨씬 높다. 예를 들면, 웬디 슬럿츠케^{Wendy Slutske}와 동료들은 1,000명의 젊은 뉴질랜드 성인 집단의 문제행동을 조사했다. 이들 중 마리화나 의존증이 있는 사람들의 알코올 의존증 비율은 그렇지 않은 사람보다 6배나 높았고, 알코올 의존증이 있는 사람의 니코틴 의존증 비율도 그렇지 않은 사람보다 4배나 높았다. 도박중독자의 3분의 2가 약물의존증을 갖고 있었고, 도박중독자의 알코올, 마리화나, 니코틴 중독 비율은 일반인보다 3배 이상 높았다.

도박장은 으레 술과 약물이 과용되는 장소다. 따라서 도박중독자가 음주와 약물복용을 함께 하는 비율이 높은 것은 그 사람이 가진 고유한 특징 때문이 아니라 도박장이라는 단순한 상황적 요인 때문일 수도 있다. 그러나 도박과 음주 및 약물복용이 함께 행해지는 것은 단순한 상황 요인 때문만은 아닌 것 같다. 도박과 약물 및 알코올중독은 가족 구성원에서 함께 나타나는 경우가 많다. 도박중독자는 알코올중독자(그가 도박중독자는 아니었다 해도)의 생물학적 친척들 가운데 나타나며, 알코올중독자는 도박중독자의 생물학적 친척들 가운데 나타난다. 도박중독자와 알코올중독자의 친척들에게는 이른 바 반사회적 성격장애 antisocial personality disorder도 일반인보다 더 높게 나타난다. 반사회적 성격장애는 다소 광의의 개념이며, 실제로는 서로 다른 많은 성격특징을 가지고 있다. 도박중독자와 약물중독자의 친척들에서 보이는 반사회성의 핵심은 (몰래 차를 빌려 타고 갔다 버리는 사람의 행동과 유사한) 무책임하고 불법적인 행동을 반복하는 것이다.

중독은 유전된 뇌의 명령

연구자들은 일반인, 같은 가족, 쌍둥이 등을 대상으로 도박, 알코올 및 약물 중독, 반사회적 행동의 동반 발생에 대해 연구한 후, 이런 방만한 행동에는 어떤 공통의 유전적 경향이 있다는 결론을 내렸다. 따라서 음주, 약물복용, 도박, 불법행위가 같은 환경에서 발생한다면, 그것은 우연이 아니라 그런 행동을 하는 사람들의 기질적 특성을 반영하는 것이다. 아이오와 도박과제 실험이 중요한 것은 이런 기질에서 핵심적인 심리 변수가 무엇인지 밝혀낸 것이다. A와 B를 선택하는 사람들은 그런 선택이 좋지 않다는 것을 알면서도 계속 A와 B를 선택한다. 불법행위, 도박, 음주가 서로 연결되어 있음은 분명하다.

충동을 통제하지 못하는 집단과 충동을 통제할 수 있는 집단으로만 인간을 나눌 수 없다. 다른 성격과 마찬가지로 통제력의 정도도 매우 연속적이고 다양하며, 우리는 그런 다양한 수준의 어느 한 점에 해당하는 통제력을 갖고 있다. 5대 성격특성에서, 충동 통제와 관련된 성격은 성실성 conscientiousness이다. 성실성 수치가 높은 사람은 절제력이 있고, 체계적이고, 자신을 잘 통제하는 반면, 성실성 수치가 낮은 사람은 충동적이고, 제멋대로이며, 의지가 약하다.

여기서 잠깐, 술과 약물에 굴복하는 정도는 외향성 정도에 따라 다르기도 하다. 3장에서 나는 외향성은 스릴 넘치는 자극에 대한 뇌 보상시스템의 반응성으로 측정할 수 있다고 주장한 바 있으며, 술, 약물, 도박은 모두 분명 스릴 넘치는 자극이다. 마약은 뇌의 보상영역인 측좌핵을 활성화시키는데, 이 부분의 활성화는 외향성과 특히 관계된 것이다. 그러나 알코올이나 마약중독을 유발하는 성격특성에 관한 연구에 따르면, 그런 중독을 유발하는 것은 외향성이 아니라 성실성 수치와 관련이 있었다.◆

그렇다면 과연 무엇이 진실일까? 이 문제를 해결하기 위해서는 어떤 일을 시작하는 이유와 어떤 일을 멈출 수 없는 이유를 구별해야 한다. 외향성 수치가 높은 사람은 외향성 수치가 낮은 사람보다 음주, 마약, 또는 스릴 넘치는 도박게임에 더 열광한다. 이런 일들이 측좌핵을 활성화시키기 때문이다. 그러나 외향성 수치가 높은 사람이 성실성 수치도 높으면 음주, 마약, 도박이 가져다주는 흥분이 아무리 크다 해도 그것을 끊을 수 있다. 그렇게 할 수 있는 이유는 다음날 일을 해야 하거나, 훨씬 더 짜릿한 스카이다이빙을 즐기기 위한 돈을 저축해야 하기 때문이다. 결국, 그 사람이 추구하는 보다 중요한 다른 목표나 규범을 위해 주변환경으로부터 유발되는 반응—
마약, 알코올, 도박 등 그것이 어떤 보상을 주는 반응이든 간에—을
억제하는 역할을 하는 뇌 메커니즘이 있다. 이런 통제 메커니즘이
강한 사람은 매우 절제력 있고 성실하며, 그 통제 메커니즘이 약한
사람은 충동적이다.

절제와 충동의 뇌 메커니즘

마약, 약물, 도박 등에 중독되는 것은 그것이 주는 행복감이 크기 때
문이 아니라 한때 보상을 주었던 마약, 약물, 도박을 억제하지 못한
결과다. 많은 중독자들의 경우, 마약주사로 얻는 쾌감은 사실상 없
다. 뇌가 이미 마약에 아주 익숙해졌기 때문이다. 그럼에도 불구하
고, 중독자들이 마약에 다시 손을 대는 것은 쾌감을 추구하거나 쾌
감이 필요해서라기보다, 이미 형성된 버릇을 끊을 통제 메커니즘이
약하기 때문이다.

앞서 살펴본 것처럼, 아이오와 도박과제는 뇌 전두엽 손상 환자들
의 정신기능을 조사하기 위해 개발되었다. 이런 환자들이 보이는 특
별한 문제들을 살펴보면, 전두엽이 성실성 통제 메커니즘에 중요하
다는 것을 알 수 있다. 뇌촬영을 통해 이를 보다 일반화할 수 있다.
예를 들면, 건강한 일반인이 아이오와 도박과제 실험을 할 때 그의
전전두$^{dorsolateral\ prefrontal}$와 안와전두^{orbitofrontal} 등 전두엽 부분의 신
진대사가 활성화된다(〈그림 5〉 참조). 반면 충동성이 높은 사람과 약

◆ 중독자들은 신경성 수치도 높았는데, 이는 놀라운 일도 아니다. 신경성은 모든 심리적 기능장애의 지표이
기 때문이다. 그러나 도박과 약물중독에 취약한 사람들은 특히 성실성 수치가 낮았다.

물중독자 같은 충동억제 장애자의 경우, 아이오와 도박과제를 할 때 전두엽의 여러 영역, 특히 우뇌의 전전두피질, 전두대상피질[anterior cingulate cortex], 안와전두피질의 활성화 정도가 상대적으로 낮았다. 이들이 과제를 잘 못 푼 것은 이와 같이 전두엽의 반응이 상대적으로 약했기 때문으로 보인다.◆

　뇌촬영 연구 하나를 좀더 자세히 살펴보자. 히로시마 대학의 슈지 아사히[Shuji Asahi]와 동료들은 피실험자들에게 '고우-노고우[Go-No Go]' 과제를 시키고 그동안 이들의 뇌를 촬영했다. 고우-노고우 과제란, X를 제외하고 다른 문자들이 모니터에 나타나면 가능한 한 빨리 키를 누르는 과제다. X가 나타나면 아무런 키도 눌러선 안 된다. 고우-노고우 과제를 할 때 사람들은 뭔가 모니터에 나타나면 빠르게

〈그림 5〉 충동 조절과 이성적 사고를 관장하는 전두엽 영역

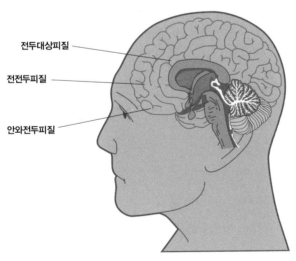

전두대상피질

전전두피질

안와전두피질

* 전두엽의 전전두피질은 충동을 제어하는 등 자극에 대한 반응을 매개한다. 도박중독자처럼 전전두피질이 비활성화되면 충동을 억제하는 데 실패한다. 성실하고 이성적인 사람들은 전두엽 영역의 활성화 정도가 큰 사람들이다.

반응하는 버릇이 생기고, 따라서 X가 나타났을 때 이런 즉각적인 반응 버릇을 억제하기가 쉽지 않다. 따라서 과도한 반응을 보이는 실수를 자주하게 된다. X가 나타날 때 아무 키도 눌러서는 안 되는데도 자꾸 키를 누르게 되는 것이다.

이 실험에서 X가 나타나자, 피실험자의 뇌, 특히 우측 전전두피질의 활성화가 증가했다. 따라서 사람들이 내적 원칙(즉, X면 반응하지 말라는 원칙)을 가지고 외부환경의 신호(즉, 문자가 나타나는 것)에 반응하는 것을 억제하는 역할을 하는 부분이 바로 이 우측 전전두피질인 것으로 보인다. 더욱 재미있는 것은, 이 영역의 뇌 활성화 증가 정도가 실험 전 피실험자가 보고한 충동성 수치와 관련이 있다는 것이다. 충동성은 성실성의 반대라고 생각할 수 있다. 실험 결과, 충동성 수치가 가장 낮았던(성실성 수치가 가장 높았던) 사람은 키 누르기를 억제해야 할 때 우측 전전두피질이 다른 사람에 비해 가장 많이 활성화되었다. 결국, 성실성은 어떤 목표나 원칙을 위해 즉각적인 반응을 억제하는 전두엽 뇌 메커니즘의 반응성(활성화)의 정도라고 할 수 있다. 따라서 전두엽 뇌 메커니즘의 활성화 정도가 클수록 성실성 수치도 높다고 할 수 있다.

성실성이 높은 사람은 직업적으로 성공한다

성실성 수치가 매우 낮다는 것은 어떤 일이 피해를 준다 해도 그 일을 멈출 수 없는 중독 성격임을 의미한다. 그러나 성실성 수치가 낮

◆ 나는 본문에서 전두엽의 기능을 간단하게 설명했다. 그러나 중독자의 안와전두피질은 일반적으로 활성화 정도가 낮음에도 불구하고 그가 마약을 갈망하거나 마약을 연상하게 될 때는 일시적으로 과도하게 활성화되기도 한다.

은 대부분의 사람들이 약물중독자나 반사회적 성격장애자가 될 정도로 극단적인 사람들은 아니다. 다만, 성실성 수치가 낮은 모든 사람은 충동을 억제하는 데 상대적으로 어려움을 겪는 경향이 있다. 나의 연구대상자들 중 성실성 수치가 상당히 낮았던 몇 명은 야망은 있지만 '게으름과 싸우고 있으며' 경제적인 이유로 승진을 해야 하지만 그럴 필요가 없기를 바라고 있다고 했는데, 그 이유는 자신들이 선천적으로 '초점이 부족' 하고 빈둥거리기를 좋아하기 때문이라는 것이었다. 성실성이 다소 낮으면 일에도 영향을 미친다. 따라서 성실성 수치를 가지고 전반적으로 직업적 성공을 가장 잘 예측할 수 있다. 다른 조건이 동일하다면, 일반적으로 성실성 수치가 높을수록 일을 더 잘한다.

물론 직업적 성공과 성실성 간의 상관관계가(상관지수는 약 0.2 정도) 특별히 높은 것은 아니다. 이는 성실성 말고 다른 요인들도 직업적 성공에 영향을 미친다는 것을 의미한다. 그러나 인상적인 것은 성실성이 높은 사람과 직업적 성공의 상관관계에 상당한 일관성이 있다는 것이다. 수십 건의 연구를 통해 볼 때, 직업적 성공의 기준을 업무 숙련도나 승진 속도 또는 수입 정도나 성공적인 연수 등 무엇으로 보든 간에, 성실성과 직업적 성공 간에는 다소 일관된 상관관계가 있었다. 또 성실성과 직업적 성공 간의 상관관계는 직업에 관계없이 일정했다. 전문직, 경영인, 세일즈맨, 경찰관, 그리고 보다 일반적인 직업에서도 성실성이 높은 사람이 직업적으로 성공했다. 성실한 사람일수록, 어떤 직장이든 또 얼마나 일을 더 잘하든 간에, 직장에서 일을 더 잘한다.

성실한 사람이 일을 더 잘하고 직업적으로 성공하는 이유는 무엇일까? 일하는 사람에게 많은 자율성이 부여될 경우, 이러한 성실성의 혜택은 더욱 두드러진다. 성실성이 내적으로 설정된 목표나 계획을 추구하는 능력이라면, 어떤 누구도 개입하지 않을 때 성실성은 더 빛을 발한다. 더욱이, 직장환경에 관한 연구에 따르면, 성실성 수치가 높은 사람은 많은 목표를 설정하고 그 목표들을 고수한다. 이에 비해 성실성 수치가 낮은 사람은 보다 적은 목표를 설정하며, 목표를 고수하지 않는 경향을 보인다. 성실성 수치가 낮은 사람은 목표를 실행하지 않는 방편으로 일을 미루고 연기하는 경우가 많다.

똑똑한 사람일수록 덜 성실하다

내가 성실성에 대해 말하면, 사람들은 "당신이 말하는 성실성은 지성이나 지능과 비슷하다"고 말하는 경우가 있다. 목표를 설정하고 그것을 추구하면서 나쁜 결정을 하지 않는 사람은 물론 똑똑한 사람이다. 사람들은 성실성에 핵심적인 전두엽 억제 메커니즘의 기능과, 지성적인 행동으로 간주되는 '아주' 정교한 인지기능을 비슷한 것으로 보기 때문에, 성실성과 지성/지능을 같은 것으로 보는 경향이 있다.

그러나 이런 생각은 심리학자들이 말하는 지성의 의미를 오해한 데 따른 것이다. 안와전두피질에 손상을 입은 환자들은 지성능력을 잃지 않고도 충동적이 될 수 있다. 그리고 매우 똑똑한 많은 사람들도 약물이나 도박중독자가 될 수 있다. 지성/지능은 정신 메커니즘의 기능과는 관계가 없기 때문이다. 오히려 지성/지능은 우리의 전체 신경시스템이 얼마나 잘—얼마나 빨리, 얼마나 효율적으로—작동하는지 포괄적으로 보여준다. 따라서 지성/지능이 높은 사람은 기본적인 반사신경에서부터 운전능력, 언어, 기억력, 보상시스템과 억제시스템에 이르기까지 모든 것이 효율적으로 작동한다. 그렇지만 이것이 그 사람이 가지고 있는 서로 다른 시스템들의 '상대적인' 장점에 대해 말해주는 것은 아무것도 없으며, 따라서 지성이나 지능으로 성실성을 판단할 수 없다.

지성과 지능을 이렇게 정리하면 성격과 지성/지능 간에는 아무런 관계가 없다고 말하는 것 같지만, 지난 10년간의 연구에 따르면 꼭 그렇지도 않다. 성격과 지성/지능 간에는 밀접한 관계는 아니지만 약간의 관계는 있다. 물론 지금도 이 관계의 성격과 중요성에 대한 논쟁이 진행 중이다. 그렇다 해도, 성실성과 지성/지능 사이에 어떤 관계가 있다는 것을 발견한 몇 개의 연구에 따르면, 놀랍게도 이 둘은 우리의 직관과는 반대로 긍정적인 것이 아니라 다소 부정적인 관계에 있었다. 똑똑한 사람일수록 덜 성실하다는 것이다.

똑똑할수록 덜 성실한 이유에 대한 가장 그럴듯한 설명은 다음과 같다. 즉, 매우 똑똑한 사람은 어떤 학문적인 또는 직업적인 과제에 부딪치더라도 신속하게 이 문제를 해결할 수 있기 때문에 미리 대비하거나 과도하게 시간을 쓰지 않아도 된다. 반대로, 신속하게 문제를 해결하지 못하는 사람은 똑똑한 사람이라면 가볍게 처리할 일들을 체계적으로 준비하고 절도 있게 행동해야만 처리할 수 있다. 따라서 지성/지능에 상응하는 행동양식이 단련되어 똑똑한 사람은 덜 성실하게 행동하고, 덜 똑똑한 사람은 성실하게 행동한다. 그래서 지성/지능과 성실성은 서로 약하게 반비례하는 것이다. 이는 낮은 성실성과 높은 지성/지능 사이에 어떤 본질적인 유전적 연관성이 있는 것은 아니라는 것을 의미한다. 오히려 성실성과 지성/지능 간의 약한 반비례 관계는 후천적으로 성장하는 과정에서 나타나는 현상이다.

성실성은 좋은 특성인 것처럼 보인다. 성실하면 많은 비용이 따르는 각종 중독을 피할 수 있고 법을 지키며 사는 데 도움이 된다. 직장에서 성공하는 데도 도움이 된다. 또한 2장에서 살펴본 것처럼 장수에도 도움이 된다. 성실할수록 좋다. 그리고 자연선택이 성실성에 작용한다면, 항상 성실성 수치를 더 높이는 쪽으로 작용할 것이다.

그러나 독자 여러분이 이미 짐작했듯이, 결코 그런 것만은 아니다. 성실성의 혜택과 유용성은 과장된 측면이 없지 않다. 우리가 다니는 직장은 매우 인공적인 생태계다. 우리 조상들 중 하루에 8시간씩 한 곳에 머무르며 명시된 규칙이나 규범에 따라 미리 계획된, 또는 반복적인 여러 일들을 묵묵히 하면서 생존하고 번식한 사람은 거의 없다. 현대인이 직장과 학교생활로 대표되는 이런 일을 오랫동안 하게 된 것은 현대경제의 독특한 특징과 전문화 때문이다. 수렵채집인 조상의 경우에도 계획을 세우고 그 계획을 추구하는 것이 당연히 유익하긴 했다. 어떤 도구가 필요할 때 손에 잡히는 대로 아무것이나 사용하는 것보다는 오랜 시간이 걸리더라도 주의 깊고 치밀하게 도구를 개발하는 것이 더 유익했다. 그러나 수렵채집인 생활은 많은 부분 우발적인 사건들 때문에 미리 계획할 수 없는 삶이다. 소 떼가 지나가는 것을 보면서 "수요일은 꿀을 따는 날, 꿀이나 따야지" 하며 사냥을 포기하는 것은 정말 현명한 짓이 아니었다. 수렵채집인의 삶은 순간순간 발생하는 자극—지나가는 먹이, 갑작스러운 타인의 공격, 집단 구성의 변화, 그외 수없이 많은 다른 가능성들—에 즉각 반응해야 하는 일로 점철되었다. 따라서 계획을 포기하고 눈앞에 발생한 일에 대해 충동적이고, 활기 있고, 육체적으로 극히 신속하게 반응할 수 있었던 조상들이 더 잘 살아나갔을 것이다.

주의력결핍 과잉행동장애, 강박성격장애

이런 맥락에서, 나는 주의력결핍 과잉행동장애attention-deficit hyperactivity(ADHD)가 어떻게 장점이 될 수 있을지 종종 생각해본다. ADHD가 우리의 논의와 관련이 있는 이유는, ADHD 증상이 있는 청소년들은 보통 성실성 수치가 낮고, 신경성 수치가 높으며, 친화성이 다소 낮기 때문이다. ADHD 청소년들의 또 다른 특징은 그들의 성별에 있다. ADHD 증상은 여자아이보다 남자아이에게 약 5배나 많다. ADHD 증상을 가진 사람은 교실이나 직장에서 한 곳에 오래 앉아 있지 못하고 충동적이어서, 상사나 선생님과 자주 충돌하며 법을 위반하는 경우도 많다. 그러나 이들은 즉각적인 자극에 매우 강력하고, 충동적이며, 활기차게 반응한다. ADHD 증상을 갖고 있으면서 프로 스포츠에서 성공한 사례가 적지 않다. 예측이 어렵고 다소 무법적이며 이따금 폭력적일 뿐만 아니라 육체적으로 매우 활동적이며 변화무쌍한 수렵채집인의 세계에서는 ADHD 증상이 있는 사람이 아주 유리했을 것이 분명하다.

이처럼 우리 조상들이 살던 환경에서는 성실성이 높은 것이 그리

유리하지만은 않았다. 그렇다면 우리 시대는 수렵채집인의 시대와
달리 성실성이 높은 것이 유리할까? 그렇지도 않다. 강박성격장애
obsessive-compulsive personality disorder(OCPD)가 있는데, 이는 성실성이 극
단적으로 높은 정신장애다. 성인 남녀의 약 2퍼센트가 강박성격장
애자이며, 그외 많은 사람들도 병적 수준은 아니라 해도 약간의 강
박성격장애 증상을 갖고 있다. 현재 강박성격장애자 수는 남성이 여
성보다 약 2배나 많다.◆

　강박성격장애는 잘못 붙여진 이름이다. 왜냐하면 강박성격장애는
잘 알려진 강박장애obsessive-compulsive disorder(OCD)와는 특별한 관련
이 없기 때문이다. 강박성격장애와 강박장애는 함께 발생하지도 않
으며 같은 유형으로 분류되지도 않는다. 강박장애는 일종의 불안장
애로 어떤 일을 끊임없이 확인하거나 계속해서 손을 씻어대는 것처
럼, 특별한 생각이나 행동을 멈추지 못하고 계속 반복하는 증상을
말한다. 불안을 느끼는 상태의 하나인 이러한 강박장애는 우울증 및
일반적인 불안장애와 같은 유형으로 분류된다. 따라서 높은 신경성
과 관련되며 어느 정도는 세로토닌 항우울제로 치료할 수 있다. 강
박장애 증상이 있는 사람은 알코올중독자가 음주를 억제하지 못하
는 것처럼 뭔가를 계속 확인하거나 손을 씻는 행동을 억제하지 못하
기 때문에 성실성이 낮은 것을 그 원인의 하나로 보기도 한다. 이런
시각이 옳든 그르든 강박성격장애는 강박장애와는 매우 다른 유형
의 정신장애다.

◆ 성실성에는 특이한 점이 있는데, 평균적인 성실성 수준에서 남녀 분포는 동일하지만, 성실성이 매우 높은
경우(강박성격장애)와 매우 낮은 경우(도박, 알코올 중독, ADHD, 반사회적 성격장애)의 남녀 분포는 남성
이 여성의 2배에 이른다는 것이다.

강박성격장애: 로널드의 사례

그렇다면 강박성격장애의 증상은 무엇일까? 정신과 의사들은 강박성격장애를 "성인 초기 단계에 시작되어 다양한 맥락에서 존재하는 증세로, 유연성, 개방성, 효율성을 포기하고 질서, 완벽주의, 그리고 정신 및 대인관계에 대한 통제에 지나치게 몰두하는 증상"으로 규정한다. 이런 증상이 어떻게 나타나는지는, 유명한 이상심리학 교과서에 실린 로널드의 사례를 통해 알 수 있다.

강박성격장애 증상이 있는 사람은 규칙, 리스트, 스케줄, 기타 자신의 원칙을 지키는 일에 몰두하는 사람이다. 예를 들면, 로널드는 어김없이 아침 6시 45분에 일어나서 8시 15분에는 사무실에 도착하고 그후 일과도 엄격한 스케줄에 따라 보낸다. 그는 토요일과 일요일에는 서로 다른 스케줄을 갖고 있다. 어쩔 수 없이 스케줄을 바꿔야 할 경우, 그는 '불안하고 괴로우며, 뭔가 잘못되고 있을 뿐만 아니라 시간을 낭비하고 있다'고 느낀다. 강박성격장애의 두드러진 증상은 수단과 목적이 괴리되어 있다는 것이다. 어떤 목적을 위한 수단에 불과한 스케줄이나 계획을 지키는 것이 우선과제가 되고, 행동(예를 들면 먹는 것, 멋진 하루를 보내는 것, 사람들과 인연을 맺는 것, 뭔가를 성취하는 것)의 실제 목적은 완전히 실종된다.

강박성격장애의 두 번째 특징은 너무 완벽을 추구하는 바람에 어떤 일도 완료하지 못한다는 것이다. 로널드는 "아주 꼼꼼한 탓에 회사를 큰 곤경에서 구한 적이 여러 번 있었고, 이 때문에 직장에서 매우 소중히 여기는 직원이다". 그러나 그는 완벽주의자였기 때문에 "사무실에서 일과 생산성이 가장 떨어진다. 자세한 것은 잘 챙기지만 그것을 전체적인 시각에서 보지 못한다". 강박성격장애를 가진 많은 사람들은 지나치게 완벽을 추구하는 탓에 일을 끝마치는 데 어려움을 겪는다.

강박성격장애는 대인관계에도 악영향을 미친다. 강박성격장애로 고통받는 사람은 재미나 레저 또는 특별한 목적이 없는 사교활동은 하지 않는다. 다른 사람들이 볼 때 이들은 엄격하고 금욕적인 사람들이다. 이들은 또한 극도로 꼼꼼하고 원칙적이어서 타인에게는 지루하고, 좀스럽고, 고집스러운 사람으로 비쳐진다. 더욱이 이들은 아주 질서 있는 삶을 좋아해서 타인을 자신의 일상에 잘 받아들이지 않는다. 예를 들면, 로널드는 "잠자리에 들기 전에 항상 미리 정한 일들"을 한다.

(잠자리에 들기 전) 로널드는 코에 방취제를 뿌리고, 아스피린 두 알을 먹으며, 아파트를 깨끗이 정리하고, 윗몸일으키기를 35번 한 후, 사전 두 페이지를 읽는다. 침대시트는 아주 빳빳하게 펴져 있어야 하고, 침실 온도도 항상 일정해야 하며, 방은 조용해야 한다. 그와 밤을 보내러 온 여자가 그의 신성한 방과 일상을 어지럽히는 것이 싫어서, 로널드는 섹스를 한 후에는 그녀를 집으로 돌려보내거나 거실에서 재우려고 했다. 결국 어떤 여자도 이런 그를 오래 견디지 못했다.

강박성격장애가 대인관계 그리고 행복과 가족생활에 손상을 입힌다는 것은 매우 분명하다. 강박성격장애로 고통받는 사람은 또한 인색한 사람일 수 있고, 아무것도 버리지 못한 탓에 집이 꼼꼼히 정리

179

되어 있긴 하지만 쓸모없는 것으로 가득 찬 창고처럼 되기도 한다.

강박성격장애는 극히 고립적이며 괴로운 상태지만, 앞에서 논의한 성실성의 뇌 메커니즘이란 견지에서 쉽게 이해할 수 있다. 강박성격장애를 가진 사람은 자신이 설정한 규칙이나 계획을 추구하기 위해 충동적인 반응을 억제하는 전두엽 메커니즘이 너무 강해서 충동성이란 전혀 없다. 오직 규칙과 계획만 있으며, 이로 인해 타인이나 주변환경과의 진정한 상호작용이 불가능하다. 따라서 사회, 이성, 직업, 그리고 기타 영역에서 소중한 기회를 포착하지 못한다. 성실성 수치가 너무 높아서 문제인 것이다.

여성의 섭식장애, 거식증

여성의 경우, 성실성이 너무 높아 나타나는 증상으로 섭식장애가 있다. 신경성 거식증에 관한 연구에 따르면, 신경성 거식증에 걸린 사람의 신경성 수치가 높게 나왔다. 이는 당연한 것이다. 거의 모든 정신적 문제에서 신경성 수치는 항상 높게 나온다. 그러나 매우 높은 성실성을 나타내는 특징 중 하나인 완벽주의도 거식증의 한 특징이다. 더욱이, 거식증은 강박성격장애와 동시에 발병하는 경우가 많아, 거식증 환자들의 강박성격장애 수치가 높게 나오며 두 증상은 같은 유형으로 구분되는 경향이 있다. 따라서 거식증 환자의 경우, 서로 상호작용하면 특히 위험해지는 강박성격장애 증상이 함께 발생하는 것으로 보인다. 신경성 수치가 높은 젊은 여성은 자신의 몸매에 부정적이고 자부심이 낮은 경향이 있다. 따라서 그녀들은 음식에 충동적으로 반응하기보다 전두엽의 억제 메커니즘을 사용해 음식 섭취를 통제하려고 한다. 그리고 이 전두엽 통제 메커니즘이 아주 강력하면, 음식 통제를 너무 잘한 나머지 결국에는 굶어 죽기도 한다.

진화과정에서 높은 성실성은 당시 환경에 따라 저주가 되기도, 축복이 되기도 했다. 일반적으로, 매우 안정적이고 예측 가능한 환경에서는 그날 어떤 일을 하는 것이 가장 좋은지 미리 알 수 있기 때문에 높은 성실성이 자연선택된다. 성실성 수치가 높은 사람은 집중력이 강하고, 체계적이며, 산만하지 않기 때문에 그런 환경에 가장 적합하다. 반면에, 예측 불가능한 환경에서는 순간순간 주어진 상황에 즉각 충동적으로 반응할 수 있는 사람이 가장 적합하다. 이렇게 유연성이 필요한 시기에는 성실성 수치가 높은 사람이 불리하다. 일상의 변화를 싫어하고 그 변화에 잘 적응하지 못하기 때문이다. 환경이 예측 불가능하고 유동적일 때는, 주의력결핍 과잉행동장애 증상을 가진 사람같이 성실성 수치가 낮은 사람이 유리하다. 오늘날 넓은 스펙트럼의 성실성 수치가 존재한다는 것은, 과거에 인간이 경험한 자연선택에 일관성이 없었다는 것을 반증하는 것이다.

강박신경장애: 캐서린의 사례

내가 수집한 사례 중 강박신경장애가 가장 극단적인 경우들이 있다. 그러나 높은 성실성이 가진 혜택과 비용에 대해서는 그중 한 사례에서 잘 확인할 수 있다. 그 사례를 소개하면서 이번 장을 마치도록 하겠다. 부모가 모두 의사였던 캐서린은 스코틀랜드의 시골도시에서 자랐다. 그녀는 최우수 1, 2퍼센트에 속하는 높은 성적으로 고등학교를 졸업하고 스코틀랜드 최고 명문대학에 입학한 후 4년 만에 두 개의 학사학위를 받았다. 그녀는 그렇게 열심히 했다.

나는 일에 시달리고 싶은 마조히스트처럼 많은 일을 했어요…… 아르바이트 연구원, 조교, 시험 채점 아르바이트, 학위논문 쓰기, 그리고 대학과정 이수 등이 포함되지요…… 200시간의 자원봉사를 했고, 그 조직의 총무를 맡기도 했으며, 학생회에서도 일했어요.

왜 이렇게 놀라운 일들을 한 것일까? 이에 대해 캐서린은 다음과 같이 말했다.

내가 이렇게 일하고 공부한 것은 가만있질 못하는 약간의 조증 hypomanic 때문이었어요. 거의 항상 그랬죠. 나는 연구하고, 생각하고, 계획하고, 일하고, 계속 뭔가를 해야 했어요. 아무것도 안 하기가 어려웠죠…… 아무것도 안 하고 시간을 보낼라치면, 시간을 낭비하고 게으름뱅이가 된 느낌이었어요…… 중요한 일은 미루는 법이 없었고 중요하지 않은 일도 미루지 않았어요.

캐서린은 자신이 가장 싫어하는 것을 "아무것도 하지 않고 시간을 낭비하는 일"과 "통제하지 못하는 느낌"이라고 말했다. 그리고 자신의 삶을 "태평스럽거나 안이한 것이 아니라…… 진지하고 매우 타이트하며…… 성공해야 한다는 압박감을 느낀다"고 묘사했다. 이렇게 해서 그녀는 무척이나 '인상적인 이력'을 갖게 되었다. 그러나 그녀가 이런 인상적인 이력을 아무런 비용 없이 성취한 것은 아니다. 치료를 받으려 한 적은 결코 없었지만, 그녀는 학창시절에 거식증과 폭식증을 앓았다. 그리고 섭식이 지금도 문제가 되고 있다. 사회에서 알게 된 사람은 있지만 절친한 친구는 없고, 취미도 다소 고상하고 유익한 것만 추구한다. 지금껏 한 번도 로맨틱한 관계를 가진 적이 없는 것으로 보였고, 자신이 정한 규칙은 자신을 구속하는 엄격한 감독관이 되었다.

　나는 나의 삶의 철학을 가다듬고 그에 따라 움직이기 위해 많은 노력을 해요. 때로 나의 철학이 금하는 일을 하고 싶고, 옳은 일을 하기가 매우 어려울 때가 있어요.

대학 졸업 후 변호사가 되려는 원래의 계획이 잠시 수포로 돌아갔을 때, 캐서린은 약간 당황한 것 같았다. 극히 학문적이고 성실한 젊은이들 가운데 나타나는 전형적인 증상이다. 잦은 시험과 중간 중간 여러 목표를 추구해야 하는 고등학교와 대학교 시절, 학문적이고 성실한 젊은이들은 추구해야 할 일련의 목표를 갖게 된다. 그러나 대학 졸업 후 세상에 나오면 갑자기 그 다음 목표가 불분명해지고, 이때는 아주 혼란스러운 시기가 될 수 있다. 성실성이 낮은 학생은 이런 문제가 없다. 그들은 그냥 여행을 가거나, 친구들과 어울려 논다. 그러다 곧 무슨 일이든 하게 된다. 나는 캐서린이 다음 목표를 속히 찾기를 바란다. 목표 실종이라는 어려움 속에서도 캐서린은 낙관적인 말로 글을 맺었는데, 이는 그녀가 자각력이 있고 자기 성격의 위험성도 이해하고 있음을 보여준다.

옛날에는 일과 공부에만 너무 매달리고 오락과 쾌락의 가치는 무시했지요. 그러나 요즘엔 과거보다 균형감각을 갖게 되었고, 노는 것도 좋아하게 되었어요.

그녀에게 참으로 잘된 일이다.

사이코패스와 훌륭한 공감자

chapter 6

친화성과 공감능력

심리 실험: 침팬지와 사람의 공감능력

여러분이 심리학 실험실에서 투명 유리창이 앞에 붙은 책상에 앉아 있다고 해보자. 여러분은 배가 고픈 상태다. 그런데 맞은편에 여러분이 아는 어떤 남자가 여러분처럼 배고파 하며 책상에 앉아 있다. 여러분 앞에 두 개의 지레가 있는데, 첫 번째 지레를 당기면 여러분에게만 시원한 물과 음식이 든 접시가 오고, 두 번째 지레를 당기면 여러분과 상대편 남자 모두 음식 접시를 받는다. 이런 상황에서 하나의 지레만 당겨야 한다면, 어떤 지레를 당기겠는가?

답은 아주 명백하다. 두 번째 지레를 당기면 여러분은 첫 번째 지레와 똑같은 음식을 받을 뿐만 아니라, 추가 비용 없이 당신과 비슷한 곤경에 처한 사람을 도울 수 있다. 당연히 여러분은 두 번째 지레를 당길 것이고, 다른 압도적인 수의 많은 사람도 그렇게 할 것이다. 그렇게 하는 것이 자연스러운 것처럼 보인다. 그런데 그것이 누구를 위해 자연스러운 일인가? 재미있는 일은, 이와 똑같은 실험을 서로 다른 세 곳에서 잡아온 침팬지들을 대상으로 했는데, 인간과 달리 침팬지들은 건너편 침팬지에게 관심을 보이지 않았다. 침팬지들은 자신만을 위해 선택했고, 두 개의 지레가 똑같은 혜택을 주는 한, 침팬지들은 건너편 침팬지에게 어떤 혜택이 가든 전혀 개의치 않고 둘 중 아무 지레나 당겼다.

이 실험은 매우 주목할 만한 것이다. 왜냐하면 건너편에 있는 침팬지는 지레를 당기는 침팬지와 같은 서식지에 사는, 잘 아는 사이였기 때문이다. 이와 대조적으로 인간의 경우, 대부분은 건너편 책상에 앉아 있는 사람이 아는 사람이든 전혀 모르는 사람이든 간에 상호 호혜적인 지레를 택한다. 바로 이것이 친사회성pro-sociality 또는 초사회성ultra-sociality이라고 불리는 인간의 커다란 미스터리 중 하나다. 인간은 헌혈을 하고, 자선단체에 기부하며, 주운 지갑을 남에게 돌려주고, 모르는 사람에게 길을 알려준다. 다시는 오지 않을 것이 분명한 먼 타지의 레스토랑 테이블에 팁을 놓아두고 나오기도 한다. 우리가 이렇게 하는 이유는 무엇일까?

독재자 게임: 인간의 타인 존중 행동

인간의 상호 호혜성을 보다 심도 있게 연구할 수 있는 다양한 실험이 있다. 그중 하나가 '독재자 게임Dictator Game'이란 것이다. 이 게임에서 피실험자 A에게 일정한 돈, 예컨대 10달러를 주고 B와 마음대로 나눠 가지라고 한다. A와 B는 나눈 돈을 가질 수 있다. 협소한 자기이익이란 관점에서 보면 A는 가능한 한 적은 돈, 예컨대 1달러만

B에게 주고 나머지 9달러는 자기가 가질 것이다. 그런데 이런 일은 전혀 발생하지 않는다. 한번 돈을 나누면 물릴 수 없다는 것을 실제로 A와 B에게 사전 고지하고 A에게 돈을 주었을 때, 그리고 A가 B를 전혀 모르는 때에도 A 역할을 맡은 사람은 B에게 충분한 몫, 종종은 50퍼센트를 나누어 줬다. 다른 맥락에서 실험을 해도 똑같은 결과가 나왔다. 이런 행태를 합리적 선택으로 보는 경제학자들은 사람들이 이런 행태를 보이는 이유는 타인 존중 선호other-regarding preferences를 가지고 있기 때문이라고 가정한다. 타인 존중 선호란 A가 어떤 결과를 통해 얻는 효용이나 만족은, 부분적으로 B가 얻는 효용이나 만족에 달려 있다는 것을 의미한다.

타인 존중 선호가 널리 퍼져 있는 현상이긴 하지만 이는 매우 당혹스러운 인간 심리 중 하나다. 다윈주의 관점에서 볼 때, 상당히 특별한 어떤 일은 널리 유행되어야만 진화한다. 번식에 성공한 경우만 자연선택되는 것이기 때문에 자연선택은 당연히 경쟁자의 이익이 아니라 자신의 이익을 좇는 심리를 만들어낸다(이것의 예외는 가까운 친척의 경우다. 피를 나눈 친척끼리는 상호 호혜적인 행동을 많이 한다. 그런데 앞서 언급한 실험용 침팬지의 경우, 그 일부가 서로 친형제나 이복형제였음에도 불구하고, 침팬지들은 형제들에게조차 타인 존중 선호를 보이지 않았다).

인간이 타인 존중 선호를 가지고 있는 이유를 설명하기 위해서는 현상적인 이유와 근본적인 이유를 구별해야 한다. 근본적인 이유란, 다른 포유류나 다른 동물이 아니라 인간 가운데 타인 존중 선호를 가진 사람이 자연선택된 이유가 무엇이냐는 것이다. 이에 대해서는 이번 장 후반부에서 다시 살펴볼 것이다. 근본적인 이유가 무엇이든 간에, 현상적인 이유는 무엇인가 하는 문제, 즉 어떤 심리작용으로 인해 인간이 타인 존중 행위를 하는가 하는 문제이다. 이에 대한 답은 꽤 분명한데, 현상적인 이유의 관점에서 타인 존중 행위는 '마음이론theory of mind'◆이라는 광범위한 정신 메커니즘과 관련되어 있다. 마음이론을 통해 우리는 다른 사람의 정신상태(마음상태)를 표현할 수 있다. 마음이론을 통해 우리는 건너편 책상에 앉아 있는 사람이 허기를 '느끼고' 음식을 '원하며' 우리가 그에게 음식을 줄 것이라고 '믿는다'는 것을 인식할 수 있다. 지레 실험에서 침팬지들이 다른 침팬지에게 항상 음식을 주지 않는 지레를 택한 것은 아니었다. 침팬지들은 건너편 침팬지에게 돌아갈 결과를 전혀 개의치 않고 아무 지레나 택했다. 침팬지들은 건너편 침팬지의 욕망에 대해서는 전혀 생각지 않았던 것인데, 이는 침팬지의 마음이론 작용이 아주 초보적인 수준에 머물러 있기 때문이다.

공감능력의 개인차

인간의 '마음이론'에는 두 개의 서로 관련된 작용인 '마음읽기mentalizing'와 '공감하기empathizing'가 있다. 마음읽기는 다른 사람의 믿음이나 욕망 같은 마음상태를 읽는 것이다. 마음읽기는 선천적인 것이 아니다. 마음읽기가 선천적이 아니라는 것은 두 개의 꼭두각시 인형을 사용한 한 고전적인 실험으로 설명할 수 있다. 첫째 꼭두각시 인형 샐리는 양동이에 대리석 한 조각을 담아놓고 사라진다. 샐리가 사라진 사이 두 번째 꼭두각시 인형 앤이 양동이에 있는 대리

190

석을 상자로 옮긴다. 그리고 샐리가 돌아온다. 이를 본 실험 참가자들에게 "샐리가 대리석을 찾기 위해 어디로 갈 거 같니?" 하고 질문했다.

이 질문에 대해 4세 미만의 아이들은 아주 거리낌 없이 샐리가 상자에서 대리석을 찾을 거라고 답했다. 왜 그랬을까? 앤이 대리석을 상자에 넣었기 때문이다. 그런데 4세 이상의 아이들은 샐리가 양동이에서 대리석을 찾을 거라고 답했다. 4세 이상의 아이들은 자신이 아는 사실(대리석이 상자에 있다)과 샐리의 마음상태(대리석이 양동이에 있다)를 구별했기 때문이다. 이 실험을 통해 볼 때, 마음읽기가 선천적인 것이 아님을 알 수 있다.

사이먼 배런-코헨Simon Baron-Cohen과 동료들은 자폐증 환자는 이런 식의 마음읽기를 매우 힘들어한다는 걸 증명해 보여주었다. 자폐증 환자는 다른 형태의 인식실험에는 비교적 덜 힘들어하지만 다른 사람의 마음상태를 표현하는 데 늘 어려움을 겪는다. 보다 최근에는 '정상적인' 성인들 간에도 마음읽기 능력에 다양한 차이가 있다는 것이 밝혀졌다. 이를 증명하기 위해서는 정상인이라면 쉽게 통과할 샐리와 앤 실험보다 훨씬 어려운 실험과제가 필요한데, 이런 실험은 무척 다양하다. 그중 하나는 피터 킨더먼Peter Kinderman과 그의 동료들이 개발하고, 후에 제임스 스틸러James Stiller와 로빈 던바Robin Dunbar가 발전시킨 실험이다. 이 실험 참가자들은 여러 명의 등장인

◆ 여기서 나는 편의상 '마음이론'이란 용어만 사용한다. 마음이론에는 '마음읽기'와 '공감하기'의 의미가 내포되어 있다. 여러 문헌에서는 마음이론을 다양하게 사용한다. 어떤 저자들은 마음이론을 비감정적 정신작용에 국한해 사용하기도 하고, 어떤 저자들은 감정적, 비감정적 정신작용에 모두 적용해 사용하기도 한다.

물이 출연하는 다소 복잡한 이야기를 듣고 질문에 답해야 한다. 일부 질문은 참가자들의 주의를 환기하고 질문의 기준을 제시하기 위해 그 이야기 속 사건의 사실관계에 대해 묻는 것이지만, 나머지 질문은 이야기 속 등장인물들에 대한 어려운 마음읽기 문제다. 실험자들은 마음읽기가 연속적으로 포개질 수 있다는 사실을 이용했다. 그래서 피실험자는 등장인물 A의 마음뿐만 아니라 등장인물 B의 마음에 대한 A의 마음, 또 등장인물 C의 마음에 대한 B의 마음에 대한 A의 마음을 읽어야 했다.

이런 실험과제를 사용한 연구에 따르면, 대부분의 사람들은 약 4명까지 등장인물들의 포개진 마음을 편하게 읽었다. 그래서 다음과 같은 문장이 옳은지 그른지 알 수 있었다.

'에드워드가 제니와 결혼하기를 원한다'는 수전의 생각을 짐이 믿기를 톰은 바랐다.

그런데 이 정도 수준 이상으로 가면 마음읽기가 아주 어려워진다. 예컨대 다음과 같은 경우다.

수전이 원하는 것을 존이 안다고 쉬일라가 믿는지 아닌지를 페니가 알아내기를 톰이 원했다고 페니가 생각했다고 존은 믿었다.

그러나 어떤 피실험자들은 다른 사람보다 이런 과제를 훨씬 잘 풀었다. 따라서 마음읽기에는 다양한 개인차가 있는 것으로 보인다.

예를 들면, 이런 과제를 잘 푼 사람은 잘 못 푼 사람보다 친구관계가 훨씬 넓었다. 베스 리들Beth Liddle은 초등학생에 맞는 실험과제를 고안해 마음읽기를 잘하는 아이가 친구들과도 잘 어울린다는 것을 보여주었다. 곧, 마음읽기 능력에는 개인차가 있으며, 마음읽기 능력의 차이가 행동에도 영향을 미친다고 할 수 있다.

마음이론의 또 다른 부분은 '공감하기'다. 공감하기도 역시 타인의 마음상태를 읽는 것이지만, 그중 특히 타인의 감정을 느끼는 경우다. 타인의 감정에 공감함으로써 우리는 또한 타인의 감정으로부터 영향을 받는다. 공감하기란 '그 사람 참 끔찍했을 거야'라는 식의 반응이다. 뇌촬영을 통해 얻은 증거에 따르면, 공감하기는 마음읽기에 관여하는 뇌 영역 일부, 그리고 관련된 감정을 느끼는 데 직접적으로 관여하는 뇌 영역을 사용한다. 따라서 마음읽기와 공감하기는 서로 분명히 중첩되는 작용이다. 그러나 후에 보겠지만, 성격에 따라 둘 중 어느 한쪽이 다른 쪽보다 더 크게 작용하기도 한다.

친화성이 높은 사람과 낮은 사람의 차이

마음이론이 친사회적 행동의 기초가 되는 심리작용이고, 마음이론 능력이 사람들 간에 차이가 있다면, 사람들의 친사회성에도 차이가 있어야 한다. 우리는 경험을 통해 이런 차이를 확인할 수 있다. 어떤 사람은 항상 다른 사람이 필요로 하는 것이 뭔지 생각하면서 다른 사람에게 친절을 베푼다. 반면, 어떤 사람은 주변 사람의 필요와 욕망에 관심을 기울이지 않고 자신의 이익만 추구한다. 이와 마찬가지로, 독재자 게임 같은 실험에서 모든 사람이 같은 행동을 보이는 것은 아니다.

5대 성격특성 모델은 사람들의 자기평가 자료를 통해 이른바 친화성Agreeableness이라는 성격특성을 확인했다. 친화성 수치가 높은 사람은 협조적이고, 사람을 잘 믿고, 타인의 감정을 잘 이해하는 반면, 친화성 수치가 낮은 사람은 차갑고, 적대적이며, 온순하지 않다. 높은 친화성이 높은 친사회성과 관련 있는 것은 분명하지만, 이상하게도 친화성과 마음이론 간의 관계를 밝힌 사람은 최근까지 아무도 없었다. 그래서 나는 이 둘 간의 상관관계를 연구해보기로 했다. 첫 번째 실마리는 공감지수empathy quotient가 친화성과 상관관계가 매우 높다는 사실로 볼 때, 친화성과 친사회성 간에도 상관관계가 있을 수 있다는 것이었다. 공감지수는 마음이론의 개인차를 평가하기 위해 사이먼 배런-코헨과 동료들이 개발한 것이다. 그러나 공감지수는 친화성과 마찬가지로 설문지를 통해 피설문자들이 스스로 보고한 점수다. 따라서 자체평가에 크게 의존하지 않는 마음이론 능력 점수와 친화성 간의 관계를 보여주는 것이 더 설득력 있을 것이다. 그래서 베스 리들과 나는 킨더먼-스틸러의 이야기 실험과제를 5대 성격특성 설문지에 응한 60명의 학생들에게 실시해보기로 했다. 그 결과, 우리는 친화성 점수와 마음이론 능력점수 간에 0.5라는 상당한 상관관계가 있음을 발견했다. 완전한 상관관계는 아니지만, 이 둘 간의 관계는 단순한 우연 이상이라는 것을 보여주었다. 공감지수는 친화성과 높은 상관관계를 가진 것이다.

친화성 수치가 높다는 것은 타인의 마음상태에 관심을 갖는 경향이 강하고, 이를 행동에 옮긴다는 것을 의미한다. 최근의 독창적인 연구에 따르면, 친화성 수치를 가지고 사람들이 컴퓨터 화면에 제시된 단어를 처리하는 데 쓰는 시간을 예측할 수 있었다. 즉 친화성이 높은 사람들은 '유괴하다' '구타하다' '괴롭히다'와 같은 단어보다 '돌보다' '위로하다' '돕다' 같은 단어를 처리하는 데 더 많은 시간을 썼다. 친화성은 친사회적이고, 따뜻하며, 사람을 잘 믿는 행동을 낳고, 친화성이 높은 사람은 다른 사람을 더 많이 돕고, 조화로운 인간관계를 가지며, 선행을 즐기고, 사람들과 싸우거나 부딪히는 일이 상대적으로 거의 없다. 친화성이 높은 사람은 쉽게 용서하며, 실제 비난받아 마땅한 사람에게도 화를 잘 내지 않는다.

친화성이 높은 사람: 마리아의 사례

친화성 수치가 매우 높은 마리아의 경우를 보자. 마리아는 플로리다의 한 대학에서 중남미학과 조교수로 재직 중이다. 그녀는 매우 유능한 젊은 학자였지만, 그녀의 이야기는 학자로서 그녀의 능력보다 그녀의 인간관계에 대해 더 많은 것을 말해주고 있다. 마리아는 그녀가 자신의 학과에서 새롭게 떠오르는 스타라고 밝히며 다음과 같이 말했다.

나의 인간관계는 결혼생활, 가족관계, 친척관계, 대학 동료들과의 관계, 그리고 오랫동안 사귄 친구들과의 관계 모두 좋아요. 이들의 애정과 우정에 깊이 감사하죠.

마리아의 연구실에는 많은 사람이 찾아오고 시끄럽다. 대부분의 학자들은 이렇게 어수선한 것을 싫어한다. 그러나 마리아는 "동료들이 찾아오고 그들과 함께하는 것이 너무 좋아요"라고 말하며, 집에서 일하면 더 많은 일을 하겠지만 바로 이런 이유 때문에 학교에서 일한다고 했다. 그녀가 거의 매일 만나는 가족과 그녀의 행복한 결혼생활을 포함해 마리아의 인간관계가 매우 좋았음에도 불구하고, 마리아는 "연구에 매진하느라…… 사랑하는 사람들을 다소 경시했어요"라고 느끼고 있었다. 따라서 그녀는 "연구를 계속 열심히 하겠지만, 내가 사랑하는 사람과 사랑하는 것들을 멀리하지 않는 한도 내에서만 그렇게 할 거예요"라고 결심했다. 타인과의 관계를 위해 자신의 성취를 양보하는 이런 행동에 대해서는 뒤에 다시 살펴볼 것이다.

이런 인간관계와 학문 외에도 마리아는 "도덕적으로 나에게 기쁨을 주는 약간의 활동"을 하고 있는데, 시내의 히스패닉계 이민자를 위한 자원봉사와 헌혈이 그것이다. 내가 보기에 이런 도덕적 기쁨이 높은 친화성을 잘 보여주는 전형이다. 친화성 수치가 높았던 나의 연구대상자 중 많은 사람이 카운슬러나 사회복지사였고, 타인을 위해 자원봉사활동을 하는 사람도 많았다.

관계지향성과 도덕적 기쁨이 높은 친화성의 특징이라면, 낮은 친화성의 특징은 무엇일까? 친화성이 낮은 사람은 타인을 믿거나 돕는 경향이 적고, 냉정하거나 적대적인 경향이 많으며, 인간관계가 별로 조화롭지 못하고, '위로' 같은 상호주의적이고 협력적인 단어보다는 '공격' 같은 성취 지향적이고 경쟁적인 단어를 처리하는 데 더 많은 시간을 사용한다. 마음읽기와 공감하기 같은 마음이론 작용이 적으면 타인을 불신한다. 결국, 타인의 마음을 정확히 알지 못하는 사람은 타인을 적대적으로 본다.

친화성이 낮은 사람: 잭의 사례

나의 연구대상자들 가운데 위의 경향을 드러내는 사례가 하나 있다. 이 사람에 대해 자세한 이력은 소개하지 않겠지만, 잭이라 칭하고 잭의 경우를 마리아와 비교해보는 것이 도움이 될 것이다. 마리아의 가족관계가 아주 밀접하고 끈끈한 데 반해, 잭은 어린 시절 "가족에 대한 회의로 고통을 받았다"고 말했다. 그는 부모를 "자식을 낳을 자격은 물론, 자식을 기를 자격도 없는 두 명의 매우 무책임한 바보"라고 묘사했다. 잭의 아버지는 "줏대 없고 질투심만 많은 어른 아이"였으며, 어머니는 "게으르고, 허약하며, 바보 같고…… 이기적이며, 유아적일뿐더러 식언을 일삼는 사람…… 내가 보기에 여하한 착하거나 믿을 만하다고는 생각할 수 없는 사람"이었다. 잭의 사례에서 객관적인 사실이 무엇이든 간에, 친화성이 낮은 사람이 타인을 매우 적대적으로 평가하는 것만은 분명했다.

마리아가 타인의 운명을 개선하는 일을 하면서 도덕적 기쁨을 느끼는 반면, 잭은 자신의 성취에만 초점을 맞췄다. 그는 "나는 미래에 큰일을 할 것이다. 혁명적인 새로운 아이디어를 개발할 것이고, 그러면 전 인류가 나를 경외의 눈으로 볼 것이다"라고 말하고 있다. 다른 사람들이 자신의 이런 비전을 이기적인 것으로 본다는 사실에 대해, 잭은 다음과 같이 단호히 말했다.

나의 생각을 이기적으로 보는 것은 저급한 지성을 가진 사람들이 나의 자부심을 깨뜨리려는 짓에 불과하다. 사람들은 서로 동등하지 않은데 왜 우리는 항상 이타주의적 관념에 휘둘려야 하는가? 나에게 '언제나' 가장 중요한 일은 내가 다른 모든 사람보다 더 중요하다고 느끼는 것이다…… 생존이란 그런 것 아닌가?

이런 잭의 말에서 재미있는 것은 그가 타인 존중 선호를 별로 보이지 않고 있다는 것이다. 논리적으로는 잭의 말이 옳다. 다원주의적 관점에서 볼 때, 다른 사람보다 자신(그리고 아마도 자기 자식)의 복지를 앞세우는 것이 사람들의 최고 관심사다. 그러나 인간이 바로 그런 존재라는 것을 감안하면, 자신의 이익을 앞세우는 가치를 그렇게 대담하게 표현하는 일도 드문 일이다. 잭은 또 "나는 사람을 돕는 데 관심이 없다. 나는 인류의 고통에 관심을 갖는 박애주의적 사랑도 느끼지 못한다"고 말했다. 잭의 생각과 마리아의 도덕적 기쁨은 친화성 스펙트럼의 정반대편 끝에 위치하고 있다.

이 스펙트럼에서 가장 극단적으로 낮은 친화성을 보이는 사람이 바로 사이코패스psychopath다. 사이코패스는 완전히 자기중심적이며, 죄책감이 없고, 부정직하며, 사랑할 줄 모르고, 타인을 자신의 목적을 위해서만 이용하는 사람이다. 나는 잭이 사이코패스라고 주장하지는 않는다. 잭은 그렇게 극단적이진 않았다. 사이코패스 성향은 사이코패스거나 아니거나 한 '모 아니면 도all-or-nothing' 현상은 아니다. 다른 심리적 성격과 마찬가지로 사이코패스 성향에도 정도의 차이가 있다. 그럼에도 불구하고 사이코패스 성향은 친화성 스펙트럼

에서 친화성이 가장 낮은 쪽에 몰려 있다.◆

사이코패스의 심리적 기원

악명 높은 범죄자 중 많은 사람이 사이코패스다. 사이코패스는 재
물, 명성, 만족을 얻기 위해 사람들을 사취하고, 속이며, 기만한다.
이들은 또한 현저한 공격성을 보인다. 물론 모든 공격성이 사이코패
스의 특징은 아니다. 신경성이 높은 사람도 어떤 상황에서는 충동적
으로 공격적이 될 수 있다. 우리가 살펴본 것처럼, 이런 사람은 매우
활성화된 부정적인 감정시스템을 가진 사람이며, 활성화된 부정적
인 감정시스템 때문에 위협으로 인식되는 것에 매우 강력하게 반응
한다. 높은 신경성에서 보이는 공격성은 언제나 인지된 위협이나 도
전에 대한 반응의 형태를 띠고, 그런 행동을 한 후 패닉상태가 가라
앉으면 후회와 죄책감을 느낀다. 그러나 사이코패스는 목표대상으
로부터의 도발이 없어도 자신의 목적을 달성하기 위해 치밀한 계획
에 따라 공격성을 도구로 사용하고, 그후에는 아무런 죄책감도 느끼
지 않는다.

　친화성이 극히 낮다고 해서 모두 도덕적으로 나쁘거나 적대적인
사람은 아니다. 사이코패스 성향은 복잡한 은하계와 같다. 그 핵심
은 공감의 부족이며, 이는 친화성이 극히 낮은 것이다. 그런데 사이

◆ 사이코패스는 현대 정신의학 진단 매뉴얼에는 포함되어 있지 않다. 사이코패스와 가장 가까운 것이 반사회적
성격장애지만, 이 둘은 명백히 다르다. 반사회적 성격장애는 이면의 심리적 특성보다는 반사회적 행동과 관련
되어 있다. 감옥에 수감된 사람의 80퍼센트 정도가 반사회적 성격장애가 있는 것으로 추산된다(Hart and
Hare, 1996). 그러나 사람들이 반사회적 행동을 하는 이유와 원인은 저마다 다르며, 사이코패스가 원인이 되
는 반사회적 행동은 그중 극히 일부에 불과하다. 반사회적 이상성격자 즉, 소시오패스sociopath가 사이코패스
와 유사한 의미로 사용되는 경우도 있다. 자아도취적 성격장애narcissistic personality disorder도 낮은 친화
성의 특징인 자기중심주의와 공감 부족 같은 특징을 보인다.

코패스 범죄자들은 친화성이 매우 낮고 동시에 성실성도 매우 낮다. 사이코패스 범죄자들은 사려와 통제력이 모두 부족한 것이다. 또, 사이코패스 범죄자들은 불안을 느끼는 경우가 적다. 그래서 두려움 없이 자신의 (범죄) 계획을 추진한다. 비도덕적 또는 반사회적인 행동을 억제하는 데는 세 가지 심리가 작용한다. 하나는 타인에 대한 공감인데, 이것이 가장 중요하다. 둘째는 사려다. 즉각 반응하는 대신 그 행동 결과를 미리 숙고(사려)해보면, 즉각적인 반응을 통해 얻게 될 보상을 버리고 후에 더 큰 보상을 취하는 것이 장기적으로 더 좋다는 것을 깨닫는 경우가 많다. 셋째는 공포다. 우리가 다른 누군가를 속이고 기만하면, 그들은 우리를 찾아내어 징벌할 것이다. 그런 징벌에 대한 공포 때문에 우리는 비도덕적 또는 반사회적 행동을 억제한다.

이 세 가지 심리적 구속은 각각 친화성, 성실성, 신경성과 관련된다. 친화성이 낮은 사람은 공감이 부족하다. 그러나 사려나 공포가 있으면 반사회적 행동을 억제할 수 있다. 성실성이 낮은 사람은 사려가 부족하지만, 공감과 공포가 있으면 반사회적 행동을 억제하게 된다. 또 신경성이 낮은 사람은 두려움이 없어도 공감과 사려가 있으면 반사회적 행동을 억누른다. 이런 삼각시스템은 친사회적 행동에 유리하게 작용할 가능성이 높다. 이 세 가지 심리적 구속 모두가 없는 경우, 즉 친화성, 성실성, 신경성이 모두 매우 낮을 경우에만 심각하고, 냉혹하며, 잔인한 사이코패스적 행동이 나온다. 이 세 가지 심리적 구속 중 하나에 구속되지 않는 사람이 50명 중 한 명꼴이라 해도, 5대 성격특성의 수치가 각각 독립적이라는 것을 감안하면,

125,000명 중 한 명만이 사이코패스 성향을 보이게 된다. 이처럼 사이코패스는 극히 드문 현상인데, 이는 일상적인 경험과도 맞아떨어진다. 한 사람이 다른 사람에게서 고문당하고 잔인하게 학대당하는 사건(사이코패스의 범죄 사례)이 언론에 대서특필되는 이유는 이런 사례가 아주 드물고 일탈적인 현상이기 때문이다.

친화성이 낮은 사람: 데이비드의 사례

내가 강조하고 싶은 것은, 낮은 친화성이 항상 적대성과 관련 있지는 않다는 것이다. 내가 연구한 사례들에서 친화성 수치가 낮았음에도 불구하고 훌륭한 시민으로 살고 있는 사람이 많았기 때문이다. 3장에서 우리는 외향성 수치가 낮아 직업적 야망과 물질적 성공에 상대적으로 관심이 적은 메릴랜드 출신의 생화학 연구원 데이비드의 사례를 살펴본 바 있다. 데이비드는 친화성도 낮았다. 그럼에도 불구하고, 그는 착실한 남편이자 아버지였으며, 능력 있는 선생이자 동료였다. 그러나 데이비드는 다른 사람들에 대한 그의 태도를 아주 솔직하게 말했다. 그는 인생에 관심이 있고, 철학과 과학과 시골마을을 즐긴다. 그는 "조용하고 맑은 날 아침, 꽃과 벌레와 새와 짐승, 그리고 모든 자연을 관찰하는 것이 나에게는 천국과 같습니다"라고 말했다. 그러나 그는 사람에게는 정말 관심이 없었고, 그의 대인관계가 "다소 제한적"이라고 묘사했다. 그리고 다음과 같이 말했다.

◆ 반사회적 행동의 구속 요인으로서 친화성, 성실성, 신경성의 경우, 여기서 나는 신경성의 역할을 단순화했다. 여러 연구에 따르면, 반사회적인 사람은 신경성 수치가 매우 낮거나(자신의 행동 결과를 두려워하지 않는 고전적인 사이코패스 범죄자), 평균보다 높기도 했다(부정적인 감정을 너무 많이 경험한 사람). 따라서 반사회성을 억제할 수 있는 최적의 심리상태는 평균 수준의 신경성이라고 할 수 있다.

201

사람과 어울리는 시간이 지루해요. 차라리 혼자 있고 싶어요. 혼자 있으면서 생각이 흘러가는 대로 이것저것 자유롭게 생각하고 싶어요.

데이비드는 "타인에 대한 관심 부족 때문에 인간사회에서 잘 살아 갈 수 있는 기회가 제한된다"는 것을 인정하면서도, "타인에 대한 관심을 제고하고 싶은 마음이 없다"고 말했다. 누구에게도 피해를 주지 않는데 꼭 그럴 필요가 있느냐는 것이다. 그가 경험한 인간관계에 대한 다음 글도 흥미롭다.

대체로 나는 불필요하게 복잡한 일에 연루되는 걸 싫어합니다. 그런데 인간관계는 종종 불필요하게 복잡해요. 인간관계에는 지위를 두고 서로 경쟁하는 행동과 동기들로 가득 숨겨져 있어요. 나는 그런 게 싫고 그런 경쟁에 참여하고 싶지 않아요.

인간의 상호작용이 지위 경쟁에 다름 아니라는 데이비드의 생각을 부인하진 않겠다. 내가 흥미를 느끼는 것은 대화와 같은 인간관계에 뭔가가 '숨겨져 있다'는 데이비드의 생각이다. 대화를 하면서 상대방의 말 이면에 있는 마음상태를 해석하는 데 관심이 없는 사람은 대화에 뭔가 숨겨져 있다고 느낄 수 있다. 이런 사람에게 대화는 복잡하고 불투명한 일이다.

친화성 높은 사람이 공감능력도 높다

여기서 우리는 자폐증 문제를 살펴보지 않을 수 없다. 자폐증을 (공감능력 같은) 마음이론에 문제가 있는 상태로 볼 수 있다. 그렇다면 자폐증과 사이코패스 사이에 어떤 근본적인 유사점이 있단 말인가? 자폐증이 있는 사람은 사회관계를 형성하거나 사람들과 관계하는 데 어려움이 있기에 문제가 있지만, 그 성격은 사이코패스와는 다소 다르다. 여기서 마음이론의 두 요소인 마음읽기와 공감하기를 구분 하는 것이 유용하다. 자폐증이 있는 사람은 타인의 마음을 읽는 데 어려움을 겪는다. 그러나 다른 사람이 곤경에 처한 것을 보면 상대 적으로 정상적인 심리로 반응한다. 즉, 자폐증이 있는 사람은 마음 읽기에는 어려움이 있지만, 타인의 고통은 공감한다. 그러나 사이코 패스는 타인의 마음을 읽는 데 상당히 능숙하다. 그래서 사람들을 잘 속이고 기만한다. 그런데 사이코패스는 이런 마음읽기를 감정시 스템과 연결시키지 못한다. 사이코패스는 타인의 감정을 공감하지 못하고 마음을 읽는다. 따라서 필요할 때 타인의 마음을 읽을 수는 있지만, 자신의 행동을 결정함에 있어서는 타인의 마음상태를 전혀 고려하지 않는다.

우리는 아직 마음읽기와 공감하기가 어떻게 다른지 완전히 구별 하진 못하고 있다. 두 심리작용이 중첩된 뇌 영역에서 이루어지고 있고, 많은 마음이론 과제가 두 심리작용에 모두 의존하고 있기 때 문이다. 그런데 친화성은 마음읽기보다 공감하기와 더 밀접한 관련 이 있는 것으로 보인다. 즉, 친화성이 낮다는 것은 자폐증처럼 타인 의 마음을 읽을 '능력이 없는 것'이 아니라, 읽어낸 타인의 마음에 대해 별로 '개의치 않는다는 것'을 의미한다. 이는 베스 리들과 내가 발견한 연구결과와도 맞아떨어진다. 리들과 나는 친화성과 이야기

203

과제의 점수는 서로 비례하지만 '눈으로 마음읽기'라는 또 다른 마음이론 과제의 점수와는 비례하지 않는다는 것을 발견했다. 피실험자가 간접적으로 이야기를 듣고 이야기의 어떤 부분에 관심을 가졌고 기억하고 있는지 답해야 하는 이야기 과제에서 친화성이 낮은 사람의 점수가 상대적으로 낮았다(비례). 그러나 피실험자에게 그저 상대방을 보고 직접 그의 마음을 읽을 것을 요구하는 '눈으로 마음읽기' 과제에서는 친화성이 낮은 피실험자의 점수가 상대적으로 높았다(반비례).

타인 존중 심리의 근원

친화성이 높은 사람이 조화로운 인간관계를 유지하고 사회에 봉사한다면, 친화성이 높은 것이 정녕 좋은 것일까? 이에 대한 답은 '좋다'의 의미를 어떻게 보느냐에 따라 달라진다. 도덕적으로 보면, 친화성이 높다는 것은 분명 좋은 일이다. 친화성이 높은 사람은 타인 존중 선호를 갖고 그에 따라 행동하기 때문이다. 그러나 삶을 살아간다는 견지에서 볼 때, 친화성이 높은 것이 한 사람에게 언제나 정말 '좋은' 것인지는 그렇게 확실치 않다. 다른 성격특성과 마찬가지로, 다윈주의적인 생존과 번식능력의 견지에서 볼 때 친화성이 높은 것은 좋을 수도, 나쁠 수도 있다.

궁극적으로 자연선택은 경쟁자보다 자신의 물질적, 생식(생존과 번식)적 이익을 추구하는 행동에 유리한 보상을 준다. 그러나 정상적인 상황에서 자신이 아니라 자기가 속한 종이나 집단의 이익을 추구하는 행동엔 불리한 보상을 준다. 이런 행동은 상대적으로 자신의 이익을 훼손하는 행위이기 때문이다. 친화성이 높다는 것—자신의 이익뿐 아니라 타인의 이익도 고려한다는 것—은 진화의 관점에서 볼 때 하나의 일탈현상이다. 바로 이것이 침팬지들이 다른 침팬지들의 복지에 관심을 갖지 않는 이유다.

그런데 다윈주의적 관점에서 볼 때 분명한 일탈현상인 친사회성이 왜 인간사회에 존재하는 것일까? 이에 대한 완전한 설명은 아직까지 나오지 않았다. 그러나 우리 조상들이 서로 어울리는 데 따른 혜택은 많지만, 추방당하는 데 따른 비용은 매우 큰, 그런 조그맣고 항구적인 사회집단에서 서로 협동하며 살았기 때문이라는 설명이 가능하다. 이런 상황에서는 좋은 집단 구성원이어야 하고 어떻게 해서든 반사회적이라는 낙인이 찍히지 않아야 보상을 받는다. 즉 이런 상황은 '타인의 이익'을 돌보는 것이 '자신의 이익'에 도움이 되는 그런 특이한 상황이다. 타인의 이익을 돌볼 때 자신은 소중하고 중요한 집단 구성원으로 간주되며, 그렇게 되면 자신에게 이익이 돌아오기 때문이다. 더욱이 인간에게는 언어가 있기 때문에, 만약 내가 별 도움이 되지 않는 존재라면, 사람들은 가십을 통해 나에 대한 나쁜 정보를 공유하게 된다. 그런 식으로 나에 대한 나쁜 정보가 퍼져나가면, 나와 어떤 한 개인과의 관계뿐만 아니라, 나와 공동체 전체와의 관계도 치명적인 타격을 입는다. 바로 이것이 사람들이 타인 존중 행동을 하는 이유다.

알맞은 친화성 수치는?

그렇다면 최적의 타인 존중 행위는 어떤 것일까? 타인 존중 행위에도 약한 타인 존중(가령, 내 이익 80퍼센트, 타인의 이익 20퍼센트를 추구하는 것)에서 강한 타인 존중(내 이익 20퍼센트, 타인의 이익 80퍼센트)까지 연속적인 스펙트럼이 존재한다. 친화성은 사람이 어느 정도 타인 존중적인지 보여주는 지표다. 사이코패스처럼 친화성이 낮은 사람은 타인의 이익을 거의, 또는 전혀 고려하지 않고, 마리아같이 친화성이 높은 사람은 타인의 이익에 큰 비중을 둔다. 우리 조상들의 경우, 친화성 수치가 이론상 가장 높은 경우는 자연선택되지 않았다. 친화성 수치가 이론상 가장 높은 경우는 타인의 이익만 중시하고(타인의 이익 100퍼센트) 자신의 이익은 전혀 돌보지 않는(자신의 이익 0퍼센트) 경우다. 이런 사람을 곁에 두면 그야말로 환상적일 것이다. 그러나 이런 사람은 음식이 부족할 때 다른 사람이 모두 배를 채우기 전에는 결코 먹지 않을 것이기 때문에 자손을 남기지 못한다. 현대에 관찰할 수 있는 이와 가장 유사한 현상이 이른바 '의존성 성격장애dependent personality disorder'다. 의존성 성격장애는 매우 드문 증상으로, 타인의 욕망을 충족시키기 위해 자신의 필요, 가치, 선택, 기쁨, 목표를 전적으로 희생할 정도의 높은 친화성을 특징으로 한다. 이와 반대편 극단에 있는 친사회성이 전혀 없는 사람도 자손을 남길 가능성이 극히 작다. 사회에서 추방당하거나 사람들로부터 왕따 당할 것이기 때문이다. 따라서 자연선택은 중간 정도의 친화성을 가진 사람에게 유리했다.

그럼에도 불구하고 친화성에는 여전히 다양한 차이가 존재한다. 이는 타인 존중 대 자기 존중의 적정 비율이 현지 사회마다 조금씩 다르기 때문이다. 연어잡이 댐을 건설해야만 단백질을 얻을 수 있는 환경, 많은 사람이 그 댐을 건설하고 유지하는 데 협력해야 하는 환경에서는 협동을 잘하는 것이 보상을 받는 길이다. 반면에, 혼자 사냥할 수 있는 작은 사냥감이 많은 곳에서는 개인주의자가 유리하다. 그런데 인간의 생활수단과 사회적 환경은 변화를 거듭했기 때문에 이에 따라 자연선택되는 친화성의 정도도 달랐을 것이다.

친사회적인 사람과 반사회적인 사람의 진화 모델

친화성의 정도에 따라 받게 되는 보상이 끊임없이 변하는, 보다 구체적인 이유는 빈도의존성frequency-dependency 때문이다. 2장에서 살펴본 것처럼 빈도의존성이란, 빈도가 낮을수록 더 높은 보상을 받고 빈도가 높을수록 낮은 보상을 받는 현상을 말한다. 진화이론가들이 협동행위의 진화과정을 모델화해서 얻은 결론은, 이런 빈도의존성으로 인해 동일 집단 내에 협동과 비협동이 공존하는 일종의 혼합평형상태mixed equilibrium가 나타났다는 것이다. 왜 혼합평형이 나타나는지 알아보기 위해 다음 사례를 살펴보자.

우리 조상이 어떤 자원을 놓고 다른 사람과 분쟁이 발생했을 때 싸울 수도, 물러날 수도 있는 환경에서 살고 있다고 가정해보자. 그런데 이들 집단이 처음 시작될 때는 항상 양보하는 사람들만 있었다고 해보자. 이런 집단에서 항상 싸우는 호전적인 사람이 나타나면 그는 큰 이득을 본다. 모든 사람이 그의 위협에 즉각 양보할 것이기 때문이다. 결과적으로 이 집단에서는 착한 사람들의 희생을 바탕으로 호전적인 사람의 생존과 번식능력이 높아지고 그의 자손이 번성하게 된다. 그러나 호전적인 사람의 자손이 점점 증가하면, 이들이 서로 부딪치는 일도 점점 많아질 것이다. 이들이 분쟁을 겪을 때마다 당사자 모두에게 많은 비용이 들고 상처를 입힐 수 있는 심한 싸움이 벌어질 것이다. 그리고 95퍼센트의 사람이 호전적인 유형이 되면, 거의 모든 분쟁은 싸움으로 번지게 된다. 이때는 착한 사람들이 다시 유리해지기 시작한다. 물론 착한 사람들은 다툼의 대상이 되는 자원을 얻지는 못한다. 그러나 최소한 싸움으로 발생하는 끔찍한 비용 때문에 고통을 받는 일은 없다. 그러면서 착한 사람들의 생식능력이 높아지고, 그 수가 확산되기 시작한다. 이렇게 되면, 다시 호전적인 사람이 상대적으로 보다 유리해진다. 그 결과 이 집단에서 착한 사람과 호전적인 사람의 빈도는 어떤 평형비율을 중심으로 늘었다 줄었다를 반복한다.

타인 존중 선호의 평형 수준에도 이와 유사한 추론이 적용될 수 있다. 사실, 린다 밀리Linda Mealey 등은 사이코패스의 진화에 대해 빈도의존성 시나리오를 주장한 바 있다. 기본적으로 타인 존중적인 집단에서는, 사이코패스가 만나는 대부분의 사람이 착하고 타인 존중적이기 때문에 많지 않은 사이코패스가 유리하다. 사이코패스는 타인 존중적인 사람들을 자신의 이익과 목적을 위해 이용할 수 있다. 그러나 사이코패스가 증가하면, 사이코패스가 만나는 사람 중 사이코패스이거나 사이코패스를 접해본 경험 때문에 타인을 경계하는 사람 수가 증가할 것이다. 그러면 사이코패스가 불리해진다. 일단 사이코패스가 일반화되면, 홉스적인 혼란의 바다를 표류하기보다 협동의 섬에 머물려고 하는 적은 수의 친사회적인 사람이 되는 것이 더 유리하다.

성공하는 사람은 친화성이 낮다

앞의 논의들을 종합하면 좋은 사회 및 인간관계 차원에서는 친화성이 높은 것이 유리하지만, 개인적인 성공의 차원에서는 불리하다고 할 수 있다. 이는 우리 상식에도 맞는 결론이다. 이런 결론을 뒷받침하는 증거가 또 있다. 우리가 살펴본 것처럼 마리아는 그녀에게 소중한 사람들과 좋은 관계를 유지하기 위해 자신의 일을 일부 희생할 준비가 되어 있는 사람이다. 사십대의 기업 임원 4,000명의 성격과 경력을 조사한 한 연구에 따르면, 친화성이 높을수록 수입, 승진, 그리고 CEO가 되는 데 불리했다. 즉 친화성이 적은 임원일수록 경력이 더 좋았으며, 친화성이 좋은 사람일수록 경력이 나빴다. 또 다른 연구에 따르면 '창조성'이 7장에서 살펴볼 개방적인 기질과 가장 밀접하게 관련되긴 하지만, 창조적인 일에서 실제로 성공하는 사람은 친화성이 낮은 사람들이었다. 성공하려면 냉혹해야 하고 자신과 자신의 일을 앞세워야 한다.◆ 오스카 와일드처럼 말이다. 그는 『옥중서한』에 "정말, 내 인생의 어떤 시기에도 문학과 견줄 만큼 중요한 것은 내게 아무것도 없었다"라고 썼다.

 그래서 중요한 기관─회사, 정당, 대학 등─을 이끌고 있는 사람들이 정신병적 경향을 가진 경우가 많다. 좀 심란하긴 하지만 익숙한 현상이다. 이런 사람은 그 지위에 오를 정도로 냉철한 사람이기 때문에 우리가 원하는 그런 사람이 아니다. 그러나 다행히도 이는 통계적 경향에 불과하며 예외는 있기 마련이다. 그리 자주 탐구되지

◆ 낮은 친화성이 높은 지위를 얻는 데 유용할 수는 있지만, 그것만으로는 충분치 않다는 점을 유념해야 한다. 보상을 추구하는 욕망, 즉 외향성도 중요하다. 이번 장에서 살펴볼 데이비드는 친화성이 낮았지만 외향성도 낮았다. 따라서 그는 높은 지위를 추구하려는 욕망이 없었다.

않는 재미있는 현상이 또 하나 있다. 남편감으로 어떤 사람이 좋으냐는 질문에 대해, 여성들은 문화와 관계없이 무엇보다도 친절함과 공감을 강조하는 경향이 있다. 이와 동시에 사회적 지위와 경제적 능력도 상당히 중시한다. 그러나 '친절함과 공감' 및 '사회적 지위와 경제적 능력' 사이에는 충돌이 있다. 친절하고 공감을 잘한다는 것은 친화성이 높다는 것을 의미하고, 사회경제적으로 성공했다는 것은 친화성이 낮다는 것을 의미하기 때문이다. 여성들이 이 두 개의 서로 엇갈리는 가치를 어떻게 관리하는지는 모르겠지만, 이는 현실적인 문제다. 요컨대, 여성에게 화려한 삶을 가져다줄 수 있는 사람은 그런 삶을 함께하고 싶은 사람이 아닐 가능성이 높다.

친화성의 남녀 차이

여기서 발견되는 한 가지 패턴이 있다. 마리아는 여자고, 데이비드는 남자다. 의존성 성격장애는 대개 여성이 겪는 증상이고, 사이코패스는 대개 남성의 증후이다. 성격 연구에서 가장 일관되게 발견되는 성별 차이 중 하나는 여성의 친화성이 남성보다 높다는 것이다. 남성과 여성의 친화성 수치가 많이 중복되긴 하지만, 평균적인 남성의 친화성 수치는 여성 친화성 수치인 70퍼센트보다 낮다. 여성들은 마음읽기 과제에서도 우세하다. 더욱이 친화성에 있어 여성과 남성은 생물학적으로도 다르다는 증거가 있다. 여성에게 남성호르몬 테스토스테론을 주입했을 때, 여성의 공감행위가 감소했던 것이다.

이런 차이는 어디에서 오는 것일까? 이런 차이가 존재하는 것은 진화과정에서 여성들이 개인적 지위를 얻는 것보다 조화로운 집단

구성원이 되는 데서 남성보다 더 많은 혜택을 입었다는 것을 의미한다. 반대로 남성은 좋은 관계에서 얻는 혜택보다 개인적 지위를 얻는 데서 더 큰 혜택을 입었다는 것을 의미한다. 남성과 여성의 친화성에 차이가 있는 이유는 그밖에도 많다.

우선, 남성들의 변식능력 차이는 여성들보다 크다. 아주 높은 지위를 가진 남성은 많은 자녀를 낳을 수 있다. 예를 들면, 자식을 많이 낳은 것으로 유명한 모로코의 황제 물레이 이스마일Moulay Ismail은 물경 888명의 자식을 둔 것으로 알려진다. 그러나 여성은 평생 낳을 수 있는 자식 수에 한계가 있다. 남성은 지위가 올라갈수록 자손의 수를 늘릴 수 있지만, 여성은 곧 생물학적 한계에 도달한다. 따라서 남자 조상들의 경우, 지위 획득을 통해 얻는 혜택은 인간관계를 희생한 데 따른 비용을 훨씬 상쇄하고도 남았지만, 여성의 경우는 그렇지 않았다.

이와 관련된 두 번째 이유는 자식들이 여성에게 의존하는 경우가 많다는 것이다. 아이가 성인이 되기까지는 엄청난 시간이 걸린다. 그리고 우리 조상들이 살던 환경에서 여성의 변식능력 차이는 많은 부분 성인이 될 때까지 아이를 살리는 능력에 따라 달랐다. 인간관계에 능숙한 여성은 자신과 자식을 보호해주는 관계의 네트워크를 더 잘 유지할 수 있었다. 이런 관계의 네트워크에는 남성과의 관계, 그리고 더 중요하게는 다른 여성들과의 관계가 포함된다. 육아와 생계에 있어 여성들 간의 협력과 유대는 여러 문화에 걸쳐 공통적으로 나타나는 매우 두드러진 현상이다. 여성은 남성들보다 훨씬 더 우정을 중시하고 친척을 보살핀다. 심리학자 셸리 테일러는 위협에 대해

'싸우거나 달아나는' 것은 포유류 수컷의 전형적인 반응이라고 주장한 바 있다.

남녀 간 친화성의 차이는 사회에 존재하는 성차별 논쟁을 흥미로운 방향으로 몰고 간다. 언론은 대기업 여성 CEO의 비율이 50퍼센트 훨씬 미만이라는 것을 비판적으로 보도하는 경향이 있다. 그러나 그것이 과연 성차별의 증거가 될까? 실제로는 성차별이 없는데, 사회적 관계를 희생하고라도 사회적 지위를 원하는 여성이 적기 때문에 나타난 현상일 수도 있다. 이미 확인한 친화성과 직업적 성공의 관계, 그리고 친화성에 있어서의 남녀 차이를 고려함으로써 시장이 성별을 무시했을 경우 CEO가 될 수 있는 여성이 얼마나 될지 계산해낼 수는 있을 것이다. 추산컨대, CEO가 될 수 있는 여성이 전혀 없지는 않겠지만 50퍼센트가 되지는 않을 것이다.

이런 설명을 반페미니즘적인 것으로 볼 수 없다. 페미니즘의 핵심 목표 중 하나는 평등이다. 즉 같은 태도와 동기를 가진 남성이나 여성은 성공 기회도 동일해야 한다는 것이다. 이는 당연한 이치다. 그러나 남녀의 성공 기회가 동일해야 한다는 것이 남녀가 실제 동일한 태도와 동기를 갖고 있다는 걸 의미하진 않는다. 따라서 사회 영역에서 남녀가 동일한 비율을 차지해야 한다고 기대해선 안 된다. 페미니즘의 두 번째 목표는 남성의 가치와는 다소 다른 여성의 가치를 찬양하고 인정하는 것이다. 그런 차원에서 여성이 남성과 비슷해지지 않는 것을 애통해하기보다는 마리아 같은 많은 여성이 갖고 있는 친사회적 성향의 가치를 존중하고 높이 평가하는 것이 더 중요하다.

chapter 7

창조자, 괴짜, 미치광이, 색정

개방적인 기질의 심리세계

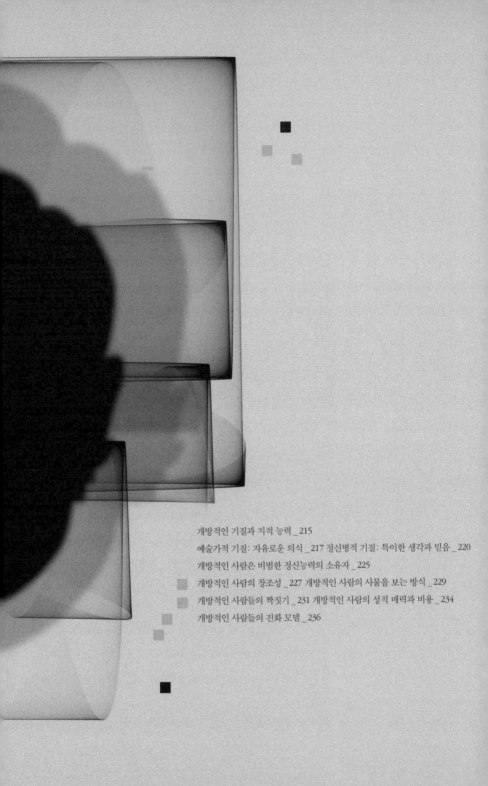

개방적인 기질과 지적 능력

이제 마지막 성격에 왔다. 이 다섯 번째 성격특성은 5대 성격특성 중 가장 신비로우며 명확하게 설명하기 어려운 영역이다. 이 성격 유형은 '문화성' '지성' 또는 '경험에 대한 개방성' 등으로 다양하게 불리는데, 나는 '개방성'이라는 명칭을 선호한다. 초기 5대 성격특성 모델에서 이 개방성을 그 정도에 따라 (개방성이 가장 낮은) '촌스러운' 수준에서 (개방성이 가장 높은) '교양 있는' 또는 '세련된' 수준으로 나누었다. 그런데 교양과 세련은 기질이라기보다는 '부분적으로' 사회경제적 기회의 산물이다. 그리고 5대 성격특성 이론의 권위자인 로버트 매크래와 폴 코스타가 냉소적으로 말한 것처럼 "만약 교양과 세련이 사회경제적 기회의 산물이라는 것이 후속 연구에 의해 확인되었다면, 개방성은 성격심리학이 아니라 사회학의 주제가 되었을 것"이다. 그러나 교양과 세련이 '부분적으로는' 사회경제적 기회의 산물이긴 해도, 그것이 '전적으로' 그렇다는 것은 다소 과장이다. 사회경제적 기회가 많으면 교양을 쌓을 기회를 더 많이 가질 수 있겠지만, 실제로 어떤 사람이 다른 사람보다 더 교양 있게 행동하는 이유를 사회경제적 기회로만 설명할 수 없다. 즉 어떤 사람은 사회경제적 기회가 적어도 상당한 어려움을 무릅쓰고 문화적 기회(교양)를 추구하는 반면, 사회경제적 기회가 많아도 문화적 기회(교양)에 관심이 없는 사람도 있다. 바로 이런 경우에 작용하는 것이 '개방성'이라는 성격이다.

레저활동에 대한 연구에 따르면, 개방성 수치를 통해 예술 및 문화 활동 참여도를 예측할 수 있다. 한 사람은 독서를 좋아하고, 또 한 사람은 갤러리에 가는 것을 좋아하는 그런 패턴이 아니라, 한 사람은 독서, 갤러리, 극장, 음악을 '모두 좋아하지만', 또 한 사람은 '어떤 것에도 관심이 없는' 그런 성향이 나온다. 그 사람의 개방성 수치로 그 사람의 모든 레크리에이션 활동 경향을 알 수 있다(두 가지 레저활동만 개방성과 반비례했고, 나머지 모든 레저활동은 개방성과 비례했다. 개방성이 높을수록 감소하는 두 가지 레저활동은 드라마 시청과 애정소설 읽기였다. 이 두 레저활동은 더 많은 노력이 필요한 다른 레저활동 시간이 증가할수록 활동이 줄어드는 레저활동으로서, 상대적으로 많은 노력이 필요치 않은 활동이다).

어떤 연구자들은 이 다섯 번째 성격특성을 '지성intellect'이나 지적 자극을 추구하는 성향으로 보았는데, 이는 지능intelligence과 다소 유사한 것이다. 사실 개방성과 지능 사이에는 약간의 상관관계(0.3 정도의 긍정적인 상관관계)가 있다. 개방성은 지능 중 비언어적 또는 공간추론적 지능보다 언어 및 지식기반 지능과 더 상관관계가 크다. 또한 개방성은 지성능력의 좋은 지표로 간주되는 학력과도 상당한 상관관계가 있다. 최근 한 연구는 뇌의 전두엽에 있는 인지회로의 효율성에 따라 개방성이 달라진다는 결론을 내린 바 있다. 인지회로의 효율성은 지능과도 상당한 관계가 있기 때문에 개방성은 지능과 실제로 밀접한 관계가 있다.

예술가적 기질: 자유로운 의식

개방성에는 지능과 전혀 다른 요소들도 많이 포함되어 있다. 지능과 다른 이런 요소들이 무엇인지 확인하기 위해서는 모든 사람이 절대적으로 동의하는 개방성의 한 가지 특징, 즉 시인이나 예술가의 개방성이 높다는 특징을 살펴볼 필요가 있다. 많은 연구에 따르면, 개방성은 특히 독창적이고 예술적인 능력, 그리고 독창적인 예술작품과 관련이 있다.

그렇다면 개방성이 높은 시인과 예술가는 어떤 사람인가? 1960~70년대를 대표하는 미국의 저항문학가 앨런 긴즈버그Allen Ginsberg는 〈아우성Howl〉이라는 장시에서 비트세대Beat Generation 미국 젊은 예술가들을 다음과 같이 묘사했다.

밤이라는 기계 속의 발전기 별

그 별에 닿았던 고대의 하늘을 열망하는 천사의 머리를 가진 박식한 사람들

…

아칸소 주를 매혹시키는 이글거리는 차가운 눈과 전쟁의 학자들 가운데

블레이크의 빛 같은 비극 속에 대학을 다닌 사람들

미쳐서, 그리고 해골을 그려 넣은 창문에 불경한 송시를 써서 대학에서 쫓겨난 사람들

…

상상으로 만든 양고기 스튜를 먹고

바우어리 강 진흙 바닥에서 잡은 게를 소화시켰던 사람들

…

새벽녘이 되면 횡설수설이 되어버리는 고상한 주문을 외고

밤새도록 로큰롤을 불러대며 글을 갈겨쓰는 사람들

이 시는 긴즈버그가 비트세대에 속하는 다른 시인과 작가들에 대해 쓴 내용으로 개방성에 대한 상당한 통찰력을 담고 있다. 거의 모든 시에서 발견되는 첫 번째 특징은 대단히 은유적인 내용과 광범위한 연상이다. 이 시의 발췌문에서 상상력의 산물은 '양고기 스튜'이다. 하나의 의미론적 영역(상상력과 관련된 정신 영역)에서 나온 아이템들은 전혀 다른 영역(음식과 관련된 정신 영역)에서 나온 아이템들과 자유롭게 상호작용하여 아주 특이한 효과를 내고 있다. 예술가들의 경우, 서로 다른 인식 영역들을 분리하고 있는 필터나 막이 일반인들보다 얇고, 따라서 서로 다른 인식 영역 간의 관계가 일반인들보다 포괄적이다(이를 광범위한 인식, 또는 광범위한 연상이라고 한다). 각 인식 영역이 저마다 개방되어 자유롭게 소통하고 있는 것이다.

개방성은 바로 이러한 자유로운 의식의 교류를 특징으로 한다.

〈아우성〉에 묘사된 두 번째 예술적 특징은 사회규범에 대한 도전이다. "미쳐서 대학에서 쫓겨난"이 그것이다. 긴즈버그 세대가 반항적이었던 데는 역사적으로 특별한 우연적인 요소가 있었다 해도 '전통에 반항하는 예술가'는 시대를 초월해 계속 되풀이되는 현상이다. 긴즈버그 자신도 반체제 문화운동가였고, 진보정치에 가담했을 뿐만 아니라 당대의 섹스 관행과도 충돌했다(긴즈버그의 시 〈아우성〉은 외설죄로 기소되어 1957년 재판에 부쳐지기도 했다). 많은 예술가들은 독특한 사회관을 가질 뿐 아니라 사회를 보는 관점도 자주 바꾼다. 다른 많은 시인들처럼 긴즈버그도 여러 직업, 철학, 라이프스타일을 시도했고 사진, 음악, 영화 등 다양한 수단으로 끊임없이 자신을 표현하려 했다. 문외한이 볼 때는 이들이 각각 다른 것을 시도했고, 추구하는 시기가 서로 단절된 것처럼 보이지만, 시인 그 자신에게는 모두 같은 여정에 속하며 연속적이다.

셋째, 〈아우성〉 전반에 걸쳐 강력한 영성靈性 혹은 초자연적 믿음이 표출되고 있다. 시인과 작가들은 "밤이라는 기계 속의 발전기 별/그 별에 닿았던 고대의 하늘을 갈망"하고 있다. "별이라는 발전기"란 무엇인가? 어떤 이름을 붙이든 그것은 정상적으로 인식할 수 있는 물리학과 심리학의 인과관계 너머에 있는 어떤 신비한 힘을 말한다. 예술가들이 추구하는 "별에 닿았던 고대의 하늘"이란 태곳적부터 신비주의자들이 추구했던, 일상적 경험을 초월하는 심리를 말한다. 이런 영성의 추구는 긴즈버그 자신의 삶에도 분명히 나타난다. 그는 불교에 깊은 관심을 가졌고, 결국엔 불교를 하나의 영성체계로 공식

219

인정했다.

정신병적 기질: 특이한 생각과 믿음

긴즈버그 작품의 네 번째 특징은 정신병의 망령이 깃들어 있다는 것이다. 〈아우성〉은 환상에 대한 언급, 현실감의 부족, 횡설수설로 드러나는 신비한 주문으로 가득 차 있다. 긴즈버그의 어머니 나오미도 정신병에 시달려 환청을 들었고 사람들이 자기를 독살하려 한다고 믿었다. 긴즈버그도 한동안 정신병원에(자신은 정신병자가 아니었고 스스로 들어간 거라고 밝히긴 했지만) 있었다. 그러나 그가 독특한 경험을 한 것은 사실이다. 〈아우성〉의 한 에피소드에서, 긴즈버그는 윌리엄 블레이크William Blake의 시집 『순수의 노래와 경험의 노래Songs of Innocence and Songs of Experience』를 들고 침대에 누워 〈아, 해바라기!〉를 읽을 때, 블레이크의 '심오한 태곳적' 목소리를 들었다고 한다. 긴즈버그의 전기작가 배리 마일즈Barry Miles는 이 에피소드를 다음과 같이 소개했다.

긴즈버그는 갑자기 그 시의 심오한 의미를 이해하고 자신이 해바라기라는 것을 깨달았다. 환청과 동시에 매우 시각적인 영상이 떠올랐다. 창문을 통해 들어오는 오후의 햇살이 아주 분명하게 보였다……… "내 몸이 갑자기 빛을 느꼈다…… 그것은 내가 존재했던 우주가 아니라 그것보다 전적으로 더 심오한 실제 우주를 갑자기 느낀 것이었다." 긴즈버그는 저 너머 구름 속을 보았다. 구름은 한 장인의 손보다 더 광활하고 더 멀리 뻗치는 그 무엇을 나타내는 것처럼 보였다. 긴즈버그

는 바닷물이 증발해 구름이 되었던 수십억 년의 세월, 각각 독특한 형
태를 가진 구름들, 그리고 자연의 어마어마한 복잡성을 이해했다. "나
는 전 태양계의 한가운데에 앉아 있다!⋯⋯ 나는 전 우주가 빛과 지성
과 대화와 신호로 가득 찬 한 편의 시라는 인상을 받았다. 내 머리가 벗
겨지고 우주가 내 뇌와 직접 연결되는 것 같았다."

이 에피소드는 많은 정신분열적 특징을 보이고 있다. 가장 분명한
것은 환청을 들었던 것이지만, 자아경계감 상실과, 모든 장면이 특
별히 중요하게 느껴진다는 점, 그리고 어떤 힘에 의해 그의 뇌가 우
주의 신호를 듣고 있다는 생각도 있다. 이는 모두 정신병 환자들의
일반적인 증상이다. 이런 현상이 긴즈버그의 삶에만 독특한 것은 아
니었으며, 다른 많은 시인과 예술가의 전기에서도 비슷한 경험을 찾
아볼 수 있다.

긴즈버그와 〈아우성〉에서 발견한 네 가지 특징—광범위한 연상,
규범과 인습에 대한 부단한 저항, 초자연적인 믿음, 정신병 증상의
경험— 은 시인의 특징일 뿐만 아니라, 보다 일반적으로는 하나의
성격으로서 개방성의 특징이기도 하다. 더욱이, 이 네 가지 특징은
지능과는 아무런 관계가 없다. 따라서 나는 이 특징들이 개방성의
핵심적 특징이라고 주장할 것이다.

이 네 가지 특징 중 '정신병적 증상의 경험'을 먼저 살펴보자. 이
런 경험을 개방성과 연결시키는 데는 여러 이유가 있다. 첫째, 시인
과 예술가들 가운데 정신질환 비율이 현저히 높다. 그리고 시인과
예술가들은 높은 개방성을 가진 전형적인 사람들이다. 그러나 이들

이 갖고 있는 다소의 정신질환이 완전한 정신분열증은 아니다. 일반적으로 예술가들에게는 우울증이 훨씬 일반적인 질환이고, 우리가 이미 살펴본 것처럼, 우울증은 개방성보다 신경성과 더 관련 있다. 그러나 시인과 예술가들의 정신질환이 완전한 정신분열증은 아니더라도 정신병적 특징을 갖고 있는 것은 분명하다. 또 앨런 긴즈버그처럼 이들 시인과 예술가의 친척 가운데 진짜 정신병자가 있는 경우도 많다. 병적인 정신분열증이 사회적으로 해롭고, 보통 만성적인 특징을 갖고 있다는 것을 감안하면, 병적인 정신분열증 환자가 시를 쓰거나 그림을 그리는 경우가 많다 해도 이들이 예술분야에서 유명해지기란 어렵다. 평생에 걸쳐 성격이 수명에 미치는 영향을 연구한 한 연구에 따르면, 어린 시절의 개방성 수치로 성인이 된 후 얼마나 예술활동에 종사할지, 그리고 정신병 치료는 얼마나 받게 될지 예측할 수 있다.

개방성을 정신병적 성향과 연결시키는 두 번째 이유는 이른바 정신분열형Schizotypy에 대한 연구에서 나온다. 정신분열형이란, 정신의학 진단 매뉴얼과 관계없이, 인간을 정신병자와 비정신병자라는 두 집단으로만 분류할 수 없다는 데서 나온 개념이다. 정신적으로 건강하지만 주기적으로 환청을 듣거나 세상에 대한 아주 특이한 믿음을 가진 사람들이 있다. 사실 많은 사람들이 환상이나 환청을 경험하지만, 그럼에도 아주 '정상적으로' 세상을 살아간다. 이런 견지에서 볼 때, 사람들이 정신병에 걸릴 가능성을 연속적인 스펙트럼으로 나타낼 수 있다. 정신분열증 같은 정신병 진단을 받은 사람은 그 스펙트럼의 맨 꼭대기에 위치할 것이며, 그외 모든 사람들은 그 아래 스펙트럼상 어느 한 점에 각각 위치하게 될 것이다.

성격 진단을 위한 설문지와 매우 비슷한 설문을 통해 사람들의 정신분열형 수치를 측정할 수 있다. 이 두 설문지의 차이점은, 정신분열형 설문지가 정신분열증과 관계된 증상들에 관한 질문으로 만들어졌다는 것이다. 이 설문지에서 사람들은 정신분열과 관계된 증상 중 얼마나 많은 증상을 경험했는지 답하게 된다. 여기서 정신분열증 환자와 미래에 정신분열증에 걸릴 사람들은 모두 평균보다 높은 점수를 기록했기 때문에, 정신분열형 설문지가 타당하다는 것이 확인되었다. 그러나 일반인들의 점수는 무척 다양하게 분포하였다. 일부 '정상적인' 사람의 경우 삶에 아무런 문제가 없어도 정신분열형 설문에서 꽤 높은 점수를 기록하기도 했다. 이런 설문을 분석한 결과, 정신분열형은 단일한 성향이 아니라는 것이 밝혀졌다. 정신분열형은 증상별로 몇 개의 서로 다른 증상군症狀群으로 나뉘는데, 정신병 환자들은 모든 증상군에서 높은 수치를 보인 반면, 일반인들은 한 증상군에서 높은 수치를 보여도 다른 증상군에서는 그렇지 않은 경우가 많았다. 여기서 가장 재미있는 것은 '독특한 경험'이라는 증상군이다.

독특한 경험이란 환청과 준환청, 지각 혼란(모든 것이 이상해 보이거나 이상하게 중요하게 느껴지는 현상), 그리고 신비로운 의식(초자연적 힘, 텔레파시)에 대한 경험을 말한다. 따라서 독특한 경험은 정신분열증 증상 중 비정상적인 생각이나 믿음과는 관계가 있지만, 정신분열증의 다른 증상 즉, 감정적 단조로움, 사회적 고립, 동기의 결여 등과는 관계가 없다.

시인과 예술가들의 '독특한 경험' 수치는 일반인보다 높고, 사실 정신분열증 환자와 거의 비슷하다. 시인과 예술가들은 '감정, 동기와 관련된 다른 증상군'에서는 정신분열증 환자와 다른 수치를 보이지만, '독특한 경험 증상군'에서는 정신분열증 환자와 비슷한 수치를 기록한다. 중요한 사실은 '독특한 경험' 수치와 '개방성' 수치 간에는 0.4 정도의 상관관계가 있다는 것이다. 또 정신분열증의 약한 형태로 볼 수 있는 정신분열형 성격장애schizotypal personality disorder라는 증상이 있는데, 정신분열형 성격장애자의 개방성 수치는 일반적으로 높은 편이었다.

개방성이 정신병적 경험과 관련이 있는 것은 분명하다. 그렇다면 긴즈버그의 삶과 시에서 보이는 두 번째 특징, 즉 '영적' 혹은 '초자연적' 믿음과 개방성의 관계는 무엇일까? 개방성 수치가 높다고 해서 반드시 종교적인 사람이라고 할 수 없다. 개방성이 높은 사람은 보통 전통에 반항하는 태도를 보이며, 정치적으로 진보적이고, 기존 제도에 머물러 있지 않으려고 한다. 그러나 개방성 수치가 높은 사람은 초자연적 혹은 영적인 것에 독특한 믿음을 갖고 있는 경우가 많다. 그래서 이국적인 종교나 신조, 뉴에이지, 과학적으로 설명할 수 없는 신비로운 것들을 추구하기도 한다. '개방성'과 '신비로운 믿음'과의 상관지수는 0.47로 나타나는데, 이는 '개방성'과 '독특한 경험' 간의 상관지수와 거의 같은 수준이다. 개방성 수치가 높은 사람은 최면에 잘 걸리는 경향이 있는데, 신비로운 활동들에는 대개 최면술과 비슷한 절차가 포함된다.

긴즈버그에서 나타난 세 번째 특징은 '규범 거부' 성향이다. 예술가 기질이 있는 사람은 보통 시대의 관습에 반하는 믿음을 가지고 있거나 가지려고 한다. 또 다른 집단과 달리 사회적 금기에 얽매이지도 않는다. 개방성에도 이런 성향이 있다. 개방성 수치가 높은 사람은 예술적인 일이나 부정을 폭로하는 일을 하는 경향이 많고, 그런 일을 하기 위해 전통적인 제도와 직업을 피하는 경우가 많다. 또 개방성 수치가 높은 사람은 직업을 바꿀 가능성이 특히 높다.

개방적인 사람은 비범한 정신능력의 소유자

긴즈버그에게서 나타난 네 번째 특징은 '광범위한 연상과 은유적인 의미'다. 이 특징을 살펴보기 전에 먼저 풀어야 할 수수께끼가 있다. 개방성 설문지를 통해 수집한 자료에 따르면, 개방성은 IQ와 일정한 상관관계가 있었다(0.2의 상관지수). 이와 동시에 개방성은 독특한 경험, 초자연적인 믿음, 최면 감응성과도 일정한 상관관계가 있었다(약 0.4의 상관지수). 이때 독특한 경험, 초자연적인 믿음, 최면 감응성 상호 간에도 상관관계가 있는데, 문제는 이들과 IQ와는 아무런 상관관계가 없다는 것이다. 독특한 경험의 경우, 오히려 IQ와 마이너스(−) 상관관계를 보이기도 했다.

왜 그런 것일까? 하나의 성격특성이 일관성 있고 동질적인 것이라면, 그 성격특성과 상관관계가 있는 모든 요인들은 서로 상관관계가 있어야 한다. 1장에서 살펴본 것처럼, 서로 상관관계가 있는 다양한 특징들이 모여 하나의 성격을 이뤘다. 따라서 개방성이 서로 상관관계가 없는, 혹은 마이너스 상관관계를 보이는 두 가지 요인(즉 'IQ'와 '독특한 경험, 초자연적 믿음, 최면 감응성' 등)과 모두 상관관계가 있다는 것은 뭔가 잘못된 것으로 보인다.

지금까지 어느 누구도 이 문제를 풀지 못한 것 같다. 물론 몇 가지 시도가 있었다. 그중 하나는 개방성이 사실은 두 개의 성격―'재치 있고 기민한 성격'과 '시와 정신병 등 해체된 정신과 관련된 성격'―인데, 하나의 성격으로 잘못 간주되고 있다는 주장이다. 이 주장에 따르면 우리는 6가지 성격특성을 갖고 있는 셈이 된다. 그러나 이런 식으로 문제를 해결하는 것은 별로 좋은 방법이 아니다. 재치와 기민함에 대해서는 이미 훌륭한 연구가 있으며, 우리는 그것을 지능이라고 부른다. 지능은 다른 성격특성과는 다르다. 우리가 이해하는 한 지능은 뇌 시스템 전체의 전반적인 효율성과 관련된 것이기 때문이다. 지능이 높은 사람은 언어나 비언어 문제의 해결, 그리고 손재주가 뛰어나며, 신경세포의 자극이 팔로 전달되는 속도가 빠르다. 반면, 5대 성격특성은 신경시스템 전체의 전반적인 '효율성'이 아니라, 외향성의 보상 메커니즘이든, 신경성의 위협감지 메커니즘이든, 친화성의 감정이입 메커니즘이든 간에, 어떤 구체적인 메커니즘의 상대적인 '활성화'를 말하는 것이다.

따라서 내가 주장하고 싶은 것은, 개방성의 '진정한' 특성은 해체된 정신과 독특한 경험 등으로만 이루어지며, 우리가 지금 사용하고 있는 개방성 테스트 설문지는 지능과 관련된 문항으로 '오염'되었다는 것이다. 많은 개방성 설문지에는 "나는 어휘력이 풍부하다"와 같은 문항이 있다. 응답자가 이 문항을 습득한 어휘량^{size}에 관한 질문으로 여기면, 응답은 지능과 교육수준을 반영하게 된다. 그러나 응답자가 이 문항을 구체적으로 어휘의 풍부함^{richness}(어휘를 자유자

재로 구사하는 능력)에 관한 질문으로 여기면, 응답은 '진정한' 개방
성을 반영하게 된다. 마찬가지로, 개방성 설문지에는 "나는 복잡한
개념을 이해할 수 있다"와 같은 문항이 있다. 만약 이 질문이 '핵 연
쇄반응이 어떻게 일어나는지 이해할 수 있다'라면, 이 문항은 지능
과 관련된 것이다. 반면에 그 질문이 '신비한 관념을 이해할 수 있
다'라면, 답변은 매우 다른 의미를 갖게 된다. 문제풀이엔 엄청난 지
능을 발휘하면서도, 사색적이고 비현실적이며 신이 금지한 신비한
관념에 대해서는 전혀 관심이 없는 사람들도 있다. 내 개념으로 말
하면, 이런 사람은 지능은 높지만 개방성이 낮은 사람이다.

개방적인 사람의 창조성

지능과 '진정한' 개방성을 구별하는 것은 또 다른 이유로도 유용하
다. 개방성으로 '창조성'을 예측할 수 있다고 주장하는 경우가 많다.
여기서의 창조성은 예술적인 창조인데, 이는 다소 균형을 잃은 시각
이다. 창조성이 새롭고 사람들의 관심을 끄는 표현이나 물건을 만들
어내는 것이라고 하면, 과학적, 공학적, 수학적 혁신도 창조라고 할
수 있다. 그러나 과학적, 기술적 혁신가들의 심리는 예술가들의 심
리와는 다소 다르다. '창조적인' 집단에서 독특한 경험과 정신질환
비율이 높다는 연구결과는 예술적으로 창조적인 집단의 경우에만
국한된다. 따라서 예술적 창조성은 높은 개방성과 관련되지만, 과학
적, 기술적 창조성은 높은 지능과 관련된다고 결론 내릴 수 있다. 그
런데 이런 결론은 너무 단순한 것이다. 창조적인 작가로 성공하기
위해서는 지능이 필요하고, 과학의 패러다임을 바꾸는 일에는 비약

적인 상상력이 필요하다. 따라서 예술과 과학에 필요한 개방성과 지능 간의 균형점은 어떤 일을 하느냐에 따라 달라진다. 시와 미술 같은 예술활동을 할 경우에는 개방성 쪽으로 기울어야 하며, 수학과 공학을 할 경우에는 지능 쪽으로 기울어야 한다.

이제 '진정한' 개방성의 핵심적 특징인 확대된 인식, 즉 '광범위한 연상'에 대해 살펴보자. 한동안 개방성과 '확산적 사고divergent thinking' 사이에 상당한 상관관계가 있다고 알려져왔다. 확산적 사고와 관련된 테스트 중 하나가 미망인WIDOW-깨물기BITE-원숭이MONKEY 같이 외견상 관련이 없는 세 개의 명사들 사이에 관련성을 찾는 과제다(여러분도 이 세 가지 명사의 관련성을 찾아보라). 또 어떤 일상적인 물건으로 활용할 수 있는 모든 용도를 가능한 한 많이 답하는 과제도 있다. 그 물건으로 활용할 수 있는 본래의 용도를 답한 후, 응답자는 전혀 가능할 것 같지 않은 새로운 용도도 찾아야 한다. 예를 들면, 안경의 렌즈를 뺀 후 렌즈 자리에 먹이를 끼워 잉꼬 먹이용으로 안경을 사용하거나, 벽돌을 바비인형의 가상 장례식 관으로 사용하는 등의 용도를 찾는 일이다. 이 과제에서 개방성 수치가 높은 사람은 개방성 수치가 낮은 사람보다 더 많은 용도를 찾아냈고, 특히 아주 독특한 용도를 찾아냈다. 이 결과가 중요한 이유는 이런 확산적 사고 테스트에서 정신분열 환자가 일반인보다 점수가 높았기 때문이다.♦

확산적 사고 테스트는 개방성 수치가 높은 사람의 한 물체에 대한 의미연상 범위가, 개방성 수치가 낮은 사람보다 넓다는 것을 보여준다. 그 이유는 무엇일까? 한 물체나 그 물체를 표현하는 단어가 마음속에 떠오르면 이와 관련된 수많은 개념도 부분적으로 활성화(연상)된다. 예를 들면 '상어'라는 단어를 먼저 읽으면 그 다음에 '바다' '물고기' 같은 단어를 읽는 것이 쉬워진다(이는 후속반응 시간으로 알 수 있다). 이런 현상을 활성화의 확산spreading activation이라고 한다. 뇌 속에는 여러 개념들이 저장되어 있으며, 관련된 의미들이 느슨하게 의미의 네트워크를 형성하고 있다. 그리고 이 의미의 네트워크의 한 부분이 활성화되면 인접 부분도 활성화된다. 이런 활성화의 확산은 효율적인 작용이다. 어떤 문제를 풀기 위해서는 상어의 특징을 생각한 후 바다의 특징에 대해서도 생각할 필요가 있기 때문이다. 문제는 그 활성화의 확산이 얼마나 광범위하게 진행되느냐 하는 것이다. '상어'로 '상어연골'까지만 활성화(연상)되어야 하는가? 상어가 최고 포식자란 개념에서 '사자'가 활성화되어야 할까? 상어지느러미를 통해 '수프'가 활성화될 수도 있을까? 한 의미가 떠오르면 도대체 어디까지 그 의미가 확산되어야 할까?

개방적인 사람의 사물을 보는 방식

위의 질문에 정확히 답할 순 없지만, 의미의 네트워크에서 활성화가 확산되는 정도, 즉 연상의 정도는 사람마다 다를 수 있다. 더욱이 연상의 폭은 개방성이 기초하고 있는 인식 메커니즘에 의해 달라질 수도 있다. 이에 대한 직접적인 증거는 없지만 '독특한 경험 유형의 정신분열형'에 대한 크리스틴 모어Christine Mohr의 아주 흥미로운 연구

◆ 미망인WIDOW-깨물기BITE-원숭이MONKEY의 공통된 관련성은 거미SPIDER다(거미원숭이Spider Monkey, 검은과부거미Black Widow Spider, 거미에게 물린 상처Spider Bite). 확산적 사고 테스트는, 정신분열증 환자가 다소 떨어지는 일반적인 지능과는 별 관련이 없다. 지능 테스트는 계산하기 어려울 수도 있는 정확한 답을 요구하는 반면, 확산적 사고 테스트는 답에 제한이 없다.

가 있다. 나는 '진정한' 개방성이 이와 무척 유사하다고 본다.

모어는 실험에서 피실험자들에게 '꿀-빵'이나 '사다리-병-고양이' 같은 두 쌍 혹은 세 쌍의 단어들을 보여주고, 이들 단어의 의미가 얼마나 가까운지 판단하게 했다. 그 결과 피실험자의 정신분열형 수치로 그들이 단어의 의미를 얼마나 가깝게 판단할지 예측할 수 있었다. 결론은, 정신분열형 수치가 높을수록 단어들의 의미를 더 가깝게 판단했다. 즉 독특한 경험 수치가 높은 사람의 경우, 첫 번째 단어를 보면 이와 관련된 개념이 광범위하게 활성화(연상)되며, 두 번째 단어가 그렇게 활성화된 개념에 속하거나 그와 관련이 있기 때문에 첫 번째 단어와 두 번째 단어를 의미상 가깝게 본다. 그러나 독특한 경험 수치가 낮은 사람은 연상 범위가 상대적으로 좁고, 따라서 첫 번째 단어와 두 번째 단어를 서로 멀게 느낀다.

이런 실험결과를 일반화할 수 있다면, 정신분열형뿐 아니라 개방성에 대해서도 많은 설명을 할 수 있다. 모든 개념과 지각된 내용을 바탕으로 광범위한 연상을 하면 독특한 믿음을 가질 수도 있다. 생각을 청각으로 연상하면 환청이 되고, 우발적인 사건을 그 자리에 존재하지 않는 사람과 연관시켜 생각하면 텔레파시를 느끼거나 신비한 관념을 갖게 된다. 본질적으로, 개방성이 낮은 사람의 마음속에서는 각각 분리되어 존재하는 서로 다른 의미영역과 의미처리 과정이, 개방성이 높은 사람의 마음속에선 활발하게 상호작용하고 서로 관련된 것으로 인식된다. 환청, 환영, 그리고 비과학적인 믿음은 모두 이런 광범위한 연상에 따른 부작용일 수 있다. 그러나 광범위한 연상은 언어적, 시각적 창조의 토대가 되기도 한다. 언어를 독특하고 은유적으로 사용함으로써 다른 영역에 속한 의미들을 서로 관련시키고 비언어적 사례를 통해 유사점을 만들어내는 것이 시의 본질이다. 자유롭고 광범위한 연상을 하면 기존의 것에서 해결책을 찾을 수 있을 뿐만 아니라, 사물을 전혀 새로운 방식으로 볼 수도 있다. 이렇게 사물을 전혀 새로운 방식으로 보면 새로운 결과를 얻거나 타인의 관심을 끌 수 있다. 이런 이유로 개방성이 높은 사람은 예술과 문학에서 복잡하고 다중적인 의미를 표현하며, 인습과 동떨어진 사회적 입장을 견지하고, 다양한 일을 시도한다고 할 수 있다. 따라서 개방성의 심리적 기초가 뭐냐고 묻는다면 의미영역과 의미처리 네트워크 간의 광범위한 상호작용—개방성이 낮은 사람의 마음속에서는 서로 분리되어 있는—즉 광범위한 연상이라고 하겠다.

개방적인 사람들의 짝짓기

광범위한 연상이 부정적인 것일까, 긍정적인 것일까? 다른 성격특성과 마찬가지로 절대적으로 부정적인 것도, 절대적으로 긍정적인 것도 아니다. 자연선택으로 인해 우리는—우리의 정신은—특별한 유형의 문제를 해결하는 데 매우 뛰어난 특수한 정보처리 메커니즘들을 갖게 되었다. 우리 뇌 속에 있는 어떤 회로들은 물체의 움직임을 예측하는 데 도움을 주고, 또 어떤 회로들은 음식의 맛을 평가하며, 또 어떤 회로들은 적합한 짝에 관심을 갖게 만든다. 일반적인 설계 원칙에 의해 이들 각각의 회로는 상대적으로 자율적으로 작동한다. 상호작용을 통해 서로 뒤섞이면 혼란과 착오를 유발하기 때문이다. 연상을 통해—식물을 음식이 아니라 도구로 사용하거나, 여우를 먹이가 아니라 잠재적인 사냥 파트너로 보는 것 같은—새롭고 창조적인 해결책을 얻는 경우도 있다. 그러나 이런 경우는 상대적으로 드물고, 인류사 대부분의 기간 동안 각 회로가 어느 정도 분리된 시스템이 자연선택되었다.

그러나 언어가 진화하면 이런 상황이 다소 변한다. 언어를 사용하지 못했던 시대에 우리 조상들은 타고난 본능에 의존해야 했고, 자기 혼자 문제를 해결하거나 주변 사람들을 보고 모방해야 했다. 그런데 언어가 사용되자, 이제 언어(그리고 그림이나 다른 상징으로도)를 통해 정보를 교환하는 것이 가능해졌다. 능숙하게 관심을 끄는 수단으로 언어나 다른 표현을 사용할 수 있다는 것은 적응하는 데 매우 유리한 특성이 되었다. 언어를 독특하게 사용하는 사람은 다른 사람의 관심을 끌 수 있었고, 뛰어난 표현으로 자신의 견해와 시각을 다른 사람에게 퍼트릴 수 있었다. 따라서 이들의 언어능력은 원시시대엔 지위의 원천이었던 물리적 힘과 힘센 친척을 대체하는 새로운 지위의 원천이 되었다. 더욱이 제프리 밀러가 『메이팅 마인드The Mating Mind』에서 주장한 것처럼, 독창적인 언어 구사력은 짝을 택하는 데도 유리한 장점이다. 언어와 같은 상징을 사용하는 인간은 상징영역에서도 경쟁력 있는 자손을 원하며, 따라서 상징 표현에 능숙한 이성을 짝으로 택하려 한다. 다시 말해, 사람들은 독특하고 복잡한 언어와 상징을 표현하는 우수한 뇌를 가진 사람을 짝으로 택하려 한다.

능숙한 언어 구사력이 짝 선택 기준이 됨으로써 인간의 지능이 높아졌지만, 제프리 밀러가 주장한 것처럼 개방성 수준도 높아졌다. 서로 다른 사고영역들을 포괄적으로 사용할수록 언어 표현이 독특해지고, 언어 표현이 독특할수록 사회적으로 더 많은 관심을 받을 수 있고 짝짓기 기회도 커진다. 이와 같이 표현의 독창성을 통해 사회적, 성적 선택의 기회를 높이려는 인간의 노력은 서로 다른 뇌 회로들을 완전히 분리하려는 오랜 자연선택에 반대로 작용하는 경향이 있다.◆

우리 조상들이 사회적, 성적으로 선택한 표현 메커니즘이 현대에도 존재할까? 우선 우리는 시인, 화가, 작가, 유머 있는 사람, 그리고 풍부하고 독특한 상징들을 잘 활용하는 사람들에게 특별한 관심을 갖는다. 이런 사람들은 그들의 한정된 효용가치와는 어울리지 않는 커다란 명성과 의미를 부여받는다. 문학사상가 존 케리^{John Carey}는 "수십 년간 문학수업을 받은 후에도 우리는 대체 예술이 무엇을 위한 것인지 말하지 못한다"고 말한 바 있다. 예술에 깊은 관심을 가진 사람이 많이 존재함에도 불구하고 그렇다. 이에 대한 나의 주장은 예술이란 '무엇을 위한 것'이 아니라는 것이다(예술은 본래 무엇을 위한 것이 아니었다. 그런데 어떤 장르로든 일단 존재하게 되면 예술은 모든 목적에 봉사하는 도구로 사용될 수 있다). 진화과정에서 우리는 자연선택에 의해 주변의 언어적, 상징적 표현에 관심을 갖게 되었는데, 그중 우리의 관심을 가장 잘 끈 것 중 하나가 바로 예술이다. 그리고 예술가란, 광범위한 정신적 연상을 바탕으로 가장 독특하고 관심을 끄는 표현을 할 수 있는 사람들이다.

이는 현대 서구에만 나타나는 독특한 현상은 아니다. 세계의 보다

◆ 진화과정에서 인간의 마음속에 있는 서로 다른 정보처리 과정들 간의 분리와 유동성에 대한 재미있는 논의는 미슨Mithen(1999)이 제기했다. 미슨은 우리 마음의 정보처리 과정들 간의 유동성 증가—나의 용어로는 개방성 증가—를 현대인의 특징으로 보고 있다.

233

작은 문화권도 각기 다양한 의식, 노래, 샤머니즘, 기타 독특하고 직관에 반하는 표현들을 갖고 있다. 재미있는 것은 이런 표현들에 텔레파시, 공감주술(공감작용에 의해 멀리 떨어진 곳의 사물이나 사건에 영향을 미칠 목적으로 행하는 주술), 환청 같은 정신병적 현상들이 포함되는 경우가 많다는 것이다. 작은 문화권의 훌륭한 무당이나 이와 유사한 인물들은 우리 사회의 시인이나 화가들처럼 개방성이 높은 사람임에 틀림없다.

개방적인 사람의 성적 매력과 비용

예술적인 창조성이 이성 선택 기준이 된다는 제프리 밀러의 논의를 통해 볼 때, 예술분야에서 창조적인 사람들이 이성을 잘 유혹할 수 있어야 한다. 헬렌 크렉Helen Clegg과 나는 425명의 영국 성인 남녀를 대상으로 한 설문조사를 통해 과연 그런지 조사해보았다. 설문대상자 중에는 다양한 성공 경력을 가진 시인과 미술가들이 포함되었다. 그런데 여성의 경우, 짝의 수보다 짝이 어떤 사람인가가 더 중요하기 때문에 무엇을 지표로 짝짓기 성공을 평가해야 할지 쉽지 않다. 그러나 우리가 측정할 수 있는 유일한 객관적 지표는 짝의 수이고, 남성의 경우 단기적인 짝짓기 전략을 추구하는 경향이 있기 때문에 짝의 수가 짝짓기 성공을 평가하는 합리적인 지표가 될 것이다.

이런 전제에 기초해 조사한 결과, 우리는 직업적인 화가와 시인들의 섹스파트너가 아마추어 화가나 시인 또는 일반인보다 상당히 많다는 것을 발견했다(조사 당시까지 이들이 평생 만난 섹스파트너 수를 기준으로 한 것이다). 이 연구에는 많은 문제가 있다. 직업 예술가와 일반인들의 라이프스타일에는 많은 차이가 있는데, 그것을 고려하지 않은 것도 그런 문제 중 하나다. 그러나 이런 조사결과는 예술적 창조성이 성적 매력이 된다는 다른 여러 증거와 일치한다.

인간이 지위와 짝을 놓고 상징영역에서 경쟁을 하게 되자, 이제 자연선택은 광범위한 연상에 보상을 주기 시작했다. 그러나 이런 변화가 아무런 비용 없이 발생한 것은 아니다. 우선, 뇌의 분리된 회로들 간의 상호작용이 증가하자 회로들 각각의 전문영역에서 효율성이 떨어졌다. '독특한 경험 수치'와 '지능'이 약간 반비례하고, 개방성 수치가 높은 사람들의 마음이 '쉽게 산란해지는' 이유가 바로 이 때문이다. 개방성 수치가 낮은 사람이 개방성 수치가 높은 사람보다 실용적이고 실제적인 문제, 심지어 아주 어려운 문제도 더 잘 푼다. '전구 하나를 바꿔 끼우는 데 얼마나 많은 시인이 필요한가'라는 농담을 해도 될 정도다.

그러나 더욱 심각한 것은, 개방성이 증가할수록 서로 멀리 떨어진 인식영역들이 더 많이 얽히고, 그러다 보면 점점 이상한 관념을 가질 수 있다는 것이다. 미학적인 것과 신비주의적인 관념이 얽히고, 신비주의적인 관념은 비과학적인 관념이 되고, 비과학적인 관념은 서서히 망상이 된다. 괴짜스러움과 개성이 얽혀 정신분열형 성격장애가 되고, 정신분열형 성격장애는 다시 진짜 정신분열이 된다. 따라서 개방성이 증가하면 예술가적 명성이 높아질 가능성은 있지만(혜택), 정신병적 장애를 겪을 가능성도 높아진다(비용).

개방적인 사람들의 진화 모델

개방성 스펙트럼에서 혜택과 비용이 적정한 균형을 이룬 점이 있을 수 있다. 그러면 그 점이 자연선택되고, 결과적으로 인간의 개방성 수치는 점차 같아지지 않을까? 지금까지 이런 일은 벌어지지 않았다. 그것은 다른 4가지 성격특성과 마찬가지로 개방성에도 유전적 차이가 있기 때문이다. 그렇다면 개방성에 유전적 차이가 있는 이유는 무엇일까?

첫째, 사회적 성공과 짝짓기 성공에 유리한 개방성 수치와 예술적 표현의 정도는 각 지역의 사회적 조건에 따라 크게 다르다. 생존이 지상과제인 곳에서는 가족이 추운 겨울을 나는 데 도움이 되는 실용적 능력을 갖춘 사람이 인기다. 따라서 이런 곳에서는 개방성이 별 도움이 안 된다. 그러나 추운 겨울을 나는 데 별 문제가 없다면, 보다 독창적이고 영감 있는 사람이 부각된다. 역사적으로 볼 때 예술 활동이 왕성했던 시대와 사회가 있었는데, 이런 시대가 도래한 것은 현지 사정과 관련된 여러 이유로 인해, 보다 예술적일수록 짝짓기와 사회적 성공에 유리했고, 따라서 사람들이 예술 영역에서 더 많은 것을 창조하고 경쟁했기 때문이다. 이런 예술적 전성기에는 개방성이 자연선택된다. 그러나 개방성이 선택되지 않는 시대도 있었다.

둘째, 개방성과 번식 성공 사이에는 또 다른 복잡한 관계가 있다. 예술적 명성이 번식의 성공에 도움이 된다 해도, 망상적 정신상태를 가졌다는 오명을 쓰면 치명적으로 불리하다. 따라서 높은 개방성이 번식에 도움이 될지 안 될지는, 높은 개방성으로 인해 예술적 명성을 얻느냐, 아니면 망상가라는 오명을 쓰느냐 하는 결과에 따라 달라진다. 비슷한 성격을 가진 두 사람이 있는데, 한 사람은 정신분열형 성격장애자가 되고, 다른 한 사람은 칭송받는 예술가가 되는 원인이 무엇인지는 아직 규명되지 않았다. 그러나 내가 보기엔, 다른 심리적 요인, 일반적인 건강상태, 주변의 도움, 그리고 각자에게 주어진 기회의 차이가 두 사람의 운명을 갈라놓은 것 같다. 처음에는 작았던 차이가 종국에는 커다란 차이가 될 수 있다. 요컨대, 높은 개방성을 가진 사람들이라 해도 번식 성공 여부는 각기 다르다.

이처럼 개방성이 가져다주는 결과가 시대와 개인에 따라 다르기 때문에, 우리는 결코 모든 것을 같은 식으로 생각할 수 없다. 어떤 사람은 기괴하고, 불가능하며, 실용성이 전혀 없는 것을 믿기도 할 것이다. 예술가들은 사회가 예술을 충분히 높이 평가해주지 않는다고 생각하면서—사실은 예술을 꽤 높이 평가하는데도—항상 그들끼리 어울린다. 반면에, 실용적인 가치가 없는 모호한 표현은 아무런 의미가 없다고 보는 사람도 상당히 많다. 예술의 의미에 대한 이런 논쟁에 정답은 없다. 이런 논쟁도 우리 모두가 각자 다른 성격을 갖고 있는 데서 비롯된 것이다.

지금까지 우리는 5대 성격특성에 대해 살펴봤다. 5대 성격특성은 모두 독특한 핵심특징이 있는데, 그것은 각기 뇌 메커니즘에 기초하고 있다. 그리고 이들 성격특성들은 그 수치에 따라 일정한 비용과 혜택이 있다(〈표 5〉 참조). 바로 이런 비용과 혜택에 의해 각 성격특성의 진화과정이 결정되었지만, 현대인이 삶의 방향을 결정할 때 부딪치는 것도 바로 이런 비용과 혜택들이다(이는 또 다른 문제이며, 이

것은 9장에서 살펴볼 것이다). 이 책을 통해 나는 유전적 차이가 사람의 성격을 만든다는 점을 강조했다. 5대 성격특성 모두에 유전적 요소가 있다는 증거가 있기 때문에 이는 정당한 주장이다. 그러나 성격특성에 유전적 요소가 있다고 주장하는 것이 '유전만이 중요하다는 주장'은 결코 아니다. 성격이 만들어지는 데는 다른 중요한 비유전적인 요인도 있다. 다음 장에서 이를 살펴보자.

〈표 5〉 5대 성격특성 요약

성격특성	주요 심리	혜택(장점)	비용(단점)
외향성	보상에 대한 반응 (중뇌의 도파민 회로)	높은 보상 추구와 획득	육체적 위험, 불안정한 가족관계
신경성	위협에 대한 반응 (변연계: 편도, 해마)	경계, 노력	근심, 우울증
성실성	충동 억제 반응 (배외 전전두피질)	계획, 절제	경직성, 순발력 부족
친화성	타인에 대한 존중 (마음이론−마음읽기, 공감하기)	조화로운 사회관계	자아를 앞세우지 못함, 높은 사회적 지위를 획득하지 못함
개방성	정신적 연상의 광대함	예술적 감수성, 확산된 사고	이상한 믿음, 정신병에 취약

chapter 8

성격과
환경

모든 남자의 아버지는 어린 시절의 자기 자신이다. 왜 그럴까?

— 제럴드 맨리 홉킨스^{Gerald Manley Hopkins}

환경이 성격에 영향을 미칠까?

지금까지 나는 자연선택(정확하게는 방황선택)으로 인해 일정한 범위
의 유전자 변형체(유전적 차이)가 존재하게 되었으며, 이런 유전자
변형체가 각기 다른 성격을 만든다고 주장했다. 또한 유전적 차이에
따른 성격 차이가 존재하는 것은 '시대와 장소를 막론하고 가장 적
합한' 성격이란 존재하지 않기 때문이라고 주장했다. 따라서 여러분
의 성격을 결정하는 큰 요인 중 하나는 여러분이 우연히 갖게 된 유
전자 변형체라고 할 수 있다. 이는 성격에 유전적 요소가 있다는 것
을 지속적으로 밝혀낸 행동유전학 연구가 입증한 사실이다. 행동유
전학자들은 이런 유전적 요인이 성격 형성에 약 50퍼센트의 영향을
미친다고 결론 내렸다. 즉, 성격의 반은 유전자형에 의해 결정된다
는 것인데, 이는 나머지 성격의 반은 물려받은 유전자형과는 관계없
는 다른 요인에 의해 형성된다는 말이다.◆

이번 장은 성격을 결정하는 나머지 반, 즉 성격을 만드는 비유전적 요인에 대해 살펴볼 것이다. 사람들마다 상당한 차이가 있는 비유전적 요인들에는 어린 시절의 경험, 질병, 부모와의 관계, 가족구조, 학교생활, 친구관계 등이 포함될 수 있다. 그런데 유감스럽게도 사람들의 예상과 달리, 심리학자들은 환경이 성격에 어떻게 영향을 미치는지 제대로 밝혀내지 못했다. 사람들은 지난 수십 년 동안 환경이 성격에 미치는 영향이 많은 부분 밝혀졌으며, 유전적 영향이 성격에 영향을 미친다는 것은 최근에야 밝혀진 새로운 사실인 것처럼 말하는 경우가 많다. 그러나 이는 결코 사실이 아니다. 사실, 환경이 성격에 영향을 미친다는 연구는 근거도 부족하고 검증도 부족한 어려운 분야다. 그리고 이런 분야에서 가장 큰 성과를 낸 것은 아이러니하게도 행동유전학자들이었다. 아이러니라고 말하는 것은, 행동유전학은 환경적 요인이 아니라 유전적 요인이 인간 행동에 미치는 영향을 연구하는 학문이기 때문이다. 그러나 행동유전학적 방법론을 통해 우리는 성격에 영향을 미치는 비유전적 요인들을 찾아내고, 그 요인들에 대해 많은 설명을 할 수 있게 되었다. 잠시 뒤에 우리는 이와 관련된 행동유전학 연구결과들을 살펴볼 것이다.**

환경이 어떻게 성격에 영향을 미치는지는 아직도 상당부분 해결하지 못한 문제다. 이번 장에서는 성격에 영향을 미치는 것으로 추정되는 환경 요인들을 살펴볼 것이다. 환경 요인 중 가장 뚜렷한 어느 하나의 요인을 찾지 못한다 해도, 가능한 한 모든 요인들을 대상으로 세 가지 중요한 테스트를 한 후, 그중 한 가지나 두 가지의 테스트를 통과하지 못한 요인들은 무시하는 방법을 사용함으로써 성격에 중요한 영향을 미치는 환경 요인을 찾아낼 수 있을 것이다. 여기서 적용할 세 가지 테스트는 다음과 같다. 첫째, 어떤 환경적 요인이라도 그것이 성격에 영향을 미친다면, 그 이유와 방식이 행동유전학적 증거와 모순되지 않아야 한다. 둘째, 환경과 성격의 인과관계에 있어서 성격이 환경을 바꾸는 것이 아니라 환경이 성격을 바꾼다는 확실한 증거가 있어야 한다. 셋째, 환경이 성격에 영향을 미치는데는 어떤 진화론적 개연성이 있어야 한다.

일란성 쌍둥이와 이란성 쌍둥이 연구

우선 행동유전학에 대해 살펴보자. 행동유전학은 여러 쌍의 개인들을 대상으로—한 가지 성격특성, 즉 외향성 수치 같은—어떤 양을 측정하는 방법을 주로 사용한다. 이런 여러 쌍의 개인들을 다양한 유전적, 환경적 영향을 측정할 수 있도록 선택한다. 가장 정평이 나있는 연구는 일란성 쌍둥이와 이란성 쌍둥이를 비교하는 것이다. 유전적으로 일란성 쌍둥이는 100퍼센트 동일한 반면, 이란성 쌍둥이

◆ 241p 주 - 비유전적 요인이 성격을 형성하는 비율은 실제로는 50퍼센트보다 작을 수 있다. 성격조사 기록에 따르면 한 사람의 성격을 두 번에 걸쳐 조사한 결과 두 조사 간의 일치성은 1 미만이었다. 이것이 의미하는 것은, 같은 사람의 성격수치도 조사 시점에 따라 변동이 있을 수 있으며, 동일한 조사에서 아주 똑같은 성격을 가진 것으로 나타난 일란성 쌍둥이라 하더라도 그 다음 조사에서는 성격수치가 완전히 일치하지 않는다는 것이다. 이렇게 측정결과가 다르게 나타나는 데 영향을 미친 변수를 뭉뚱그려 환경적 영향이라고 본다. 그런데 환경적 변수의 영향을 통제하면 환경이 성격에 영향을 미치는 정도는 감소한다(Plomin, Asbury and Dunn 2001, p. 228). 더욱이 자신을 평가한 성격수치는 자신의 행동이 모든 상황에서 일관성 있다고 과대평가해 보고한 것일 수 있다. 따라서 자기평가 대신 객관적인 측정을 하면, 유전적 요인이 모든 상황에 나타나는 행동의 일관성에 더 많은 영향을 미쳤음을 알 수 있다(Harris, 2006, p. 120). 요컨대, 모든 상황에 적용되는 일관된 행동은 주로 유전적 요인에 의해서, 그리고 각각의 상황에 맞는 구체적인 행동은 주로 각자의 개별 환경(즉, 자신만의 경험과 학습)에 의해서 결정된다고 할 수 있다. 이는 흥미로운 논의지만, 이번 장에서 나는 각자가 경험하는 개별 환경이 그 사람의 성격에 상당한 영향을 미친다는 통설을 따르고자 한다.

◆◆ 환경이 성격에 어떻게 영향을 미치는지는 아직도 미스터리다(이에 대한 논의는 Turkheimer and Waldron, 2000년 참고).

는 50퍼센트만 동일하다. 그런데 일란성 쌍둥이와 이란성 쌍둥이들의 가족환경은 각자 동일하다(각각의 쌍둥이들은 부모가 동일하고, 같은 집에서 같은 시기에 성장한다). 따라서 일란성 쌍둥이들의 성격 유사성(상관관계)이 이란성 쌍둥이들보다 크다면, 그것은 일란성 쌍둥이들이 공유하는 유전자가 50퍼센트 더 많기 때문이다. 실제로 일란성 쌍둥이들의 성격이 이란성 쌍둥이들보다 훨씬 더 비슷했다. 요컨대, 환경이 같을 때 일란성 쌍둥이들의 성격이 이란성 쌍둥이들보다 비슷하다는 것은, 일란성 쌍둥이들이 동일한 유전자 변형체를 50퍼센트 더 많이 갖고 있기 때문이라고 할 수 있다. 이는 결국 유전적 요인이 적어도 50퍼센트 정도는 성격에 영향을 미친다는 주장의 근거가 되었다.

그런데 행동유전학자들이 이런 주장만 했다면 비판하기 쉬웠을 것이다. 왜냐하면 일란성 쌍둥이들이 이란성 쌍둥이들보다 더 비슷하게 양육되었을 수도 있기 때문이다. 즉 일란성 쌍둥이들의 양육환경이 이란성 쌍둥이들보다 더 비슷했기 때문에 성격이 더 비슷해졌다고 볼 수도 있다. 그러나 다른 연구들도 위에서 소개한 행동유전학 연구결과와 일치했다. 우선, 입양 등으로 인해 서로 다른 가정에서 자란 일란성 쌍둥이들의 성격은 함께 자란 일란성 쌍둥이들만큼이나 비슷했고, 떨어져 자란 이란성 쌍둥이들의 성격은 떨어져 자란 일란성 쌍둥이들보다 더 달랐다. 또, 쌍둥이가 아닌 형제로서 각자 다른 가정에 입양된 형제들은 거의 또는 전혀 만난 적이 없음에도 불구하고 성격이 닮았고, 같은 가정에 입양되었지만 생물학적 부모가 다른 형제들과는 타인만큼이나 성격이 달랐다. 생물학적 부모 서로 다른 입양 형제들 간의 성격 유사성은 거의 0에 가까웠다.

이 모든 연구결과는 유전적 요인이 성격에 영향을 미친다는 강력한 증거가 되었다. 그러나 유전이 성격을 결정하는 유일한 요인은 아니다. 만약 그랬다면 유전자가 동일한 일란성 쌍둥이들은 100퍼센트 동일한 성격을 가지게 되었을 텐데, 그 정도는 아니기 때문이다. 사실, 일란성 쌍둥이들의 성격 상관지수(성격 유사성)가 상당히 높기는 하지만, 1(100퍼센트 동일한 경우)보다는 훨씬 낮다. 따라서 행동유전학은 비유전적 요인의 영향도 있음을 인정한다. 유전자가 동일한 일란성 쌍둥이들의 성격이 100퍼센트 같지 않다는 사실은, 성격에 영향을 미치는 비유전적 요인이 무엇인지에 대한 실마리를 제공해준다.

유전적 요인과 양육환경

우리는 형제들의 성격에 영향을 미치는 요인을 잠정적으로 세 가지—두 가지가 아니다—유형으로 구분할 수 있다. 첫째는 유전적 요인이다. 형제들이 부모에게서 물려받은 유전자 변형체가 그것이다. 둘째는 함께 공유한 동일한 가족환경이다. 두 형제가 모두 로데오 쇼걸인 어머니 밑에서 자란다면 같은 환경의 영향을 받지 않을수 없다. 셋째는 공유하지 않은 이른바 개별환경이다. 형은 경험했지만 동생은 경험하지 않은 일을 말한다. 형은 두 살 때 심한 홍역을 앓았지만 동생은 앓지 않았고, 또 동생은 지나가는 스님을 보고 큰 영향을 받았지만 형은 그날 다른 곳에서 다른 일을 하고 있었을 수도 있다.

함께 자란 일란성 쌍둥이는 유전적 요인과 공유환경이 100퍼센트 동일하지만, 공유하지 않은 개별환경은 (이론상) 100퍼센트 다르다. 서로 떨어져 자란 일란성 쌍둥이는 유전적 요인은 100퍼센트 동일하지만, 10개월간 함께 있었던 엄마 뱃속(태아환경)을 제외하고는 공유환경과 개별환경이 100퍼센트 다르다. 따라서 떨어져 자란 일란성 쌍둥이들의 성격 유사성과, 함께 자란 일란성 쌍둥이들의 성격 유사성 간에 차이가 있다면, 그것은 공유환경의 차이에서 비롯된 것이기 때문에 공유환경의 영향을 직접 확인할 수 있다. 그런데 실제로 연구를 해본 결과 공유환경이 성격에 미친 영향은 0이었다. 떨어져 자란 일란성 쌍둥이들과, 함께 자란 일란성 쌍둥이들의 성격 유사성에 별 차이가 없었던 것이다. 입양아의 경우에도 같은 연구를 적용할 수 있다. 생물학적 부모가 같은 두 형제가 각각 다른 가정에 입양되었다고 할 때, 이들의 유전적 요인은 50퍼센트 같지만, 공유환경은 100퍼센트 다르다. 반면, 생물학적 부모는 다르지만 한 가정에 입양된 형제의 경우, 유전적 요인은 100퍼센트 다르지만, 공유환경은 100퍼센트 같다. 이 사례에서도 공유환경의 영향을 측정할 수 있는데, 그 결과는 0이었다. 공유환경이 성격에 영향을 미치지 못한다는 가장 뚜렷한 증거는 같은 가정에서 자란 입양형제들 간의 성격이 동일 모집단에서 무작위로 선택한 두 타인 간의 성격만큼이나 다르다는 데 있다.

그렇다면 "공유환경인 부모의 성격은 (유전적인 영향 말고는) 자녀의 성격에 여하한의 영향도 미치지 못한다. 양육방식도 아이의 성격에 아무런 영향을 미치지 못한다. 부모의 식습관, 흡연, 가족 규모,

교육, 인생철학, 성적 취향, 결혼상태, 이혼, 재혼 등도 아이의 성격에 아무런 영향을 미치지 못한다"는 심란한 결론에 이르게 된다. 이런 공유환경 요인들이 지속적으로 영향을 미쳤다면, 생물학적 부모는 다르지만 같은 가정에 입양된 아이들의 성격은 무작위로 고른 다른 두 아이의 성격보다 더 비슷해야 한다. 그러나 그렇지 않았다. 여러분이 이런 사실을 믿을 수 없을 경우를 대비해, 몇 가지 보충 설명을 준비했다. 첫째, 부모의 행동과 가족환경이, 아마도 평생, 자식의 '삶'에 영향을 미친다는 데는 의문의 여지가 없다. 부모가 가족을 이끄는 방식에 따라 가족 간의 관계와 행동이 형성된다. 그런데 문제는 이런 것이 아이의 성격 형성에는 영향을 미치지 않는다는 것이다. 둘째, 위에서 제시한 결론을 뒷받침하는 연구들은 아주 정상적인 가정만 대상으로 한 것이다. 아주 폭력적이고 아동학대가 심한 가정의 경우, 이런 폭력적인 경험이 항구적인 영향을 미칠 수는 있다. 따라서 이런 연구들이 실제로 보여준 것은 '정상적인 가족의 경우' 공유환경 요인이 성격 형성에 아무런 영향을 미치지 못했다는 것이다. 그러나 그 정도에 불과하다. 대부분의 가정은 정상적인 가족에 속하지 않는가?

가족환경이 성격 형성에 미치는 영향

공유환경이 성격에 아무런 영향을 미치지 못한다는 발견은 매우 쇼킹한 것이며, 그래서 꽤 심한 논란이 있었다. 공유환경이 성격에 아무런 영향을 미치지 못한다는 것은 우리의 직관에 반하고 공고한 믿음을 뒤집는 것이기 때문에, 이런 발견은 최근 수십 년간 이루어진 가장 중요한 심리학적 발견이라고 할 수 있다. 요컨대, 냉정한 어머니, 편모, 또는 대가족이나 농촌생활 같은 공유환경이 우리의 성격에 영향을 미쳤을 것이라는 단순한 생각은 모두 버려야 한다. 이런 가족환경이 조금이라도 영향을 미친다면, 공유환경이 성격에 미치는 영향이 0이 되어서는 안 된다. 그렇다면, 이혼한 부모의 자녀들도 성인이 된 후 이혼할 가능성이 높고, 어린 시절 부모의 폭력을 경험한 사람이 자라서 더 폭력적이 된다는 연구결과는 어찌된 것인가? 결론을 말하자면, 이런 연구들도 환경적 영향이 아니라 유전적 영향으로 설명하고 있다는 것이다. 다시 말해, 신경성이 높은 사람은 우울증과 이혼의 가능성이 일반인들보다 높고 그들 자녀도 그럴 가능성이 더 높은데, 그것은 자녀들이 부모를 보고 배운 것이 아니라 애당초 부모를 그런 사람으로 만든 유전자 변형체를 자녀들이 물려받았을 가능성이 더 높기 때문이다. 부모와 자녀의 유사성, 그리고 양육행태와 성인이 된 후 자식의 행태도 유전적 영향으로 설명할 수 있다.

다시 말하지만, 가족환경이 성격에 영향을 미친다는 '단순한 관념'은 폐기해야 한다. 그래서 나는 가족환경과 성격의 관계를 다소 신중하게 재정리했다. 가족환경이 성격 형성에 어떤 역할을 한다면, 그 역할은 그렇게 단순한 것이 아니라 훨씬 미묘하고 다채로운 것이어야 한다. 구체적으로 말해, 가족이라는 공유환경이 성격 형성과 관련해 여하한의 의미가 있으려면, 그것은 가족이라는 공유환경이 각각의 자녀들에게 서로 다른 영향을 미치는 것이어야 한다. 예컨대, 부모의 이혼으로 인해 한 자녀는 집 밖에서 매우 사교적이고 외향적으로 되지만, 다른 자녀는 위축되고 내향적이 될 수 있다. 이것이 이른바 '개인과 환경의 상호작용person-by-environment interactions'이라는 것이다. 개인과 환경이 상호작용하면 환경은 모든 개인에게 동일한 영향을 미치는 것이 아니라, 개인에 따라 다른 영향을 미치게된다. 따라서 개인과 환경이 상호작용을 하면 동일한 사건(공유환경)도 개인별로 다른 결과(행동과 성격의 차이)를 초래한다.

개인과 환경이 상호작용한다는 것이 가능하긴 하지만, 신중할 필요가 있다. 즉 '동일한 공유환경인데도 사람마다 서로 다르게 반응하는 이유', 곧 '동일한 환경과의 상호작용이 개인마다 다른 이유'를 밝혀야 한다. 사람마다 유전자형이 다르기 때문이라고 할 수도있다. 두 형제 중 짧은 세로토닌 전달유전자 두 개를 가진 아이는 어린 시절 겪은 부정적인 인생사에 드라마틱하게 반응할 수 있고, 이는 성격 형성에 연쇄적인 영향을 미칠 수 있다(짧은 세로토닌 전달유전자는 높은 신경성과 관련이 있다). 반면, 긴 세로토닌 전달유전자를가진 다른 형제는 부정적인 인생사를 빠르게 극복하고 그 경험을 통해 어려움을 극복할 수 있다는 확신을 가질 수 있다. 그런데 이 경우, 개인과 환경의 상호작용이 다른 것은 결국 개인별로 다른 유전자가 간접적으로 작용한 것—잠재된 유전적 차이가 환경에 의해 드러난 것—에 불과하다. 그렇다면 개인과 환경의 상호작용이란 것은유전자와 공유환경의 상호작용이 되고 만다. 그런데 각 개인의 유전자와 공유환경의 상호작용 때문에 동일한 공유환경에서도 사람들의성격이 각각 달라진다는 논지로는 유전자와 공유환경이 모두 같은일란성 쌍둥이들의 성격이 다른 이유는 설명할 수 없다.

그렇다면 어떤 '비유전적 매개요인' 때문에 동일한 공유환경에서도 사람마다 서로 다르게 반응한다는 설명이 가능할까? 가장 그럴 듯한 비유전적 매개요인은 나이다. 부모의 위기가 두 살짜리 아기와 7세짜리 아이에게 미치는 영향은 크게 다를 수 있다. 그러나 여기서도 일란성 쌍둥이가 문제가 된다. 같은 가정에서 함께 자란 일란성 쌍둥이가 다른 가정에서 떨어져 자란 일란성 쌍둥이보다 성격이 더 비슷한 것도 아니다(이 두 쌍둥이들의 성격 유사성은 서로 비슷하다). 그리고 함께 자랐다면, 일란성 쌍둥이들은 정확히 같은 나이에 모든 사건을 같이 경험하기 마련이다. 같은 나이에 같은 사건을 경험한 일란성 쌍둥이의 성격 유사성과 같은 나이에 다른 사건을 경험한 일란성 쌍둥이의 성격 유사성이 같다면, 나이와 환경이 별로 상호작용을 하지 않은 것으로 보인다. 따라서 개인과 환경의 상호작용은 함께 자란 일란성 쌍둥이라 해도 서로 확연히 다를 수 있는, 다른 비유전적 매개요인이 있어야만 행동유전학적 설명력을 가질 수 있다. 그렇다면, 우리가 일반적인 가족 요인이 성격에 어떤 영향을 미친다고 느낀다 해도, 이는 매우 헛된 망상일 가능성이 높다. 그래서 가족환경이 영향을 미친다고 말하려면 '가족환경이 어떤 영향을 미친다. 그러나 그 영향의 정도가 사람마다 다른 것은 유전적 요인이나 나이가 아니라 각자에게 고유한 개인적 요인 때문이다'라고밖에 말할 수 없다. 그러나 이는 제대로 된 설명이 아니다('서로 다른 것은 서로 다르기 때문이다'라는 동어 반복에 가깝다). 이를테면 가족환경이 영향을 미칠 수는 있겠지만, 그 정도는 0에 가깝고 영향을 미쳤어도 거의 우연인 경우에 불과하다.

어떤 환경 요인이든 그것이 성격에 영향을 미치는 것으로 인정되기 위해 통과해야 할 첫 번째 테스트는, 그 환경 요인이 성격에 영향을 미친다는 것이 행동유전학적 증거와 일치해야 한다. 그런데 위에서 살펴본 대로 가족환경 같은 환경 요인은 그 테스트를 통과하지 못했다. 두 번째 테스트는 환경과 성격의 인과관계에 있어서 성격이 환경을 바꾸는 것이 아니라 환경이 성격을 바꾼다는 증거가 있어야 한다는 것이다. 성격을 바꾸는 환경으로 가장 그럴듯한 것은 각 자녀에 대한 '부모의 상이한 처우' 다. 부모들 자신의 평가, 자녀들의 평가, 그리고 객관적인 평가에 따르면, 부모는 각각의 자녀를 서로 다르게 대한다. 그렇다면 자녀들의 성격이 다른 것이 부모의 상이한 처우 때문일까? 그럴 수도 있다. 그런데 문제는 그 반대도 가능하다는 것이다. 즉 부모가 자녀를 대하는 태도가 다른 이유는 자녀들의 성격이 다르기 때문일 수도 있다. 가족 데이터를 가지고 이런 가능성들을 테스트하는 '다변수 유전분석multivariate genetic analysis' 이라는 기법이 있는데, 이 기법으로 밝혀낸 것은, 부모의 상이한 처우가 자녀의 성격 차이를 유발하는 것이 아니라, 자녀의 서로 다른 유전적 성격이 부모의 상이한 처우를 유발한다는 것이었다. 결국, 부모의 상이한 처우라는 환경적 요인은 두 번째 테스트를 통과하지 못했다.

행동유전학이 밝혀낸 환경 – 성격의 상호작용

환경이 성격에 영향을 미치는지 알아보기 위한 세 번째 테스트는 '진화론적 개연성' 이다. 즉 환경이 성격에 영향을 미치는 데는 진화론적으로 그럴 만한 이유가 있어야 한다는 것이다. 우리는 양육과 학습환경이 똑같이 성격에 영향을 미치며, 양육과 학습에 공통된 환경이 성격을 형성하는 한 요인이라고 보면서 양육과 학습의 역할을 따로 구별하지 않는 경향이 있다. 부모의 이혼이 자동적으로 자녀들의 이혼 가능성을 증가시킨다는 주장이나, 부모-자녀의 행동 유사성에 관한 모든 이론은 이런 가정에 기초한 것이다. 여기서 우리는 환경이 행동에 실제로 어떻게 영향을 미치는지, 특히 그 안에 있는 진화 메커니즘의 역할에 대해 보다 자세히 검토해야 한다.

물벼룩의 경우를 보자. 물벼룩 중에는 머리나 등에 벼슬을 갖고 있는 것도 있고, 벼슬이 없는 것도 있다. 벼슬은 유전적인 것이 아니고, 전적으로 환경적 요인에 따른 것이다. 포식자가 있으면 벼슬을 갖는 것이 자신을 보호하는 데 도움이 되기 때문에 물벼룩은 벼슬을 갖는다. 그러나 벼슬을 기르는 데는 많은 비용이 든다. 벼슬을 가진 물벼룩은 벼슬이 없는 물벼룩보다 성체成體가 되는 데 더 오랜 시간이 걸리며, 포식자가 없는 곳에서는 벼슬이 없는 물벼룩보다 생존력이 떨어진다. 일련의 실험결과, 포식자가 있는 환경에서 물벼룩을 부화시키면 물벼룩은 벼슬을 기른다. 이는 진화론적 관념과 전적으로 일치하는 것이다. 벼슬이 있는 물벼룩은 포식자가 있는 환경에서는 유리하지만 포식자가 없는 환경에서는 불리하다. 따라서 벼슬이 있고 없고는 유전이 아니라 환경이 작용한 것이다. 그런데 환경의 어떤 측면이 작용한 것일까?

밝혀진 바에 따르면, 물벼룩은 꼭 포식자가 있어야만 벼슬을 기르는 것이 아니라 포식자가 있었던 물만 있어도 벼슬을 기른다. 포식자는 카이로몬kairomones이라는 성분을 배출하는데, 물벼룩은 이 성분을 탐지해 그것을 자신의 성장 패턴을 결정하는 단초(조건)로 사용한다. 물벼룩들은 포식자의 종류를 구별할 수 있기 때문에, 큰 포식자에 대해서는 큰 벼슬을 기른다. 물벼룩은 결국 환경의 영향을 받는 것이지만, 그렇다고 물의 온도나 빛, 기타 다른 환경적 요인에 영향을 받는 것이 아니라 특별한 카이로몬 성분에만 영향을 받는다. 물벼룩이 특별한 카이로몬 성분에만 반응하는 것은 물벼룩이 'X라는 구체적인 환경 요인이 존재하면, Y를 더 많이 갖는 형태로 발전한다'는 '유전적으로 조건화된 진화 메커니즘'을 갖고 있기 때문이다. 이 메커니즘은 X라는 조건에 대해 Y를 가지는 것이 상당히 도움이 될 경우에만 진화한다. 가령, X라는 조건이 있으면 Y가 나타나리라는 것을 상당히 '예측'할 수 있어야 한다.

환경의 영향을 고려할 때 우리가 기억해야 할 것은, 성체가 환경의 영향을 받는 것은 어떤 구체적인 결과 Y를 낳는 구체적인 조건 X가 진화 메커니즘에 의해 설정되어 있는 경우뿐이며, X라는 조건이 있으면 반드시 Y라는 결과가 나온다는 것을 예측할 수 있어야만 진화 메커니즘이 존재한다는 것이다. 이 책에서 나는 어떤 수준의 성격이 어떤 환경에서는 유리하지만 다른 환경에서는 그렇지 않다고 주장했다. 따라서 물벼룩의 경우처럼 자연선택으로 인해 '환경이 이러이러하면, 이러이러한 성격이 형성된다'는 식의 '특정 환경-성격 메커니즘'이 만들어지면 개체는 큰 보상을 얻을 수 있다. 이런 메커니즘이 존재한다면, 특정한 환경조건이 주어질 경우 그 조건에 의해 성체—자궁이라는 환경을 제외하고 환경과 상호작용하는 것은 성체뿐이다—로서의 개체가 어떤 성격을 갖게 될지, 실제 예측할 수

253

있고 또 그래야 한다.

어머니와의 애착관계가 성격에 미치는 영향

이러한 '특정 환경-성격 메커니즘'을 통해 성격 형성에 영향을 미치는 것으로 추정되는 몇 가지 환경 요인이 있다. 예를 들면, 애착이론가들attachment theorists은 어머니와 아이의 유대가 일종의 감정 템플릿template을 만들며, 이렇게 형성된 감정 템플릿이 성인이 된 후의 인간관계에도 영향을 미친다고 주장한다. 이 감정 템플릿은 실제로 어느 정도나 적용될 수 있을까? 아이와 어머니 간의 애착 수준은 아이와 어머니의 관계─인생에서 매우 중요한 관계 중 하나─에서 대단히 중요하다. 그러나 아이와 어머니의 관계라는 '하나의 관계'에서 이루어진 상호작용 패턴이 그 아이가 평생 갖게 될 '모든 관계'에도 적용된다고 볼 수는 없다. 그 아이의 어머니가 아주 독특한 개성을 가진 사람일 수도 있고, 병에 걸렸을 수도 있으며, 그 아이말고도 다른 것에 더 큰 애착을 가졌을 수도 있다. 매우 독특한 한 현상으로 그 아이의 전체적인 성격을 판단하는 것은 진화론적으로 의미가 없다. 이는 애착이론 연구에서 밝힌 증거들과 일치한다. 어머니가 우울증에 걸린 아이는 어머니와의 상호작용이 유별나게 약하다. 그러나 이 아이와 보육교사의 상호작용은 정상이다. 물론, 아이들이 어머니와의 상호작용에서 배우는 것은 어머니와 유사한 것이지 세상과 유사한 것은 아니다. 따라서 '아이와 어머니의 유대'라는 환경 요인은 진화론적 개연성 테스트를 통과하지 못한다.

형제서열이 성격에 미치는 영향

지금까지 우리는 모든 가능한 환경 요인이 성격에 영향을 미치는 것으로 인정받기 위해 통과해야 할 테스트가 무엇인지 확인했다. 그렇다면 실제로 성격에 영향을 미칠 수 있을 수 있는 환경 요인은 무엇이며, 그런 요인들은 어떻게 작용하는가? 지금부터는 그런 환경 요인들을 덜 중요한 것부터 차례대로 검토해보자.

성격에 영향을 미칠 수 있는 첫 번째 환경 요인은 '형제간 서열' 이다. 형제간 서열이 성격에 영향을 미친다는 견해는 지속적으로 제기되어 왔다. 영향을 미친다는 연구도 많지만, 그렇지 않다는 연구도 많다. 결국, 이 분야의 두 권위자가 역대 최대의 연구를 수행한 후, 출생 순서는 성격에 아무런 영향을 미치지 못한다는 결론을 내렸다. 그러나 출생 순서가 성격에 영향을 미친다는 생각은 아직도 사라지지 않고 있다. 최근의 한 연구는, 장남과 장녀는 성실성은 높았지만 친화성은 낮았고, 동생들은 매우 말을 안 듣고(반항적이고) 경험을 두려워하지 않는다는 연구결과를 발표했다. 어떤 연구는 이런 결과를 뒷받침하는 증거를 일부 발견하기도 했지만, 다른 연구는 관련된 증거를 찾지 못한 경우도 있다. 이런 상반된 연구들을 살펴보는 것도 나쁘지는 않을 것이다.

대체로 한 사람이 자신과 형제들의 성격을 평가할 때는 형이나 언니는 자신보다 약간 더 성실하다고 보고 동생들은 말을 안 듣고 잘 논다고 보는 경향이 있다. 그러나 이 경우 '성실하다' 는 것은 '더 나이가 많다' 는 것과 같고, '말을 안 듣고 잘 논다는 것' 은 '어리다' 는 것과 같은 의미다. 평가자가 형제들의 성격을 판단할 때, 손위 형제를 판단할 때는 유아기 내내 자신보다 더 나이가 많은 사람을 기억하고, 동생들을 볼 때는 유아기 때 자신보다 나이가 어린 사람을 기억한다. 따라서 평가자가 동생들은 말을 안 듣고 형이나 언니는 성실하다고 보는 것은 아주 당연하다. 다른 형제가 스스로를, 그리고 이웃들이 다른 형제를 평가한 내용으로, 장남과 장녀는 성실성이 높고, 동생들은 개방성이 높다는 것이 확인되면 좋겠지만, 관련 연구는 그렇지 않다는 결과를 내놨다. 형제서열과 성격 간의 관계에서 그럴듯한 유일한 결론은, 장남과 장녀의 친화성이 다소 낮았다는 것인데, 그나마 동생들과도 별 차이가 없는 정도였다.

따라서 형제서열이 성격에 영향을 미친다고 보기는 어렵다. 형제서열이 성격에 미치는 영향에 대해 진화론적인 설명을 하려는 시도도 있었다. 동생들은 형들과 경쟁하기 위해 자신을 차별화해야 하는 과정에서 다른 성격을 갖게 된다는 것이다. 이런 진화론적 논리로는 형제서열로 가족 내 상호작용을 예측할 수 있을지 몰라도, 형제서열이 일반적인 성격 형성에 어떤 영향을 미치는지에 대해서는 아무런 설명도 하지 못한다. 아이는 형제와 부모에게 어떻게 행동하면 관심과 자원을 얻는 데 도움이 되는지 알 수 있다. 이는 형제서열이 가족 내 역학관계에 영향을 미친다는 것을 의미한다. 그러나 성격은 전 생애에 걸쳐 일관되며, 부모와 형제의 개입이 없는 대부분의 성인시절을 포함한 모든 맥락에 적용되는 반응 양식이다. 가족 상황에 대처하기 위해 배웠던 요령을 성인이 된 후의 구애나 다른 동료들과의 경쟁에 적용하기란 어렵다. 형제서열이라는 우연한 요인을 가지고 한 사람이 구애나 경쟁 같은 삶의 과제를 어떻게 해결할지 예측할 수 없다. 기실, 형제서열로 성격을 판단하고 삶을 어떻게 살아갈지 예측하려는 것은 매우 잘못된 것이다. 여러분은 가족 중에서 육체적으로 가장 덜 매력적인 사람일 수는 있지만, 성인이 되어 만나게 될 대부분의 타인들보다는 훨씬 더 매력적인 사람일 수 있다. 따라서 형제서열이 낮기 때문에 자신이 진취적이라고 판단하는 것은 쓸데없는 짓이다.

결국 형제서열로 환경이 성격에 영향을 미친다는 설명을 할 수 없다. 에른스트Cecile Ernst와 앙스트Jules Angst의 1983년 연구도 같은 결론을 내렸다. 그런데 왜 사람들은 형제서열이 성격에 영향을 미친다는 생각에 집착하는 것일까? 그 이유는 형제들에게 서로의 성격을 진단하게 할 경우, 사람들은 가족 내에서 형제서열에 따라 각자 다른 상호작용을 할 때의 형제를 떠올리고, 그렇게 각각 다른 형제들의 상호작용 유형을 형제들의 성격으로 보기 때문이다. 즉, 형제서열이 성격에 영향을 미친다는 관념에 대해 생각할 때, 우리는 우리의 형제들을 생각하게 된다. 그래서 과거 형제들을 생각할 때, 우리는 형제들과 가장 기억에 남는 상호작용을 하던 때의 형제들, 지금과는 다른 나이 때의 형제들, 가족의 관심을 끌기 위해 서로 경쟁하던 때의 형제들을 기억한다. 이렇게 기억하는 형제들은 가족 내 서열에 따라 우리와 매우 다른 것처럼 보인다. 물론 가족 내 서열에 따라 상호작용 유형이 다르긴 하다. 그러나 과거의 그런 차이가 성인이 된 후 가족을 떠나 갖게 된 성격의 차이를 결정하는 것은 아니다.

태아환경이 성격에 미치는 영향

형제서열 다음으로 고려해야 할 두 번째 환경 요인은 '임신 중의 생리적 환경'이다. 많은 동물의 경우, 임신한 모체의 상태가 성인이 될 때까지 자손의 발육, 신진대사, 심지어 행동에까지 큰 영향을 미친다는 것이 밝혀졌다. 예를 들면, 임신 중 스트레스를 받은 어미에서 태어난 쥐는 임신 중 스트레스를 받지 않은 어미에서 태어난 쥐보다 더 불안해한다. 이런 쥐들은 새로운 환경 또는 넓은 공간에 나가기를 꺼리며, 행동도 보다 신중하다. 즉, 이런 쥐들은 주변환경을 통제하려고 하기보다 주변환경이 위험으로 가득 차 있는 것처럼 행동한다. 이런 현상이 재미있는 것은, 이런 행동이 인간의 신경증과 유사하기 때문이다. 여기서 (스트레스 호르몬 메커니즘을 통해 조성된) 어미 쥐의 상태는 새끼가 태어날 환경 유형을 미리 알려주는 일종의 '기상예보' 기능을 하고, 새끼는 그것에 반응해 앞으로 살게 될 그런 세상에 적응하기 위해 스스로를 튜닝한다.

생쥐의 경우, 이런 튜닝시스템은 몇 가지 이유로 긍정적이라고 할 수 있다. 생쥐는 먹이사슬에서 먹이 역할을 하는 종이며, 어미 쥐의 스트레스는 포식의 위험을 미리 알려주는 신호 역할을 한다(이와 관련된 몇몇 실험에서 어미 쥐의 스트레스를 유발한 것은 주변에 놓아둔 고양이였다). 최소한 처음에는 새끼가 어미 쥐와 동일한 장소에서 살게 된다는 점을 감안하면, 어미 쥐가 겪는 포식의 위험은 새끼 쥐가 겪을 포식의 위험을 미리 알려주는 좋은 신호가 된다. 더욱이 포식자의 개체 수는 중장기적으로 변동이 있겠지만 1, 2년간은 상당히 일정하다. 1, 2년은 쥐의 수명과 얼추 일치한다. 따라서 새끼 쥐들은 어미 쥐들이 느끼는 포식의 위험 같은 스트레스를 기상예보처럼 전달받아 그에 맞춰 자신의 반응을 미리 튜닝해두고 행동하는 것이 생존에 유리하다. 그러나 환경이 너무 빨리 변해 새끼가 자란 후에 어미의 '기상예보'가 쓸모없게 된다면, 새끼가 어미의 환경에 맞춰 항구적으로 자신의 반응을 미리 튜닝해두는 것은 불합리한 것이다.

인간에게도 비슷한 일이 벌어질까? 임신 중에 남편의 죽음 혹은 기근이나 전쟁 같은 심한 스트레스를 겪은 어미가 낳은 자식은 일반적인 경우보다 정신장애 가능성이 높다는 연구보고들이 있다. 어미가 임신 중에 겪은 스트레스가 실제로 자식의 성격을 바꾸는지, 아니면 그저 자식의 생리적 조건에 나쁜 영향—일반적으로 병에 걸릴 위험이 증가하는 식으로—을 미치기만 하는 것인지는 아직 밝혀지지 않았다. 인간은 쥐와 매우 다르다. 인간은 쥐보다 훨씬 오래 살며 포식의 위험에 시달리지도 않는다. 따라서 임신 중의 생리적 환경이 성격에 영향을 미칠 수 있다는 생각이 어느 정도 설득력이 있다 해도, 쥐의 경우처럼 인간도 그런지는 분명하지 않다.

어미의 스트레스 호르몬만이 기상예보 기능을 하는 것은 아니다. 어미의 건강상태가 좋지 않거나 자라는 태아에게 제한된 영양분만 공급된다면, 태아는 결핍환경에 놓이게 된다. 이런 결핍환경이 자식에게 영향을 미친다는 것은 그럴듯한 생각이다. 우리 조상들이 살았던 수렵채집인 사회는 매우 공동체적이고 재분배적인 사회였다. 따라서 한 사람(어머니)이 식량부족을 겪는다는 것은 식량부족이 사회에 만연한 상태라는 것을 의미하며, 이런 식량부족이 몇십 년간 계속되었다면 자식이 어미의 상태에 맞춰 식량부족과 영양결핍에 대비하는 것은 합리적이다.

어머니의 영양상태가 자식의 신진대사에 영향을 미친다는 증거가 있다. 저체중이나 기근 중에 태어난 아이는 작은 체격과 식량부족 환경에 맞는 심혈관 및 신진대사 시스템을 갖고 있다. 이런 시스템은 식량이 부족했던 조상들의 환경에서는 효과적인 것일 수 있다. 그러나 식량이 풍부한 현대사회는 당뇨, 고혈압, 심혈관 질환의 위험이 특히 높다. 또한 식량이 부족한 곳에서는 그런 환경에 보다 유리한 행동이 있는 법이다. 예를 들면, 경쟁이 심하면 상대방을 다소간 덜 믿고 덜 협조적인 것이 유리할 수 있으며(낮은 친화성을 예측할 수 있다), 위험한 탐구적 행동이 화를 초래할 수 있다(낮은 외향성을 예측할 수 있다). 태아환경이 성격에 영향을 미친다는 생각은 아직 추정에 불과하지만 좀더 연구해볼 가치가 있다. 또한 태아환경이 성격에 미치는 영향은 발전생물학developmental biology의 핵심 주제 중 하나이기 때문에도 연구할 가치가 있다. 그렇지만 여기에는 한 가지 문제가 있다. 만약 태아환경이 매우 중요한 요인이라면, 쌍둥이의 경우 태아환경이라는 공유환경이 쌍둥이에게 분명한―즉, 동일한―영향을 미쳐야 하는데, 그런 영향은 발견되지 않았다. 일란성 쌍둥이들은 태어날 당시 몸무게가 달랐다. 같은 자궁(같은 태아환경)에 있었음에도 불구하고 일란성 쌍둥이들의 태아 시절은 분명 서로 달랐던 것이다. ◆

태아환경과 성격 사이에 또 다른 흥미로운 관계가 있는데, 최근의 몇몇 연구는 출생 계절에 따라 성격수치가 다르다는 것을 발견했다. 특히, 북유럽 사람 중 가을/겨울에 태어난 사람은 청년시절에 새로

운 것을 추구하거나 획기적인 것을 추구하는 수치가 봄/여름에 태어
난 사람보다 높았다. 새로운 것과 획기적인 것을 추구하는 것은 보
상을 추구하는 것과 비슷한 것으로 외향성에 속하는 특징이다. 그런
데 북유럽 사람 중 가을/겨울에 태어난 사람의 외향성 수치가 이렇
게 높은 이유는 아직 충분히 밝혀지지 않았다.

한 가지 가능한 설명은, 태아환경 그리고(또는) 출생 직후의 환경
이 계절에 따라 다르기 때문이란 것이다. 역대 핀란드인에 대한 연
구에 따르면, 가을/초겨울에 출산한 아이의 유아생존율이 가장 높았
다. 질병이든 영양상태든 어떤 이유든 간에, 여름에 임신되어 추수
후에 태어난 아이들의 생존율이 가장 높았다. 또 높은 외향성이 건
강한 육체를 갖기 위한 최상의 전략이라면, 가을/겨울에 태어난 아
이들이 보다 외향적인 성격이 되었을 수도 있다. 그러나 풍요로운
현대사회에서 지금도 여전히 가을/초겨울에 태어난 아이의 유아생
존율이 가장 높고 이들의 외향성 수치가 높은 이유가 무엇인지는 아
직 명확하게 밝혀지지 않았다.

키, 몸매, 매력 등 육체적 특징이 성격에 미치는 영향

형제서열과 임신 중의 생리적 환경 다음으로 고려해야 할 세 번째,
그리고 마지막 환경 요인은 그 사람이 갖고 있는 면역시스템, 순발
력 등 여러 '개인적 특징'이다. 예컨대 한 사람이 어떤 위해요소에
대해 얼마나 신경증적이 되느냐 하는 것은 부분적으로 그 사람이 얼

◆ 태아환경이 미치는 영향은 발전생물학의 핵심 주제 중 하나다(이에 대해서는 Bateson et al., 2004 참
조). 어미와 마찬가지로 (정자의 생화학적 정보를 통해) 아비도 영향을 미칠 수 있으며, 그 영향은 1세대
이상 지속될 수 있다. "조부모가 부모의 생리를 만들고, 부모는 자식의 생리를 만든다."(이에 대해서는
Pembrey et al., 2006 참조.)

마나 빠른가, 그의 면역시스템이 얼마나 좋은가 등에 달려 있다. 또한 사람이 위험한 보상을 추구할 것이냐 말 것이냐 하는 것은 그 사람이 강하고 매력적이냐 그렇지 않느냐에 많이 달려 있다. 강하면 일이 잘못되었을 때 충분히 대처할 수 있고, 매력적이면 사회적 혹은 성적 보상을 추구할 때 유리하다. 그리고 한 사람이 문제를 해결하기 위해 성실하게 노력할 것이냐 아니냐는 부분적으로 그 사람이 얼마나 똑똑한지에 달려 있다. 똑똑한 사람은 신속하게 대처할 수 있다. 이런 예는 수없이 많이 들 수 있다. 그러나 이를 한마디로 요약하면, 진화과정에서 우리는 건강, 지능, 체격, 매력에 맞게 우리의 성격을 조절할 수 있는 능력을 갖게 되었다는 것이다.

〈그림 6〉 개인적 특징(키, 몸매, 매력, 지능)이 성격에 미치는 영향

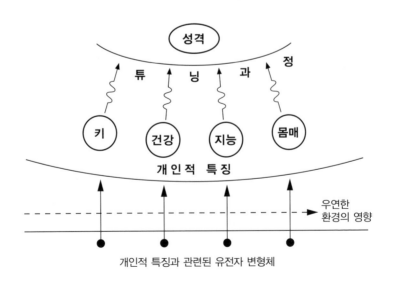

이처럼 우리가 가진 여러 특징이 성격에 영향을 미친다는 증거는 많다. 우선, 몸매가 좋은 사람은 그렇지 않은 사람보다 외향성 수치가 높다. 몸매는 그 사람의 성장과정을 보여주는 매우 중요한 지표다. 몸매는 그 사람이 성장하는 동안 인생사와 주변환경의 스트레스에 얼마나 시달렸는지를 보여준다. 몸매가 좋은 사람은 보다 건강한 편이며, 이 때문에 더 매력적으로 보인다. 위험을 무릅쓰고 보상을 추구하는 성향이 강할수록 외향성 수준이 높다는 점을 감안하면, 몸매가 좋고 다른 사람에게 매력적으로 느껴지는 사람이 보다 많은 보상을 추구하는 것, 즉 외향성 수준이 높아지는 것은 당연하다. 여자의 경우는 다르지만, 남자의 경우 키가 클수록 외향성도 높아진다. 이 역시 당연한 것이다. 키 큰 남자는 다른 사람이 매력을 느끼고 그래서 이 남자의 욕망도 커지기 때문이다. 그런데 여자의 경우, 반드시 그런 것은 아니었다. 덩치가 큰 남자는 대체로 불리하다. 반사회적 성격장애를 가진 남자들은 전반적으로 덩치가 다소 큰 편이다. 그 이유는 덩치가 작은 남자에 비해 덩치가 큰 남자가 규칙을 위반하고 타인과 싸울 가능성이 크기 때문일 것이다.

세 명의 경제학자가 수행한 최근 한 연구는 이런 특징들이 어떻게 영향을 미치는지 보여주었다. 이 연구에 의하면, 남자의 키와 수입은 대체로 비례했다. 수입 증가는 외향성의 결과다. 외향적인 사람은 야망이 있고 경쟁적이며, 사교성이 풍부하기 때문에 많은 수입을 올릴 가능성이 높다. 또 평생을 두고 수입과 키의 관계를 살펴본 결과, 십대 때의 키가 성인이 된 후의 수입과 상당한 관계가 있었다. 성장기인 16세 때 상대적으로 키가 컸던 남자는 사교성이 뛰어나고

운동을 좋아하는 청년이 되었고, 이 때문에 정력적이고 야심만만한 성인으로 성장한 것으로 보인다. 그러나 16세를 넘기고 늦게 키가 큰 사람은 평균적인 사람과 크게 다를 바 없었다.

날카로운 독자라면 이 시점에서 "사람이 가진 특징이 성격에 영향을 미친다는 것은 당연해요. 그런데 키, 매력 등은 모두 유전적인 특징이잖아요. 그렇다면 여기서 말하는 성격 형성 요인으로써의 키나 매력은 유전적 요인에 속하는 것이지 환경적 요인이 아니잖아요?"라고 말할 것이다. 이는 부분적으론 옳은 지적이다. 여기서 내가 말하려는 것은 '일란성 쌍둥이는 유전적 이유로 키가 비슷한 만큼, 키로 인한 외향성 수준도 비슷할 것이다'는 것이다. 즉 키, 매력 같은 개인적 특징과 관련된 유전자 변형체는 직접 성격에 작용하는 것이 아니라, 그 유전자 변형체를 통해 형성된 키와 건강상의 특징에 맞춰 성격수치가 조절되는 간접적인 방식으로 성격에 영향을 미친다. 또 키, 매력, 기타 육체적 특징이 전적으로 유전적인 것은 아니다. 육체적 특징은 어린 시절의 질병이나 사고같이 이따금 발생할 수 있는 환경적 사건의 영향도 받는다. 이런 개별적인 우연한 환경적 사건도 유전만큼이나 성격에 영향을 미친다. 따라서 본질적으로 예측할 수 없는 어린 시절의 사고가 한 사람의 평생 성격에 장기적으로 중대한 영향을 미칠 수 있다.

이번 장에서는 성격에 영향을 미칠 수 있는 환경 요인들을 살펴봤다. 다른 환경 요인도 있을 수 있다. 예컨대, 아이가 동년배 집단에서 차지하는 위치도 성격 형성에 미세한 영향을 미칠 수 있다. 그러나 분명한 것은 유전, 태아환경, 출생 후의 환경 등은 성인이 되기 훨씬 전에 우리의 바람과 관계없이 자동적으로 우리의 성격에 분명히 영향을 미쳤다는 것이다. 그렇다면 이렇게 형성된 우리의 성격을 바꿀 수는 없을까? 그렇게 한번 형성된 성격을 평생 가지고 살아야 하나? 다음 장에서는 이 문제를 살펴볼 것이다.

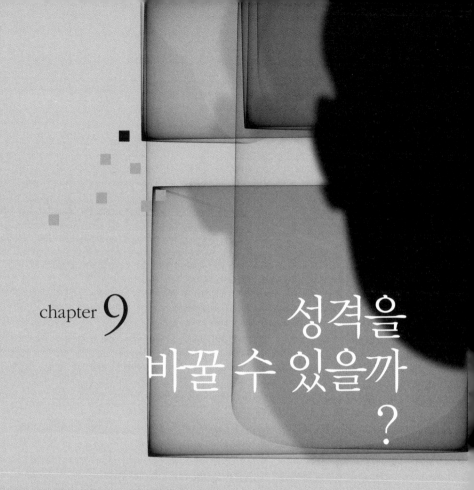

chapter *9*

성격을
바꿀 수 있을까
?

성격의 이해와
극복방법

어둠이 있고 빛이 있다. 기억하라. 삶은 예술이라는 것을.

— 헨릭 입센, 『브랑Brand』

다양한 성격 스펙트럼

지금까지의 논의를 요약하면 다음과 같다. 우선 최소한 5개의 성격 특성이 있고, 각각의 성격특성 수치에 따라서 사람마다 성격이 다르며, 사람들은 자신의 성격에 맞는 행동을 하게 되어 있다. 또 우리 각자의 관심사, 경력, 인간관계, 사랑, 그리고 건강과 관련된 많은 일들은 저마다 다른 우리의 성격에서 비롯되는 것이다. 우리의 성격이 이렇게 다른 것은 성격과 관련된 뇌 영역의 구조와 작용이 다르기 때문인데, 이렇게 다른 이유는, 첫째 유전 때문이고, 둘째는 우리가 통제할 수도 되돌릴 수도 없는 어린 시절의 여러 환경적 영향 때문이다. 그렇다면, 여기서 다음과 같은 의문이 생긴다. 첫째, 성격은 바꿀 수 없는 것인가? 둘째, 인격적으로 성숙하기 위해 노력하는 것은 이미 키가 다 자란 성인이 커지려고 노력하는 것만큼이나 아무런 의미가 없는 일인가? 셋째, 책임과 관련된 문제는 어떻게 처리할 것

인가? 가령, 공격적인 사람이 "공격적인 것은 내가 아니라 유전된
나의 낮은 친화성 때문이야"라고 주장하면 어떻게 할 것인가? 이번
장에서는 이런 문제들을 살펴볼 텐데, 우선 나는 이런 모든 문제들
의 저변에 있는 가장 핵심적인 문제, 즉 '5대 성격특성 수치가 그 사
람의 모든 것을 말해주는가?' 하는 문제를 살펴볼 것이다.

5대 성격특성 모델을 너무 고지식하게 받아들이면, 5대 성격특성
수치로 그 사람에 대해 모든 걸 안다고 말하게 될지도 모른다. 5대
성격특성 수치로 사람들의 행동 대부분을 예측할 수 있고, 지능까지
함께 고려하면, 우리가 어떤 인생을 살게 될지 통계적으로 가장 잘
예측할 수 있을지도 모른다. 그러나 이런 생각을 어디까지 적용해야
할까? 5대 성격특성 수치와 지능이 나와 '똑같은' 사람이라고 해서
그가 나와 '똑같은' 사람이라고 말할 수 있을까? 이건 좀 기괴하지
않은가? 물론 5대 성격특성 모델로 서로 다른 많은 성격을 구분할
수는 있다. 성격수치가 연속적이기 때문에 계산상으로는 무한한 성
격이 존재한다. 논의상 편의를 위해 5대 성격특성 각각을 10개의 수
치로만 측정할 수 있다고 해보자. 이 수치들을 조합하면 10^5 즉
100,000개의 성격이 가능하다. 100,000개의 성격도 매우 많은 성격
이라고 할 수 있지만, 이 경우에도 나와 똑같은 성격을 가진 사람이
영국에서만 600명(영국인구 60,000,000명÷100,000개의 성격)이나 존
재하게 된다. 그렇다면 이들 600명이 나와 똑같은 삶을 산다고 해야
할까? 이들 모두가 지금 나처럼 5대 성격특성에 관한 책을 쓰고 있
는 중일까?

물론 그렇지 않다. 그 600명이 무작위로 고른 600명의 영국인보

다 통계적으로 나와 비슷한 삶과 인간관계를 갖고 있을 순 있지만, 나와 똑같은 사람은 아니다. 심리학자 댄 맥애덤스^{Dan McAdams}의 논의로 이 문제를 좀더 구체적으로 살펴보자. 맥애덤스는 사람들의 성격을 세 가지 범주로 구별한다. 첫 번째 범주는 '5대 성격특성 수치'다. 5대 성격특성 수치는 우리가 살펴본 것처럼 수정 당시의 생물학적 메커니즘에 의해 일반적으로 고정적이며, 다소 대체적인 예측력만을 제공한다. 성격의 두 번째 범주는 '개인별로 독특한 행동 패턴characteristic behaviour patterns'이다. 독특한 행동 패턴이란 성격에서 비롯된 것이긴 하지만, 성격과 딱 맞아떨어지는 것은 아니며, 누구나 관찰할 수 있는 객관적인 행동이다. 예를 들면, 외향성 수치가 똑같이 높은 세 사람이 있다고 할 때, 한 사람은 극지탐험가가 되고, 또 한 사람은 스카이다이버가 될 수 있으며, 또 다른 사람은 극지탐험도 스카이다이빙도 해본 적은 없지만 활달하고 사교적인 사람이 되었을 수도 있다. 말하자면, 외향성 수치가 같은 사람이라 해도 서로 다른 독특한 행동이 나올 수 있는데, 이들이 그런 행동을 택하는 이유는 인생사, 기회, 그리고 선택이 저마다 달랐기 때문이다. 그렇다 해도 외향성 수치가 높은 사람이라면 이런 활동 중 적어도 한 가지 활동을 하게 될 가능성이 높다. 따라서 영국에 존재하는 600명의 대니얼 네틀은 각자 성향에 맞는 서로 다른 독특한 행동 패턴을 갖고 있을 것이며, 이들은 내가 매력을 느낄 순 있지만 결코 해본 적이 없거나 해보려고 하지도 않았던 일들을 하고 있을 것이다. ◆

성격의 세 번째 범주는 가장 독특한 것으로 '개인적인 라이프스토리personal life story'라는 것이다. 개인적인 라이프스토리는 두 번째 범주와 같은 객관적인 인생사가 아니라, 그 사람이 자신이 누구인지, 무슨 일을 하고 있는지, 왜 그 일을 하고 있는지 등 주관적으로 생각하는 인생사다. 자신의 삶에 대한 개인적인 내러티브다. 우리 모두는 개인적인 이야기를 만들어가고 있다. 그리고 모든 경우 그 이야기는 객관적인 행동 너머에 있는 행동의 의미, 목적, 중요성, 가치, 목표까지 담고 있다. 똑같은 객관적인 사건을 겪어도 개인적인 내러티브와 라이프스토리는 다 다르다. 똑같은 일을 겪어도 저마다 다르게 말하는 것이다. 이는 외향성이 같아도 저마다 다른 독특한 행동 패턴을 보이는 것과 같은 이치다. 직업적으로는 아무것도 이루지 못했지만 다양한 경험을 한 사람은 자신의 이야기를 실패담으로 말할 수도 있고, 가혹한 경쟁에서 벗어난 즐거운 무용담으로도 말할 수 있다. 600명의 대니얼 네틀은 비록 나와 비슷한 일을 했더라도, 그 일을 저마다 다르게 말할 것이고, 이렇게 다르게 말한 이야기는 그들의 정체성에 상당한 영향을 미칠 것이다.

성격을 바꿀 수 있을까?

위의 세 가지 범주를 염두에 두고 성격을 바꿀 수 있는지 살펴보자. 첫 번째 범주인 성격특성 수치는 크게 변하지 않는다. 가장 외향적인 십대가 가장 외향적인 성인이 된다. 그러나 성격수치상 개인 간의 서열은 대체로 유지되면서도, 전체적 분포는 나이에 따라 다소 변한다. 대체로 성인이 될수록 친화성과 성실성은 높아지고, 외향

◆ 이는 성격dispositional traits, 개인별로 독특한 적응characteristic adaptations, 전체적인 라이프스토리 integrative life stories라는 세 차원에서 사람들을 구별하는 맥애덤스의 논의에 기초한 것이다. 여기서 나는 맥애덤스의 용어 '독특한 적응'을 '독특한 행동 패턴'으로 바꿨는데, 그 이유는 진화론자인 내가 볼 때 '적응adaptation'이란 용어는 진화론적으로 꽤 전문적인 의미이기 때문이다.

성, 개방성, 신경성은 낮아진다. 이는 인생사를 감안하면 당연한 것이다. 높은 외향성과 개방성 관련된 행동들—야망, 창조성, 탐구성, 경쟁성—은 사회적 지위를 얻고 재산을 모으는 데 도움을 준다는 공통점이 있다. 심리학자 존 디그먼John Digman이 지적한 것처럼, 사회적 지위나 재산은 자신을 세상에 드러내주는 일종의 '대리인' 역할을 한다. 한편, 높은 친화성과 성실성은 타인과의 유대감을 높여준다. 친화성이 높으면 인간관계가 조화롭고, 성실성이 높으면 규범과 규칙을 준수하기 때문이다. 친화성과 성실성은 좋은 '구성원', 좋은 시민의 특징이다. 지금도 마찬가지지만 우리 조상들이 지위와 짝을 두고 가장 심하게 경쟁한 때는 젊은 시절이다. 따라서 젊은 시절은 지위와 짝을 얻으려는 동기가 가장 필요한 때이고 그래서 젊을 때 외향성과 개방성이 높게 발현된다. 그러나 세월이 흐르고 생존이 확실해지면 이제 공동체의 성원이 되려는 욕구가 더 커진다. 결국, 나이가 들면서 외향성과 개방성 쪽에 치우쳐 있던 균형이 친화성과 성실성 쪽으로 이동하는 것은 당연하다.

성격의 두 번째 범주인 '독특한 행동 패턴'은 성격수치보다 변할 가능성이 훨씬 크다. 예를 들면, 오토바이를 즐겨 타는 외향성 수치가 높은 사람은 오토바이가 너무 위험하다고 판단하여 오토바이를 포기하고 그보다 덜 위험한 다른 다이내믹한 일을 할 수 있다. 어떤 성격을 표현하는 행동과 방법은 무척 다양하다. 그러나 어떤 행동을 택할지 결정하는 것은 바로 그 사람이다. 따라서 자신이 택한 행동에 어떤 문제가 있다면, 사람들은 자신의 성격에 맞으면서도 문제가 덜 되는 다른 대안적인 행동을 택해야 한다. 기본적인 성격을 바꿀 필요는 없다. 그 성격을 표현하는 행동을 바꾸기만 하면 된다.

행동을 통해 성격을 표현하는 방식에는 '역방향'과 '순방향'이 있다. 역방향과 순방향은 크리켓 게임에서 나온 용어다. 크리켓 게임에서는 볼이 타자의 오른쪽이나 왼쪽으로 회전하며 들어오는데, 여기서 타자는 '역방향 타격'이나 '순방향 타격' 둘 중 하나를 선택할 수 있다. 가령, 볼이 타자의 오른쪽에서 왼쪽으로 회전하며 들어올 때 '순방향 타격'은 타자가 오른쪽에서 왼쪽으로 배트를 휘두르는 것이다. 이는 볼의 기존 회전 모멘텀을 이용하는 것으로 볼이 진행하는 방향으로 볼을 날리는 타격 방법이다. 반대로 타자는 배트를 왼쪽에서 오른쪽으로 휘둘러 '역방향 타격'을 할 수 있다. 이는 볼이 진행하는 반대방향으로 볼을 날리는 타격이다.

행동을 통해 성격을 표현할 때도 이 두 가지 방법이 가능하다. 이를테면, 알코올중독 치료법은 음주를 두 잔으로 제한하는 것이 아니라 완전한 금주를 치료법으로 택한다. 이는 알코올중독자의 성실성 수치가 낮다는 것을 고려한 방법이다. 알코올중독 치료를 받고 있는 사람은 일단 조금이라도 술을 마시게 되면 성격상 음주를 멈출 수 없다. 따라서 알코올중독을 치료할 때는 조금이라도 술을 마실 수 있는 상황은 조성하지 않는다. 알코올중독자들이 과거에 과도하게 음주를 한 것은 성격에 '순방향'으로 움직이는 행동을 택한 것이다. 즉, 자신의 낮은 성실성을 그대로 표현한 것이다. 그러나 알코올중독 치료 프로그램에서 백퍼센트 금주를 하는 것은 자신의 성격을 '역방향'으로 표현하는 것이다.

역방향 행동은 상당히 많다. 자신에게 최악인 사람을 피하는 것,

모든 사람에게 불만을 갖는 자신의 성격이 드러나는 상황을 피하는 것, 피아노 연습을 마치기 전에는 외출하지 않는 것, 사람들을 만나려 하지 않는 성격 때문에 일부러 사람을 만나는 직업을 택하는 것 등이 자신의 성격을 역방향으로 표현하는 행동이다. 자신의 행동 패턴을 바꿈으로써 자신을 바꾸는 것은 쉬운 방법이 아니다. 자신의 매우 강력하고, 심층적이며, 종종은 무의식적인 충동과 메커니즘을 억누르는 일이다. 심지어 그에 맞서 싸우기 위해 억지로, 그리고 의식적으로 뇌를 사용해야 하는 일이다. 무척 힘든 일이지만 성공 보장도 없다. 어떤 행동 패턴은 바꾸기 쉽지만 또 어떤 행동 패턴은 바꾸기 어렵다. 그럼에도 불구하고, 우리는 성격을 순방향으로 표현하는 여러 행동 중 다른 하나를 택하거나, 의식적으로 역방향 행동을 택함으로써 우리의 행동 패턴을 바꿀 수 있다.

성격을 바꾸려면 발상의 전환이 필요하다

성격의 세 번째 범주인 '주관적인 라이프스토리'는 더 쉽게 바꿀 수 있다. 주관적인 라이프스토리는 성격수치나 객관적인 사건에 덜 구속된다. 여러분이 돈이 없다면, 그 사실을 실패로 보느냐 미덕으로 보느냐 하는 것은 상당부분 여러분 자신에 달려 있다. 여러분은 그 의미를 여러 가지 다른 방식으로 설정할 수 있다. 따라서 어떤 객관적인 상황이 있다고 할 때, 그것을 객관적으로 바꾸기는 어렵다 해도, 최소한 그것을 보는 방식은 바꿀 수 있다.

이런 시각은 심리치료와 인격 성장을 위해 매우 중요하지만, 물론 항상 그런 것은 아니다. 특히 신경성 수치가 높은 사람의 경우 일정한 제한이 있다. 신경성 수치가 높은 사람들에겐 좋지 않은 일이 많이 발생하는 경향이 있지만, 중요한 것은 그들이 객관적으로 긍정적인 삶을 누리고 있어도 그것을 긍정적으로 바라보지 못한다는 것이다. 신경성 수치가 높은 사람들이 부정적인 사고와 부정적인 자기이미지를 극복하기 위해서는 오랜 노력과 인지행동요법cognitive behaviour therapy(CBT)의 도움이 필요하다. 따라서 자신에 대해 긍정적으로 생각할 필요가 가장 큰 사람(신경성이 높은 사람)은 그렇게 할 능력이 가장 적고, 자신에 대해 긍정적으로 생각할 필요가 가장 적은 사람(외향성이 높은 사람)이 오히려 그렇게 할 능력이 가장 크다는 것은 참으로 안타까운 현실이다.

지금까지의 논의를 통해 우리는 성격에 대한 불만을 극복하는 데 필요한 유용한 지침을 얻었다. 첫째는 자신이 삶에 대해 달리 말할 수 있어야 한다는 것이다. 즉, 자신의 라이프스토리를 긍정적으로 재구성해야 한다. 만약 여러분이 가족의 외톨이라면, 형제들보다 자신이 불운하다고 생각할 것이다. 그러나 그렇게 비관할 필요가 없다. 자신이 외톨이가 된 것은 관습에 굴복하기보다 알차고 충동적인 삶을 살고 젊은 가치를 고수했기 때문에 얻은 승리로 생각할 수도 있다. 우리 모두는 우리가 어떤 존재가 되어야 하는지, 왜 그런 존재가 되어야 하는지에 대한 무익하고 낡은 관념을 갖고 있고, 종종 그런 관념을 표출하기도 한다. 그렇다면 우선 라이프스토리를 재구성하는 일에 나서야 한다.

성격을 바꾸기 위한 행동전략

라이프스토리를 재구성하는 것만으론 충분치 않다. 어떤 행동은 도덕적, 법적, 경제적으로 좋지 않다. 성실성 수치가 낮은 사람의 경우를 보자. 성실성 수치가 낮아 도박으로 돈을 탕진하고, 감옥에 가거나, 소중한 사람들을 잃는다면 어떻게 하겠는가? 돈을 탕진하고, 감옥에 가고, 소중한 사람을 잃어버린 객관적인 사건을 긍정적인 라이프스토리로 재구성하는 것이 가능하긴 하지만 허무한 짓 아닌가? 따라서 행동도 바꿔야 한다. 우선 지금까지의 행동과는 다른, 보다 유익한 그리고 자신의 낮은 성실성에 맞는 '순방향' 행동을 찾아야 한다. 그래서 충동성과 역동적인 반응능력을 필요로 하는 괜찮은 직업은 없는지, 시간과 정력을 보다 유용하게 사용할 수 있는 일로써 즉각적인 판단능력을 필요로 하는 일은 없는지 찾아야 한다. 그리고 필요하다면 이런 순방향 행동을 역방향 행동―매일 아침 억지로 정해진 일과를 하거나, 문제가 발생할 수 있는 장소를 가지 않는 등의 행동―과 병행해야 한다.

이 책을 읽는 독자 중 자신의 성격에 불만을 느끼는 사람이 있다면, 그 이유는 신경성 수치가 높기 때문일 것이다. 신경성 수치가 높으면 모든 것을 고통으로 느끼기 때문이다. 다른 성격특성의 경우, 그 수치가 낮으면 삶에 매우 강력한 영향을 미치지만, 신경성 수치가 낮은 사람은 그런 영향을 무시해버린다. 신경성 수치가 낮은 사람은 신경성 수치가 높은 사람과 달리, 그런 영향에 신경을 쓰거나 걱정하지 않기 때문이다. 자신의 삶에 불만을 느끼는 것은 (부정적인 감정을 느끼는 정도를 나타내는) 신경성 수치가 높기 때문이다. 4장에서 살펴본 것처럼 높은 신경성에도 장점은 있다. 그러나 높은 신경성이 수많은 사람들에게 평생 동안 무시무시한 고통을 안겨준다는 것은 분명한 사실이다. 따라서 신경성 수치가 높은 경우 부정적인 감정에 그저 굴복하기보다는 '역방향' 행동전략을 택하는 것이 필요하다.

다행히 높은 신경성에 맞는 매우 효과적인 역방향 행동전략이 있다. 운동, 요가, 명상, 인지행동요법, 그리고 항우울제와 신경안정제 복용 등이 그것이다. 이런 행동들의 효과는 다양하게 나타난다. 운동은 기분을 전환시키고 육체적인 만족감을 준다. 명상은 부정적인 생각을 인정할 수 있게 해주며, 인지행동요법은 부정적인 생각의 원인이 무엇인지 찾게 해준다. 항우울제나 신경안정제를 복용하면 세로토닌 시스템을 생화학적으로 강화해 다소나마 행복감을 느끼는 데 도움이 된다. 이런 행동전략을 택한다고 해서 신경성 수치가 낮아지는 것은 아니지만, 신경성으로 초래된 문제의 일부분을 효과적으로 처리하는 데 도움이 된다. 사람마다 효과는 다르지만, 이런 전략을 추구한다고 해서 부끄러워하거나 남을 비난해서는 안 된다. 누구든 문제가 있다면 문제 해결을 위해 노력해야 하기 때문이다. ◆

자신의 성격을 이해하고 장점을 극대화하라

지금까지와 다른 나를 원한다면 어떻게 해볼 여지는 상당히 많다. 마찬가지로 우리는 지금의 나에 대해 상당한 책임도 있다. 내가 선택한 성격이 아니기에 나의 성격에 대해서는 누구도 책임을 물을 수 없지만, 그런 성격을 표현하기 위해 내가 택한 행동에 대해서는 도덕적, 법적 책임을 져야 한다. 성격을 표현하는 행동 중에는 도덕적으로 좋은 행동도 있고, 도덕적으로 중립적인 행동도 있으며, 도덕적으로 나쁜 행동도 있다. 우리는 이 중에서 도덕적으로 최소한 중립적이거나 좋은 행동을 택해야 할 책임이 있다.

이 책의 긍정적인 메시지는 여러분의 기본적인 성격을 바꿀 이유가 없다는 것이다. 5대 성격특성은 모두 그 수치에 따라 장단점이 있다. 따라서 본질적으로 더 좋거나 더 나쁜 성격이란 없다(각 수치가 중간 정도라면 특별한 장점은 없겠지만 특별한 단점도 없다. 따라서 이 경우도 더 좋다거나 더 나쁘다고 할 수 없다). 문제는 자신이 물려받은 성격의 장점을 극대화하고 단점을 최소화하는 행동 패턴을 찾는 것이다. 이런 시각에서 볼 때, 여러분의 성격은 버려야 할 저주가 아니라 자기계발의 토대가 되는 소중한 자원—장점을 극대화하고 단점을 최소화하기만 하면—이다. 몇 가지 사례로 이를 살펴보자.

여러분이 도덕적, 지적 성찰을 통해 환경운동에 참여하는 것이 자신이 해야 할 가장 중요한 일이라고 결심했다고 해보자. 그런데 여러분은 외향성이 낮고 신경성이 높다고 해보자. 이는 여러분이 공개토론이나 언론활동에 미숙하다는 것을 의미한다. 환경운동에는 대중에게 깊은 인상을 줄 수 있는 카리스마적인 지도자와 연사가 필요한데, 여러분은 그런 역할을 잘 못 한다. 그래서 자신에게 불만이다. 그렇다면 여기서 환경운동을 포기하고 다른 일을 찾아야 할까? 과

◆ 신경성에 대처하는 전략에 대해서는 나의 논문(Nettle, 2005b 참조)을, 보다 실용적인 조언이 필요한 사람은 길버트Gilbert의 『인지행동요법에 기초한 자기치료서』(1997)와 매퀘이드McQuaid와 카모나Carmona의 『우울증 치료를 위한 수양과 명상에 관한 책』(2005)을 추천한다. 이외에도 신경성을 스스로 치료하기 위한 다른 많은 방법이 있지만, 비현실적인 해결법은 주의가 필요하다.

연 여러분이 추구하는 가치와 여러분이 갖고 있는 성격을 어떻게 조화시켜야 할까?

다른 여러 현대사회의 운동과 마찬가지로 환경운동도 여러 측면이 있다. 카리스마를 가진 지도자도 필요하지만, 뒤에서 기후변화에 대한 최근 연구를 수집하고 비판적으로 평가하는 조사원도 필요하다. 바로 이 분야에 여러분의 경쟁력이 있다. 여러분이 저주했던 바로 그 내향성을 가지고 여러분은 도서관에 있는 자료를 조용히 정리하고 분석함으로써 하루를 행복하게 보낼 수 있다. 대중 앞에서 여러분을 떨게 만드는 그 신경성은 통계적, 방법론적으로 치밀한 조사를 수행하는 데 이상적인 성격이다. 환경운동의 얼굴마담은 여러분이 부러워할 뻔했던 높은 외향성과 낮은 신경성 때문에 이런 중요한 업무를 수행하는 데는 아주 젬병일 것이다. 따라서 바로 이런 분야가 여러분이 뛰어들어야 할 영역이다. 여러분의 것이 아닌 일에 시간과 정력을 낭비해선 안 된다. 여러분에게 맞는 영역에서 활동하면, 다른 사람들은 여러분을 필요로 하고, 또 여러분의 가치를 높이 평가하게 될 것이다.

두 번째 사례를 보자. 여러분이 젊은 시절을 힘들게 살았던 개인적인 경험을 갖고 있기에 젊은이를 돕는 일을 하고 싶다고 해보자. 오늘날 많은 젊은이들이 우울증과 자학 충동으로 고통을 겪고 있으며, 여러분은 이런 젊은이들을 돕고 싶다. 그런데 문제는 여러분의 친화성이 낮다는 것이다. 자원봉사나 상담은 여러분에게 맞는 일이 아니다. 상담이 매우 필요한 일이긴 하지만, 이 일은 여러분에게 지루하고 괴로운 일이다. 그러나 낮은 친화성이 유용한 분야가 있다.

친화성이 낮으면 어려운 결정을 내릴 수 있는 단호한 조직가가 될 수 있다. 자원봉사와 젊은이들을 위한 자선행사에는 착하기는 하지만 실제론 그 프로그램을 제대로 운영할 수 없는 비효율적인 사람들이 많이 나선다. 이들은 여러분 같은 사람과 함께 일을 해야만 프로그램의 비용을 낮추고 효과를 높일 수 있다. 여러분은 평범한 상담가가 아니라 조직 관리자가 됨으로써 젊은이를 돕는 대의에 더 많은 기여를 하게 된다. 물론 그 과정에서 여러분은 많은 친구를 사귀지는 않겠지만 원하던 일을 이루게 된다.

성격은 자기 발전의 토대: 자신의 목소리로 노래하라

우리 모두는 여러 개의 복잡한 사회적 네트워크—가정, 지역공동체, 그리고 직장이나 단체—에 속해 있으며, 각 네트워크에는 우리 각자의 성격에 맞는 여러 영역이 존재한다. 성인으로서 여러분이 중요하게 여기는 목표와 가치가 무엇이든 간에, 여러분이 올바른 영역을 택하기만 하면 여러분의 성격을 가지고 그 목표와 가치를 추구할 수 있다. 여러분이 어떤 일을 열심히 하긴 하지만 자신에게 전혀 맞지 않는 것처럼 느껴진다면, 여러분은 자신에게 맞는 분야가 아니라, 가족이나 문화 혹은 시대가 강조하는 분야에서 일을 하고 있을 가능성이 크다. 그렇다면 외부의 압력에 맞설 준비를 해야 한다. 풍요로운 현대사회에는 매우 다양한 사회적 역할과 라이프스타일이 존재한다. 완고한 일 중독자, 재택 노동자, 부모, 정원사, 어릿광대, 자금 모집자, 과학자, 친구가 되어주는 사람 등 열거하자면 수도 없다. 과거에는 이렇게 많은 역할과 라이프스타일을 유지할 수 없었다. 그렇

281

다면 과거 어느 때보다 바로 지금이, 여러분의 성격에 맞고 경쟁력을 발휘할 수 있는 영역이 존재할 가능성이 높은 시대다.

그러나 또한 현대사회는 마약중독자나 범죄자, 세상과 연고 없이 고립되어 극심한 고통을 겪는 사람들, 무엇보다 마지못해 착하게 살지만 자신에 맞는 영역을 찾지 못한 사람들이 존재할 가능성도 큰 세계다. 우리는 우리에게 맞는 좋은 영역을 찾고 나쁜 영역을 피하기 위해 우리의 마음을 사용할 자유와 힘과 책임이 있다. 또 어떤 선택을 할 때에는 얻는 것만큼 잃는 것도 있다는 것을 이해해야 한다. 외향성과 개방성이 높으면, 사회적 지위와 재산을 얻는 데는 도움이 되겠지만, 좋은 구성원이 되지 못하고 타인과의 관계를 놓쳐버릴 수 있다. 반면 친화성이 높으면, 사회적 지위와 재산을 고려하지 않고 이타적인 행동을 함으로써 존경받을 수는 있겠지만, 자신의 개인적인 성취를 이루지 못할 수도 있다. 우리가 성격상 자연스럽게 추구하지 못하는 일을 의식적으로 행하기 위해 '역방향 행동'을 해야 할 때도 많다.

자신의 성격에 문제가 있다고 성격을 바꾸라는 말이 아니다. 그럴 수도 없다. 필요한 것은 자신의 성격이 가진 의미와 장단점을 이해하고 그런 이해를 바탕으로 현명한 선택을 하라는 것이다. 그러기 위해서 필요한 많은 것 중 하나가 자신에 대한 자각이다. 이 책을 통해 독자 여러분이 조금이라도 그런 소중한 자각을 했으면 하는 바람이다.

부록

더 읽을거리

(*아래 숫자 '24-1' '24-2' 등은 '쪽번호-문단'을 나타냄.)

프롤로그

24-1 "모든 평가자들은 각자 좋아하는 도구가 있다"는 인용은 Allport의 1958년 논문 258쪽에 나와 있다.

24-2 모든 연구결과를 포함하는 크리스마스트리로서의 5대 성격특성 모델에 관해 서는 Costa and McCrae, 1993년 문헌 참조.

chapter 1. 성격이란 무엇인가? 과학이 규명한 성격의 실체

35-1 골턴의 논문, 〈The Measurement of Character〉, 1884

36-2 골턴의 논문, 〈The Measurement of Fidget〉, 1885.

37-2 성격 어휘 연구에 대해서는 John, Angleitner and Ostendorf, 1988년 문헌.

39-1 여러 접근법과 그 역사에 대해서는 Pervin과 John의 1999년 논문들을 참고하 기 바란다. 이 책에서 비특성 성격 연구는 (궁극적으로는 특성 심리학과 통합 될 것이 분명하지만) 우리의 관심사가 아니다. 이에 대해서는 Mischel and Shoda, 1998년 문헌 참조.

40-2 불연속적인 성격 '유형'은 성격 평가에 가끔 사용되는 마이어스-브릭스 성격 유형 지표(Myers-Briggs Type Indicators)에서 사용되고 있다. 이런 불연속 적인 성격 유형이 실재한다는 증거는 아직 없다(MaCrae and Costa, 1989).

41-1 본문의 예에서 사용된 자료들은 Nettle의 2005년 논문(a)에 보다 자세히 보고 되어 있다.

47-2 다양한 성격평가 자료에서 5대 성격특성을 추출하는 초기 연구로는 Thurstone, 1934년 문헌, Fiske, 1949년 문헌, Tupes and Christal, 1961년 문헌, Norman, 1963년 문헌이 있다. 현대의 5대 성격특성 모델의 등장에 대

해서는 Digman, 1990년 문헌, John, 1990년 문헌, Goldberg, 1990년 문헌, Costa & McCrare, 1992년 문헌 참조. 5대 성격특성 모델의 발전에 기여한 대표적인 학자로는 John Digman, Lewis Goldberg, Paul T. Costa, Robert McCrae, Oliver John 등이 있다. 그러나 5대 성격특성 모델은 한 학자의 연구결과라기보다 학계에서 점진적으로 형성된 합의의 결과이며, 이 책도 그런 합의된 논의를 바탕으로 한 것이다.

48-2 커텔의 연구에 대해서는 커텔의 1943, 1965년 문헌. 아이젠크의 3대 성격특성 모델에 대해서는 아이젠크의 1967, 1970년 문헌 참조.

49-2 한 사람의 자기 성격 평가는 시간이 가도 일정하다는 연구는 Costa, McCrae, and Arenberg, 1980년 문헌과 McCrae and Costa, 2003년 문헌 참조. 한 사람의 성격에 대한, 여러 사람의 평가가 일정하다는 연구는 Kenrick and Funder, 1988년 문헌 참조.

50-2 외향적인 사람이 말을 많이 한다는 연구에 대해서는 Carment, Miles, and Cervin, 1965년 문헌 참조. 불쾌한 것을 생각하거나 볼 때 신경성 수치가 높은 사람이 더 기분 나빠한다는 연구에 대해서는 Larsen and Ketelaar, 1989년 논문, Larsen and Ketelaar, 1991년 문헌, Gross, Sutton, and Ketelaar, 1998년 문헌 참조. 친화성이 높은 사람이 다른 사람보다 등장인물의 정신상태에 더 관심을 보인다는 연구는 Nettle and Liddle, 2007년 문헌 참조.

51-2 결혼한 커플에 대한 연구는 Kelly and Conley, 1987년 문헌 참조.

53-1 '터면의 아이들'의 성격과 장수에 관한 연구는 Friedman et al., 1993, 1995년 문헌 참조.

55 이런 순환론에 대한 비판은 Bandura, 1999년 문헌에서도 찾아볼 수 있다.

58-1 외향성, 신경성, 성실성과 관련된 뇌의 활동과 구조에 관한 연구는 Canli 2004, Omura, Constable, and Canli 2005, Whittle et al., 2006년 문헌.

59-2 5대 성격특성에 대한 행동유전학적 연구에 대해서는 Bouchard and Loehlin, 2001년 문헌, Bouchard and McGue, 2003년 문헌 참조.

64-1 성격이 상황에 영향을 미치는 방식에 대한 보다 자세한 논의는 Buss, 1987년 문헌 참조.

65-1 성격이 결혼 가능성에 미치는 영향은 Johnson et al., 2004년 문헌, 성격이 이혼 가능성에 미치는 영향은 McGue and Lykken, 1992년 문헌 참조.

65-2 성격으로 인생사를 예측할 수 있다는 연구는 Headey and Wearing 1989, Magnus et al., 1994년 문헌 참조. 인생사에는 유전적 요소가 있으며 성격이 그 원인이라는 연구에 대해서는 Saudino et al., 1997년 문헌 참조.

66-2 일기와 무선호출기를 사용한 연구는 Diener, Larson and Emmons, 1984년 문헌, Fleeson, 2001년 문헌 참조. 5대 성격특성이 인생사에 중대한 결과를 가져온다는 연구는 Soldz and Vaillant, 1999년 문헌 참조.

69-2 동일한 보상회로가 아름다운 얼굴, 돈, 음식, 기타 보상에 공통적으로 반응한다는 것에 대해서는 Aharon et al., 2001년 문헌 참조. 제프리 그레이의 논의는 Pickering and Gray, 1999년 문헌 참고. 사회적 소외로 인해 느끼는 심리적 고통은 물리적 고통을 유발하는 뇌 회로를 활성화시킨다는 것에 대해서는 Eisenberger, Lieberman, and Williams, 2003년 문헌 참조.

70-2 이에 대해서는 Tooby and Cosmides, 1992년 문헌 참조.

chapter 2. 핀치의 부리 : 왜 사람마다 성격이 다를까?

75-1 이 책에서 사용하고 있는 다윈의 핀치에 관한 정보는 Grant, 1986년 문헌 참조.

77-2 인간 유전자 변이의 확산에 대한 조사는 Halushka et al., 1999년 문헌, Cargill et al., 1999년 문헌 참고. 확산되고 광범위하게 퍼진 일부 유전자 변이에 대해서는 Cravchik and Goldman, 2000년 문헌 참고.

79-3 인간의 차이에 대한 Tooby와 Cosmides의 견해는 1990, 1992년 문헌에서 제시되었다. 인간의 '생식(생존과 번식) 적합성'과 '성격의 유전적 차이'의 관계를 보여주는 증거에 대해서는 키에 대한 Nettle의 2002년 글, 또는 외향성에 관한 Nettle의 2005년 문헌(a) 참고. 이번 장의 논의에 대한 보다 자세하고 본격적인 자료는 Nettle, 2006년 문헌(a) 참조.

90-1 개인이 가지고 있는 것으로 추정되는 해로운 돌연변이의 수에 대해서는 Keller and Miller, 2006년 문헌 참조. 생식능력 지표와 공작 새끼의 생존능력에 대해서는 Petrie, 1994년 문헌, 이에 관한 보다 일반적인 논의는 Jennions, Moller, and Petrie, 2001년 문헌 참조.

92-2 생식능력 지표특성으로서의 매력과 몸매에 대해서는 Rhodes, Simmons, and Peters, 2005년 문헌 참조. 지능과 몸매에 대해서는 Prokosch, Yeo, and Miller , 2005년 문헌 참조.

93-2 인간 이외의 다른 동물들의 성격특성에 관한 연구는 Gosling and John, 1999
년 문헌, Gosling, 2001년 문헌 참조.

94-1 구피에 관한 연구는 Dugatkin, 1992년 문헌. 본문에서는 그가 실제로 사용한
용어를 바꿔 설명했다.

95-2 서식지가 다른 구피에 관한 오스틴의 연구는 O' Steen, Cullum, and Bennett
2002년 문헌.

97-1 딩게만스와 그의 동료들의 박새에 관한 연구는 Dingemanse et al. 2002,
2003, 2004년 문헌 참조.

chapter 3. 울고 있는, 혹은 웃고 있는 당신: 외향성과 내향성

106-1 칼 융의 외향성과 내향성 개념은 Jung, 1921년 문헌 참조.

106-2 학생들의 사회적 행동과 외향성에 관한 연구는 Asendorpf and Wilpers,
1998년 문헌 참조.

108-2 에리카와 같은 긍정적인 감정상태를 보여주는 연구에 대해서는 Costa and
McCrae, 1980년 문헌, Watson and Clark, 1997년 문헌 참조. 외향성 수치
가 높은 사람들은 글을 쓸 때도 더욱 긍정적인 감정 용어들을 사용한다는 것
이 일관되게 관찰된다. 이에 대해서는 Pennebaker and King, 1999년 문헌
참조. 외향성의 핵심특징으로서 긍정적인 감정상태에 대한 훌륭한 논의는
Watson and Clark, 1997년 문헌 참조.

110-2 사회적 지위를 나타나는 지표로서 돈에 대해서는 Frank, 1999년 문헌,
Nettle, 2005년 문헌(b) 참조.

111-2 긍정적인 감정이 행동방식이나 행동촉진 시스템을 만들어 보상을 획득하게
한다는 논의는 Pickering and Gray, 1999년 문헌, Depue and Collins,
1999년 문헌 참조.

114-2 긍정적인 감정과 부정적인 감정의 독립성에 관한 연구는 Diener and
Emmons, 1985년 문헌 참조.

118-2 외향성과 감정반응에 대한 실험 연구는 Larsen and Ketelaar, 1991년 문헌,
Gross, Sutton, and Ketelaar, 1998년 문헌 참조.

119-1 외향성과 감정반응에 대한 뇌촬영 연구는 Canil, 2004년 문헌 참조.

119-2 쥐를 대상으로 한 실험에서, 보상에 대해 복측피개영역과 측좌핵이 활성화

되었다는 연구는 Schultz et al., 1992년 문헌, Depue and Collins, 1999년 문헌 참조. 인간의 쿨에이드 fMRI 연구는 Berns et al., 2001년 문헌 참조. 쿨에이드에 대한 측좌핵의 반응을 통해 컴퓨터게임에서 리스크 감수 성향을 예측한 연구는 Montague and Berns, 2002년 문헌 참조. 측좌핵과 이에 관련된 영역이 돈과 아름다운 얼굴 같은 다른 유형의 보상에도 반응한다는 연구는 Aharon et al., 2001년 문헌, Knutson et al., 2001년 문헌 참조.

122-1 유전자 조작 생쥐와 도파민 실험에 대해서는 Zhou and Palmiter, 1995년 문헌, Giros et al., 1996년 문헌 참조.

123-1 D4DR의 길이와 외향성, 또는 관련된 성격 간의 관계를 밝혀낸 최초의 연구는 Ebstein et al., 1996년 문헌과 Benjamin et al., 1996년 문헌 참조. 빠르게 발전하고 있는 관련 연구들에 대한 가장 최근의 소개는 Ebstein, 2006년 문헌 참조. D4DR과 성적 행동에 대한 연구는 Ben-Zion et al., 2006년 문헌.

124-1 D4DR 유전자형의 분포 양상과 그 역사에 대한 논의는 Ding et al., 2002년 문헌 참조.

124-2 외향성 수치와 섹스파트너 수의 관계에 대해서는 Nettle, 2005년 문헌(a).

125-2 외향성 수치가 높은 사람들의 불안정한 개인사에 대해서는 Nettle, 2005년 문헌(a) 참조. 양부모와 함께 사는 것이 아동학대의 위험요인이라는 연구에 대해서는 Daly and Wilson, 1985년 문헌 참조. 이혼이 자녀에게 미치는 영향에 대해서는 Amato and Keith, 1991년 문헌, Rodgers and Pryor, 1998년 문헌 참조.

125-3 버스기사의 외향성과 사고에 관한 연구는 Furnham and Heaven, 1999년 문헌 7장 참조. 외향성과 입원의 관계에 대한 연구는 Nettle, 2005년 문헌(a) 참조. 터먼의 아이들에서 낙관주의와 수명의 관계는 Friedman et al., 1995년 문헌 참조.

127-1 집단별 D4DR의 차이와 전이에 대한 연구는 Chen et al., 1999년 문헌 참조.

chapter 4. 부정적인 사람들: 신경증, 불안, 우울의 심리적 근원

135-2 신경성 수치를 가지고 부정적인 기분이 들게 하거나 싫은 영화장면을 보여준 것에 대한 반응을 예측한 연구는 Larsen and Ketelaar, 1991년 문헌, Gross, Sutton, and Ketelaar, 1998년 문헌 참조. 신경성과 일상의 어려움에

관한 연구는 Bolger and Schilling, 1991년 문헌 참조.

136-1 슬픔의 조절 기능에 대해서는 Nesse, 2000년 문헌, Watson and Andrews, 2002년 문헌 참조.

138-2 화재경보기 원칙과 부정적인 감정이 매우 민감하게 설계되었다는 논의는 Nesse, 2005년 문헌 참조.

139-2 우울하고 근심 어린 감정상태에서 나타나는 언어에 대한 해석 편견과 인식 패턴은 Eysenck, 1997년 문헌, Beck, 1976년 문헌 참조.

140-2 신경성과 부정적인 감정에 작용하는 뇌 영역에 대해서는 Whittle et al., 2006년 문헌 참조.

142-2 세로토닌 전달유전자와 신경성에 관한 연구는 Lesch et al., 1996년 문헌, Munafò et al., 2003년 문헌, Ebstein, 2006년 문헌 참조. 뇌촬영과 유전학을 결합한 연구는 Hariri et al., 2002, 2005년 문헌 참조.

143-3 우울증과 신경성의 관계는 Watson and Clark, 1988년 문헌 참조. 우울증 재발이 성격특성의 결과라고 보는 연구는 Nettle, 2004년 문헌(a) 참조.

145-1 뉴질랜드 동년배 집단의 유전자형, 인생사, 우울증에 대한 연구는 Caspi et al., 2003년 문헌 참조.

146-1 신경성으로 서로 다른 여러 심리장애를 예측할 수 있다는 연구는 Claridge and Davis, 2001년 문헌, Watson, Gamez, and Simms, 2005년 문헌 참조.

146-2 신경성 수치가 높은 사람의 글에서 보이는 일인칭 대명사와 부정적인 감정 에 대해서는 Pennebaker and King, 1999년 문헌 참조.

149-2 경계성 인격장애를 높은 신경성으로 보는 견해는 Widiger et al., 1994년 문 헌 참조. 경계성 인격장애에 관한 사례 연구는 Bruehl, 1994년 문헌 참조. 편안히 잠들 수 있는 자세를 찾지 못하는 불면증 환자와 신경과민성 수치가 높은 사람에 관해서는 McCrae and Costa, 2003년 문헌 참조.

149-3 신경성과 건강에 대해서는 Matthews et al., 2002년 문헌 참조. 신경성과 면 역기능에 대해서는 Morag et al., 1999년 문헌 참조. 신경성과 직장 만족도 에 대해서는 Tokar, Fischer, and Subich, 1998년 문헌 참조. 신경성과 결혼 만족도에 대해서는 Kelly and Conley, 1987년 문헌 참조.

150-3 부정적인 감정의 기능은 Nesse, 1991년 문헌 참조.

151-3 에베레스트 등반가들에 대한 연구는 Egan and Stelmack, 2003년 문헌.

152-2 경찰 업무에서 낮은 신경성에 대해서는 Costa, McCrae, and Kay, 1995년 문헌 참조. 공격성과 규범 위반에 관련된 신경성에 대해서는 Whittle et al. , 2006년 문헌(p. 513). 성공적인 사이코패스의 낮은 신경성에 대해서는 Widiger et al., 1994년 문헌(p. 45), Harpur, Hart, and Hare, 1994년 문헌 참조. 신경성과 범죄 사이에는 평균적으로 약간의 플러스(+) 상관관계가 있다는 주장은 Cale, 2006년 문헌 참조.

154-3 작가와 예술가가 우울증에 시달리는 비율에 대해서는 Andreasen 1987년 문헌, Jamison, 1989년 문헌, Ludwig, 1995년 문헌 참조.

155-1 신경성과 일중독증에 대해서는 Burke, Matthiesen, and Pallesen, 2006년 문헌 참조. 대학생들의 신경성과 학업성취도에 대해서는 McKenzie, Taghavi-Khonsary, and Tindell, 2000년 문헌 참조.

155-2 지나치게 낙관적이면서 깊이 생각하지 않는 사람들에 대해서는 Taylor and Brown, 1992년 문헌, Nettle, 2004년 문헌(b) 참조. 군대의 사례는 Johnson, 2004년 문헌 참조.

156-2 실행적인 정신상태와 숙고적인 정신상태에 대해서는 Taylor and Gollwitzer, 1995년 문헌.

156-3 정상적인 사람의 '과도한 낙관주의'와 병자의 '우울한 현실주의'에 대해서는 Dobson and Franche, 1989년 문헌 참조, 신경성과 직업적 성공에 대해서는 Barrick and Mount, 1991년 문헌 참조.

157-3 http://www.edge.org에 게재된 Randolph Nesse의 'Is the Market on Prozac?' 참조.

chapter 5. 성실맨과 알코올중독자: 절제와 충동적 성향

164-1 차를 훔쳐 운전하는 환자에 관한 사례는 Cohen et al., 1999년 문헌 참조.

164-2 아이오와 도박과제에 대해서는 Bechara et al., 1994년 문헌 참조.

165-2 1퍼센트의 영국인이 도박중독에 해당한다는 연구는 Phillips, 2006년 문헌 참조. 도박중독자와 아이오와 도박과제에 대해서는 Cavedini et al., 2002년 문헌 참조.

166-1 약물중독자들에 대한 아이오와 도박과제 실험은 Bechara et al., 2001년 문헌, Bolla et al., 2005년 문헌 참조.

166-2 도박중독과 약물의존성이 함께 진행된다는 연구는 Slutske et al., 2005년 문헌 참조.

167-2 도박, 약물 및 알코올중독, 반사회적 행동이 함께 진행된다는 연구는 Swendsen et al., 2002년 문헌, Black et al., 2006년 문헌, Livesley et al., 1998년 문헌, Krueger, 1999년 문헌, Slutske et al., 2005년 문헌 참조.

168-2 어떤 성격이 알코올이나 마약 중독을 유발하는가에 관한 연구는 Slutske et al., 2005년 문헌, Swendsen et al., 2002년 문헌 참조.

169-2 중독의 원인을 보상의 크기보다는 통제 메커니즘의 실패라고 밝힌 논의는 Volkow and Fowler, 2000년 문헌, Lubman, Yücel, and Pantelis, 2004년 문헌 참조.

169-3 아이오와 도박과제와 같은 과제에서 뇌의 활성화와 충동성에 관한 연구는 Horn et al., 2003년 문헌, Bolla et al., 2005년 문헌 참조. 이런 연구들에 대한 개관은 Whittle et al., 2006년 문헌 참조. 중독자가 마약을 갈망할 때 안와전두피질이 일시적으로 과도하게 활성화될 수 있다는 논의는 Volkow and Fowler, 2000년 문헌 참조.

170-2 고우-노고우 과제와 뇌촬영 연구는 Asahi et al., 2004년 문헌 참조.

172-2 성실성과 직업적 성공에 대해서는 Barrick and Mount, 1991년 문헌 참조.

173-1 자율성이 부여될 경우, 성실성과 직업적 성공의 관계에 대해서는 Barrick and Mount, 1993년 문헌 참조. 직장에서의 목표 설정 및 실행 그리고 성실성의 관계에 대해서는 Barrick, Mount, and Strauss, 1993년 문헌.

174-2 성실성과 지성의 관계에 대해서는 Moutafi, Furnham, and Paltiel, 2005년 문헌 참조.

176-2 주의력결핍 과잉행동장애(ADHD)와 성격에 대해서는 Nigg et al., 2002년 문헌, Retz et al., 2004년 문헌 참조.

177-1 강박성격장애(OCPD)가 극단적인 성실성의 한 형태라는 논의는 Widiger et al., 1994년 문헌 참조. 강박성격장애의 분포에 대해서는 Coid et al., 2006년 문헌 참조.

177-2 강박장애(OCD)가 중독과 같은 낮은 성실성과 유사하다는 논의는 Lubman, Yücel, Pantelis, 2004년 문헌.

178-1 강박성격장애에 대한 정의는 APA, 2000년 문헌. 로널드의 사례 연구는

Nolen-Hoeksema, 2007년 문헌(p. 451~452) 참조.

180-3 거식증과 성격, OCPD의 관계에 대해서는 Lilenfeld et al., 2006년 문헌.

chapter 6. 사이코패스와 훌륭한 공감자: 친화성과 공감능력

188-1 침팬지에 대한 실험은 Silk et al., 2005년 문헌, Jensen et al., 2006년 문헌.

190-1 침팬지의 마음이론이 아주 초보적인 단계라는 연구는 Call, 2001년 문헌.

191-3 자폐증과 마음이론에 대해서는 Baron-Cohen, Leslie, and Frith, 1985년 문헌 참조. 마음이론 이야기 실험에 대해서는 Kinderman, Dunbar, and Bentall, 1998년 문헌, Stiller and Dunbar, 2007년 문헌 참조.

193-1 마음읽기의 능력과 사회적 네트워크에 대해서는 Stiller and Dunbar, 2007년 문헌 참조. 초등학생을 대상으로 한 마음읽기 실험은 Liddle and Nettle , 2006년 문헌 참조.

193-2 마음읽기와 공감하기에 대한 뇌촬영 연구는 Völlm et al., 2006년 문헌.

194 공감지수는 친화성과 높은 상관관계를 보였다. 이에 대해서는 Nettle, 2007년 문헌 참조. 마음이론의 이야기 실험과제 점수와 친화성의 관계에 대해서는 Nettle and Liddle, 2007년 문헌 참조.

195-1 친화성과 단어처리 시간에 대한 연구는 Wilkowski, Robinson, and Meier, 2006년 문헌 참조. 친화성이 높은 사람의 특징에 대해서는 Asendorpf and Wilpers, 1998년 문헌, Soldz and Vaillant, 1999년 문헌, Penner et al., 2005년 문헌, Meier and Robinson, 2004년 문헌 참조.

198-3 사이코패스와 5대 성격특성 간의 관계에 대해서는 Harpur, Hart, and Hare, 1994년 문헌, Lynam et al., 2005년 문헌 참조.

200-2 이에 대해서는 Harpur, Hart, and Hare, 1994년 문헌, Lynam et al., 2005년 문헌, Cale, 2006년 문헌 참조.

203-1 자폐증과 사이코패스에 대해서는 Blair et al., 1996년 문헌, Dolan and Fullum, 2004년 문헌, Völlm et al., 2006년 문헌 참조.

204-1 친화성, 이야기 과제, '눈으로 마음읽기' 과제는 Nettle and Liddle, 2007년 문헌.

205-2 . 타인 존중 선호에 대한 종합적인 설명은 Fehr and Fischbacher, 2003년 문헌, Penner et al., 2005년 문헌 참조. 인간의 친사회성과 관련된 가십과 정

보 공유에 대해서는 Dunbar, 1996년 문헌, Nettle, 2006년 문헌(a) 참조.

206-1 의존성 성격장애에 대해서는 Widiger et al., 1994년 문헌 참조.

207-2 협동 행위의 진화 모형에 대해서는 Maynard-Smith, 1982년 문헌 참조.

208-2 사이코패스의 빈도의존성 모델에 대해서는 Mealey, 1995년 문헌, Troisi, 2005년 문헌 참조.

209-1 기업 임원들의 성공과 친화성에 대해서는 Boudreau, Boswell, and Judge, 2001년 문헌. 창조적인 일의 성취와 친화성에 대해서는 King, Walker, and Broyles, 1996년 문헌.

210-1 짝을 선택할 때 친화성 있는 사람을 택하면 성공한 사람을 포기해야 하고, 성공한 사람을 택하면 친화성 있는 사람을 버려야 하는 문제에 대해서는 Nettle and Clegg, 2007년 문헌 참조.

211-1 남성과 여성의 친화성 차이에 대해서는 Costa, Terraciano, and McCrae, 2001년 문헌, Nettle, 2007년 문헌 참조. 테스토스테론 주입과 여성의 공감 능력 변화에 대한 실험은 Hermans, Putnam, and van Honk, 2006년 문헌.

211-3 포유류 암컷은 '싸우거나 달아나는' 반응이 아니라 '배려하고 친구가 되는' 반응을 보인다는 논의에 대해서는 Taylor et al., 2000년 문헌 참조.

chapter 7. 창조자, 괴짜, 미치광이, 색정: 개방적인 기질의 심리세계

216-1 개방성의 특징은 McCrae and Costa, 1997년 문헌 참조. 인용은 p. 830.

216-2 성격과 레크리에이션 활동 간의 관계는 Kraaykamp and van Eijck, 2005년 문헌 참조.

217-1 개방성, 전두엽의 기능, 그리고 지능에 대해서는 DeYoung, Peterson, and Higgins, 2005년 문헌 참조.

217-2 개방성과 예술적 관심에 대해서는 Costa, McCrae, Holland, 1984년 문헌, McCrae and Costa, 1987년 문헌 참조.

220-3 긴즈버그의 윌리엄 블레이크 환영에 대해서는 Miles, 1989년 문헌(p. 100).

221-2 시인과 예술가들의 정신병 같은 에피소드에 대해서는 Claridge, Pryor, and Watkins, 1990년 문헌 참조.

222-2 시인과 예술가들의 정신질환에 대해서는 Nettle, 2001년 문헌 참조. 아이의 개방성 수치와 성인이 된 후 정신병 치료를 받을 가능성에 대한 연구는

Soldz and Vaillant, 1999년 문헌 참조.

223-2 정신분열형에 대한 연구들을 소개한 자료는 Claridge, 1997년 문헌 참조.

224-1 시인과 예술가들의 정신분열형에 대해서는 Nettle, 2006년 문헌(c), Burch et al., 2006년 문헌(a). 독특한 경험이 개방성과 관련된다는 논의는 Rawlings and Freeman, 1997년 문헌, Burch et al., 2006년 문헌(b). 정신 분열형 성격장애자들의 개방성 수치가 높다는 논의는 Gurrera et al., 2005 년 문헌.

224-2 개방성과 신비로운 혹은 과학적으로 설명할 수 없는 믿음 간의 상관관계, 그 리고 개방성과 최면 감응성 간의 상관관계에 대해서는 McCrae and Costa, 1987년 문헌 참조.

225-1 예술가들이 금기를 깬다는 논의는 Burch et al., 2006년 문헌(a). 개방성이 높으면 직업을 자주 바꾼다는 논의는 McCrae and Costa, 1987년 문헌(p. 841).

225-2 IQ와 독특한 경험 간의 마이너스 상관관계에 대해서는 Burch et al., 2006년 문헌(b) 참조.

228-2 개방성과 확산적 사고 과제에 대해서는 McCrae, 1987년 문헌 참조. 정신분 열증 환자의 확산적 사고 과제 성적은 Keefe and Magaro, 1980년 문헌, Nettle, 2001년 문헌 참조.

230-2 의미론적 유사성과 정신분열형에 관한 연구는 Mohr et al., 2001년 문헌.

232-2 짝 선택 기준으로서의 독창성에 대한 밀러의 생각은 Miller, 2000년 문헌.

233-2 존 케리의 최신작은 2005년에 나왔다.

234-3 영국 시인과 화가들에 대한 연구는 Nettle and Clegg, 2006년 문헌. 예술적 창조성이 이성 선택 기준으로 사용된다는 다른 일련의 증거는 Haselton and Miller, 2006년 문헌 참조.

chapter 8. 성격과 환경

246-1 유전, 개별환경, 공유환경이 성격에 미치는 영향에 대한 행동유전학적 연구 는 Plomin and Daniels, 1987년 문헌, Bouchard and McGue, 2003년 문 헌.

248-1 공유환경이 성격에 별로 영향을 미치지 않는다는 발견이 일으킨 논란에 대

해서는 Plomin and Daniels, 1987년 문헌 참조. 이런 발견과 그에 대한 반응에 관한 흥미로운 논의는 Plomin, Asbury, and Dunn, 2001년 문헌, Harris, 2006년 문헌 참조.

251-1 다변수 유전분석에서 부모의 상이한 처우와 자녀들의 성격 차이에 대해서는 Plomin, Asbury, and Dunn, 2001년 문헌 참조.

252-2 물벼룩의 벼슬 형성에 관해서는 Grant and Bayly, 1981년 문헌, Barry, 1994년 문헌 참조.

254-2 애착이론에 대해서는 Bowlby, 1969년 문헌. 우울증에 걸린 어머니의 자녀에 대해서는 Pelaez-Nogueras et al., 1994년 문헌, Harris, 2006년 문헌.

255-2 형제들의 성격을 평가하게 함으로써 형제서열과 성격 간의 관계를 분석한 연구로는 Paulhus, Trapnell, and Chen, 1999년 문헌, Healey and Ellis, 2007년 문헌. 자신 및 외부인의 성격평가를 사용해 형제서열이 성격에 영향을 미쳤다는 증거가 거의 없다고 발견한 연구는 Ernst and Angst, 1983년 문헌, Jefferson, Herbst, and McCrae, 1998년 문헌, Parker 1998년 문헌, Beer and Horn, 2000년 문헌, Michalski and Shackleford, 2002년 문헌. 몇몇 신뢰성 있는 연구에서 장남과 장녀의 친화성이 다소 낮다는 연구결과가 나왔다(Michalski and Shackleford, 2002, Jefferson, Herbst, and McCrae, 1998). 우연하게도, 형제서열과 성격에 대한 설로웨이의 1996년 주장은 표준적인 성격 데이터를 사용한 것이 아니라 역사적, 생물학적 정보에 기초한 것인데, 그 주장의 증거에 대해 심각한 의문이 제기되었다(Townsend 2000, Johnson 2000). 형제간 서열과 성격에 관한 권위 있는 연구는 Ernst and Angst, 1983년 문헌. 장남과 장녀가 성실성은 높지만 친화성은 낮은 반면, 동생들은 반항적이고 개방성이 높다는 연구는 Sulloway, 1996년 문헌 참조.

258-1 어미의 스트레스와 새끼 지위 행동에 대해서는 Patin et al., 2005년 문헌. 모체가 '기상예보' 기능을 한다는 관념은 Bateson et al., 2004년 문헌 참조.

259-2 인간에 있어 어미의 스트레스와 정신병리학에 대해서는 Patin et al., 2005년 문헌(p. 265~266) 참조.

260-3 출생 계절과 성격에 대해서는 Chotai et al., 2002, 2003년 문헌, Joinson and Nettle, 2005년 문헌 참조. 미국의 경우에는 이런 예가 발견되지 않았다. 이에 대해서는 Hartmann, Reuter, and Nyborg, 2006년 문헌 참조.

261-2 역대 핀란드인들의 출생 계절과 생존율에 대해서는 Lummaa et al., 1998년 문헌 참조.

263-1 외향성과 몸매에 대해서는 Fink et al., 2005년 문헌, Pound, 2006년 문헌 참조. 키가 큰 남자가 보다 매력적이라는 논의는 Nettle, 2002년 문헌 참조. 외향성과 체격에 관해서는 Faith et al., 2001년 문헌 참조. 덩치가 큰 남자는 별로 좋지 않다는 논의는 Faith et al., 2001년 문헌 참조. 체격과 반사회적 성격장애에 대해서는 Ishikawa et al., 2001년 문헌 참조.

263-2 남성의 키과 수입에 관한 경제학자들의 연구는 Persico, Postlethwaite, and Silverman, 2004년 문헌.

chapter 9. 성격을 바꿀 수 있을까? 성격의 이해와 극복방법

273-1 디그먼의 좋은 구성원과 대리인(즉, 사회적 지위와 재산)에 관한 논의는 Digman, 1997년 문헌 참조. 평생 동안의 성격 변화에 대해서는 McCrae and Costa, 2003년 문헌 참조.

Aharon, I. et al. (2001). Beautiful faces have variable reward value: fMRI and behavioral evidence. *Neuron*, 32: 537-51.

Allport, G. W. (1937). *Personality: A Psychological Interpretation* (New york: Holt).

____ (1958). What units shall we employ? In G. Lindzey(ed.), *Assessment of Human Motives* (New York: Rinehart), 238-60.

Amato, P. R. and Keith, B. (1991). Parental divorce and the well-being of children: A meta-analysis. *Psychological Bulletin*, 110: 26-46.

Andreasen, N. C. (1987). Creativity and mental illness: Prevalence rates in writers and their first-degree relatives. *American Journal of Psychiatry*, 144: 1288-92.

Andrews, P. (2001). The psychology of social chess and the evolution of attribution mechanisms: Explaining the fundamental attribution error. *Evolution and Human Behavior*, 22: 11-29.

APA (2000). *Diagnostic and Statistical Manual of Mental Disorders. Fourth Edition-Text Revison* (Washington, DC: American Psychiatric Association).

Asahi, S. et al. (2004). Negative correlation between right prefrontal activity during response inhibition and impulsiveness: An fMRI study. *European Archives of Psychiatry and Clinical Neuroscience*, 254: 245-51.

Asendorpf, J. B. and Wilpers, S. (1998). Personality effects on social relationships. *Journal of Personality and Social Psychology*, 74: 1531-44.

Bandura, A. (1999). Social cognitive theory of personality. In L. A. Pervin and O. P. John (eds.), *Handbook of Personality Psychology: Theory and Research*, 2nd edn. (New York: Guilford Press), 154-96.

Baron-Cohen, S., Leslie, A., and Frith, U. (1985). Does the autistic child have a theory of mind? *Cognition*, 21: 37-46.

Barrick, M. R. and Mount, M. K. (1991). The big five personality dimensions and job performance: A meta-analysis. *Personnel Psychology*, 44: 1-26.

_____ _____ (1993). Autonomy as a moderator of the relationships between the big five personality dimensions and job performance. *Journal of Applied Psychology*, 78: 111-18.

_____ _____ and Strauss, J. P. (1993). Conscientiousness and performance of sales representatives: Test of the mediating effects of goal setting. *Journal of Applied Psychology*, 78: 715-22.

Barry, M. J. (1994). The costs of crest induction for *Daphnia carinata*. *Oecologia*, 97: 278-88.

Bateson, P. et al. (2004). Developmental plasticity and human health. *Nature*, 403: 419-21.

Bechara, A. et al. (1994). Insensitivity to future consequences following damage to human prefrontal cortex. *Cognition*, 50: 7-15.

_____ (2001). Decision-making deficits, linked to a dysfunctional ventromedial prefrontal cortex, revealed in alcohol and stimulant abusers. *Neuropsychologia*, 39: 378-89.

Beck, A. T. (1976). *Cognitive Therapy and the Emotional Disorders* (New York: International Universities Press).

Benjamin, J. et al. (1996). Population and familial association between the D4 dopamine receptor gene and measures of Novelty Seeking. *Nature Genetics*, 12: 81-4.

Ben-Zion. I. Z. et al. (2006). Polymorphisms in the dopamine D4 receptor gene (D4DR) contribute to individual differences in human sexual behavior: Desire, arousal and sexual function. *Molecular Psychiatry*, 11: 782-6.

Beer, J. M. and Horn. J. M. (2004). The influence of rearing order on personality development within two adoption cohorts. *Journal of Personality*, 68: 769-819.

Berns, G. (2005). *Satisfaction: The Science of Finding True Fulfilment* (New York: Henry Holt).

Berns, G. et al. (2001). Predictability modulates human brain response to reward. *Journal of Neuroscience*, 21: 2793-8.

Black, D. W. et al. (2006). A family study of pathologycal gambling. *Psychiatry Research*, 141: 295-303.

Blair, J. et al. (1996). Theory of mind in the psychopath. *Journal of Forensic*

Psychiatry, 7: 15-25.

Bolger, N. and Schilling E. A. (1991). Personality and problems of everyday life: the role of neuroticism in exposure and reactivity to daily stressors. *Journal of Personality*, 59: 335-86.

Bolla, K. I. et al. (2005). Neural substrates of faulty decision-making in abstinent marijuana users: *Neuroimage*, 26: 480-92.

Bouchard, T. J. and Loehlin, J. C. (2001). Genes, evolution, and personality. *Behavior Genetics*, 31: 243-73.

_____ and McGue, M. (2003). Genetic and environmental influences on human psychological differences. *Journal of Neurobiology*, 54: 4-45.

Boudreau, J. W., Boswell, W. R., and Judge, T. A. (2001). Effects of personality on executive career success in the United States and Europe. *Journal of Vocational Behaviour*, 58: 53-81.

Bowlby, J. (1969). *Attachment and Loss. Volume 1: Attachment* (New York: Basic Books)

Bruel, S. (1994). A case of borderline personality disorder. In P. T. Costa and T. A. Widiger (eds.), *Personality Disorders and the Five-Factor Model of Personality* (Washington, DC: American Psychological Association), 189-98.

Burch, G. St. J., Hemsley, D. R., and Joseph, M. H. (2004). Trials-to-criterion latent inhibition in humans as a function of stimulus preexposure and positive schizotypy. *British Journal of Psychology*, 95: 179-96.

_____ et al. (2006a). Schizotypy and creativity in visual artists. *British Journal of Psychology*, 97: 177-90.

_____ (2006b). Personality, creativity and latent inhibition. *European Journal of Personality*, 20: 107-22.

Burke, R. J., Matthiesen, S. B., Pallesen, S. (2006). Personality correlates of workaholism. *Personality and Individual Differences*, 40: 1223-33.

Buss, D. M. (1987). Selection, evocation and manipulation. *Journal of Personality and Social Psychology*, 53: 1214-21.

_____ (1991). Evolutionary personality psychology. *Annual Review of Psychology*, 42: 459-91.

_____ (ed.) (2005). *Handbook of Evolutionary Psychology*, (New York: Wiley)

_____ (ed.) Greiling, H. (1999). Adaptive individual differences. *Journal of Personality*, 67: 209-73.

Cale E. M. (2006). A quantitative review of the relations between the 'Big 3' higher order personality dimensions and antisocial behavior. *Journal of Research in Personality*, 40: 250-84.

Call, J. (2001). Chimpanzee social cognition. *Trends in Cognitive Sciences*, 5: 388-93.

Canli, T. (2004). Functional brain mapping of Extraversion and Neuroticism: Learning from individual differences in emotion processing. *Journal of Personality*, 72: 1105-31.

Carey, J. (2005). *What Good are Arts?* (London: Faber & Faber).

Cargill, M. et al. (1999). Characterization of single-nucleotide polymorphisms in coding regions of human genes. *Nature Genetics*, 22: 231-8.

Carment, D. W., Miles, C. G., and Cervin, V. B. (1965). Persuasiveness and persuasibility as related to intelligence and extraversion. *British Journal of Social and Clinical Psychology*, 4: 17.

Caspi, A. et al. (2003). Influence of life stress on depression: Moderation by a polymorphism of the 5-HTT gene. *Science*, 301: 386-9.

Cattell, R. B. (1943). The description of personality: Basic traits resolved into clusters. *Journal of Abnormal and Social Psychology*, 38: 476-506.

____ (1965). *The Scientific Analysis of Personality* (London: Penguin).

Cavedini, P. et al. (2002). Frontal lobe dysfunction in pathological gambling. *Biological Psychiatry*, 51: 334-41.

Chen, C. et al. (1999). Population migration and the variation of dopamine D4 receptor (D4DR) allele frequencies around the world. *Evolution and Human Behavior*, 20: 309-24.

Chotai, J. et al. (2002). The temperament scale of novelty seeking in adolescents shows an association with season of birth opposite to that in adults. *Psychiatry Research*, 111: 45-54.

Chotai, J. et al. (2003). Variation in personality traits in adolescents and adults according to their season of birth: Further evidence. *Personality and Individual Differences*, 35: 897-908.

Claridge, G. (ed.) (1997). Schizotypy: *Implications for Illness and Health*, (Oxford: Oxford University Press).

____ and Davis, C. (2001). What's the use of Neuroticism? *Personality and Individual Differences*, 31: 383-400.

____ Pryor, R., and Watkins, (1990). *Sounds from the Bell Jar: Ten Psychotic*

301

Authors (London: Macmillan).

Cohen, L. et al. (1990). A man who borrowed cars. *The Lancet*, 353: 54.

Coid, J. et al. (2006). Prevalence and correlates of personality disorder in Britain. *British Journal of Psychiatry*, 188: 423-31.

Costa, P. T. and McCrae, P. R. (1980). Influence of extraversion and neuroticism on subjective well-being: Happy and unhappy people. *Journal of Personality and Social Psychology*, 38: 688-78.

____ ____ (1992). Four ways five factors are basic. *Personality and Individual Differences*, 135: 653-65.

____ ____ (1993). Bullish on personality psychology. *The Psychologist*, 6: 302-3.

____ ____ and Arenberg, D. (1980). Enduring dispositions in adult males. *Journal of Personality and Social Psychology*, 38: 793-800.

____ ____ and Holland, J. L. (1984). Personality and vocational interests in an adult sample. *Journal of Applied Psychology*, 69: 390-400.

____ ____ and Kay, G. G. (1995). Persons, places and personality: Career assessment using the Revised NEO Personality Inventory. *Journal of Career Assessment*, 3: 123-39.

____ Terraciano, A., and McCrae, R. (2001). Gender differences in personality traits across cultures: Robust and surprising findings. *Journal of Personality and Social Psychology*, 81: 322-31.

Cravchik, A. and Goldman, D. (2002). Neurochemical individuality: Genetic disversity among human dopamine and serotonin receptors and transporters. *Archives of General Psychiatry*, 57: 1105-14.

Daly. M. and Wilson, M. (1985). Child abuse and other risks of not living with both parents. *Ethology and Sociobiology*, 6: 196-210.

Depue, R. A. and Collins, P. F. (1999). Neurobiology of the structure of personality: Dopamine, facilitation of incentive motivation, and extraversion. *Behavioral and Brain Sciences*, 22: 491-520.

____ et al. (1994). Dopamine and the structure of personality: Relation of agonist-induced dopamine activity to positive emotionality. *Journal of Personality and Social Psychology,* 67: 495-8.

DeYoung, C. G., Peterson, J. B., and Higgins, D. M. (2005). Sources of Openness / Intellect: Cognitive and neuropsychological correlates of the fifth factor of personality. *Journal of Personality*, 73: 825-58.

Diener, E. and Emmons, R. A. (1985). The independence of positive and negative affect. *Journal of Personality Social Psychology*, 50: 1031-8.

_____ Larsen, R. J., and Emmons, R. A. (1984). person x situation interactions: Choice of situations and congruence response models. *Journal of Personality and Social Psychology*, 47: 580-92.

Digman, J. M. (1990). Personality structure: Emergence of the five-factor model. *Annual Review of Psychology*, 50: 116-23.

_____ (1997). Higher-order factors of the Big Five. *Journal of the Personality and Social Psychology*, 73: 1246-56.

Ding, Y.-C. et al. (2002). Evidence of positive selection acting at the human dopamine receptor D4 Gene locus. *Proceedings of the National Academy of Sciences*, 99: 309-14.

Dingemanse, N. J. et al. (2002). Repeatability and heritability of exploratory behaviour in great tits from the wild. *Animal behaviour*, 64: 929-38.

_____ _____ (2003). Natal dispersal and personalities in great tits (Parus major). *Proceedings of the Royal Society*, B 270: 741-7.

_____ _____ (2004). Fitness consequences of avian Personalities in a fluctuating environment, *Proceedings of the Royal Society*, B 271: 847-52.

Dobson, K. and Franche, R. L. (1989). A conceptual and empirical review of the depressive realism hypothesis. *Canadian Journal of Behavioural Science*, 21: 419-33.

Dolan, M. and Fullam, R. (2004). Theory of mind mentalizing ability in antisocial personality disorders with and without and psychopathy. *Psychological Medicine*, 34: 1093-102.

Dugatkin, L. A.(1992). Tendency to inspect predators predicts mortality risk in the guppy, *Poecilia reticulata. Behavioral Ecology*, 3: 124-7.

Dunbar, R. I. M. (1996). *Gossip, Grooming and the Evolution of Language* (London: Faber).

Ebstein, R. P. (2006). The molecular genetic architecture of human personality: Beyond self-report questionnaires. *Molecular Psychiatry*, 11: 427-45.

_____ et al. (1996). Dopamine D4 receptor Exon III polymorphism associated with human personality trait of sensation-seeking. *Nature Genetics*, 12: 78-80.

Egan, S. and Stelmack, R. M. (2003). A personality profile of Everest climbers. *Personality and Individual Differences*, 34: 1491-4.

Eisenberger, N. I., Lieberman, M. D., and Williams K. D. (2003). Does rejection

303

hurt? An fMRI study of social exclusion. *Science*, 302: 290-2.

Ernst, C. and Angst, J. (1993). *Birth Order: Its Influence on Personality* (Berlin: Springer-Verlag).

Eysenck, H. J. (1967). *The Biological Basis of Personality* (Springfield, IL: Thomas).

___ (1970). *The Structure of Human Personality* 3rd edn. (London: Methuen).

Eysenck, M. W. (1997). *Anxiety and Cognition: A Unified Theory* (Hove: Psychology Press).

Faith, M. S. et al. (2001). Gender differences in the relationship between personality dimensions and relative body weight. *Obesity Research*, 9: 647-50.

Fehr, E. and Fischbacher, U. (2003). The nature of human altruism. *Nature*, 425: 785-97.

Fink, B. et al. (2005). Facial symmetry and the 'big-five' personality factors. *Personality and Individual Differences*, 39: 523-9.

Fisher, R. A. (1930). *The Genetical Theory of Natural Selection* (Oxford: Clarendon Press).

Fiske, D. W. (1994). Consistency of the factorial structures of personality ratings from different sources. *Journal of Abnormal and Social Psychology*, 44: 329-44.

Fleeson, W. (2001). Toward a structure- and process-integrate view of personality: Traits as density distributions of states. *Journal of Personality and Social Psychology*, 80: 1011-27.

Frank, R. H. (1999). *Luxury Fever: Why Money Fails to Satisfy in Era of Excess* (New York: Free Press).

Friedman, H. S. et al. (1993). Does childhood personality predict longevity? *Journal of Personality and Social Psychology*, 65: 176-85.

___ (1995). Psychosocial and behavioural predictors of longevity: The aging and death of the 'Termites'. *American Psychologist*, 50: 69-78.

Furnham, A. and Heaven, p. (1999). *Personality and Social Behaviour* (London: Arnold).

Galton, F. (1984). The measurement of character. *Fortnightly Review*, 36: 179-85.

___ (1985). The measurement of fidget. *Nature*, 32: 174-5.

Gilbert, P. (1997). *Overcoming Depression: A Self-Help Guide Using Cognitive*

Behavioural Technique (London: Robinson).

Giros, B. et al. (1996). Hyperlocomotion and indifference to cocaine and amphetamine in mice lacking the dopamine transporter. *Nature*, 379: 606-12.

Goldberg, L.R. (1990). An alternative 'description of personality' : The Big-Five factor structure. *Journal of Personality and Social Psychology*, 59: 1216-29.

____ et al. (2006). The International Personality Item Pool and the future of public-domain personality measures. *Journal of Research in Personality*, 40: 84-96.

Gosling, S. D. (2001). From mice to men: What can we learn about personality from animal research? *Psychological Bulletin*, 127: 45-86.

____ and John, O. P. (1999). Personality dimension in non-human animals: A cross-species review. *Current Direction in Psychological Science*, 8: 69-75.

____ Rentfrow, P. J., and Swann, W. B. (2003). A very brief measure of the Big-Five personality domains. *Journal of Research in Personality*, 37: 504-28.

Grow, A. J. et al. (2005). Goldberg's IPIP five-factor markers: Internal consistency and concurrent validity in Scotland. *Personality Individual Difference* 39: 317-29.

Grant, J. W. G. and Baylys, I. A. E. (1981). Predator induction of crests in morphs of the *Daphnia carinata* King complex. *Limnology and Oceanography*, 26: 201-18.

Grant, P. (1986). *Ecology and Evolution of Darwin's Finches* (Princeton, NJ: Princeton University Press).

Green, M. J. and Williams, L. M. (1999). Schizotypy and creativity as effects of reduced cognitive inhibition. *Personality and Individual Differences*, 27: 263-76.

Gross, J. J., Sutton, S. K., and Ketelaar, T. (1998). Relations between affect and personality: Support for the affect-level and affective-reactivity views. *Personality and Social Psychology Bulletin*, 24: 279-88.

Gross, M. T. (1991). Evolution of alternative reproductive strategies: Frequency-dependent sexual in male bluegill sunfish. *Philosophical Transaction of the Royal Society*, 332: 59-66.

Gurrera, R. J. et al. (2005). The five-factor model in schizotypal personality disorder. *Schizophrenia Research*, 80: 243-51.

Halushka, M. K. et al. (1999). Patterns of single-uncleotide polymorphism at candidate genes for blood-pressure homeostasis. *Nature Genetics*, 22: 239-47.

Hariri, A. R. et al. (2002). A susceptibility gene for affective disorders and the response of the human amygdala. *Science*, 297: 400-3.

____ (2005). 5-HTTLPR polymorphism impacts human cingulate-amygdala interactions: A genetic susceptibility mechanism for depression. *Archives of General Psychiatry*, 62: 146-52.

Harris, J. R. (1998). *The nurture Assumption: Why Children Turn Out the Way They Do* (New York: The Free Press).

____ (2006). *No Two Alike: Human Nature and Human Individuality*, (New York: Norton).

Harpur, T. J., Hart, S. D., and Hare, R. D. (1994). Personality of the psychopath. In P. T. Costa and T. A. Widiger (eds.), *Personality Disorders and the Five-Factor Model of Personality*, (Washington, DC: American Psychological Association), 149-74.

Hart, S. D. and Hare, R. D. (1996). Psychopathy and antisocial personality disorder. *Current Opinion in Psychiatry*, 9: 129-32.

Hartman, P., Reuter, M., and Nyborg, H. (2006). The relationship between date of birth and individual differences in personality and general intelligence: A large-scale study. *Personality and Individual Differences*, 40: 1349-62.

Haselton, M. G. and Miller, G. F. (2006). Women's fertility across the cycle increases the short-term attractiveness of creative intelligence compared to wealth. *Human Nature*, 17: 50-73.

Headey, B. and Wearing, A. (1989). Personality, life events and subjective well-being: Towards a dynamic equilibrium model. *Journal of Personality and Social Psychology*, 57: 731-9.

Healey, M. D. and Ellis, B. J. (2007). Birth order, conscientiousness and openness to experience. Tests of the of the family-niche model of personality using a within-family methodology. *Evolution and Human Behavior*, 28: 55-9.

Hermans, E. J., Putman, P., and Honk, J. van (2006). Testosterone administration reduces empathetic behavior: A facial mimicry study.

Psychoneuroendocrinology, 31: 859-66.

Horn, N. R. et al. (2003). Response inhibition and impulsivity: An fMRI study. *Neuropsychologia*, 41: 1959-66.

Ishikawa, S. S. et al. (2001). Increased height and bulk in antisocial personality disorder and its subtypes. *Psychiatry Research*, 105: 211-19.

Jamison, K. R. (1989). Mood disorders and patterns of creativity in British writers and artists. *Psychiatry*, 32: 125-34.

Jang, K. L., Livesley, W. J., and Vernon, P. A. (1996). Heritability of the Big Five personality dimensions and their facts: A twin study. *Journal of Personality*, 64: 577-91.

_____ et al. (1998). Heritability of facet-level traits in a cross-cultural twin sample: Support for a hierarchical model of personality. *Journal of Personality and Social Psychology*, 74: 1556-75.

Jefferson, T., Herbst, J. H., McCrae, R. R. (1998). Associations between birth order and personality traits: Evidence from self- reports and observer ratings. *Journal of Research in Personality*, 32: 498-509.

Jennions, M. D., Moller, A. P., and Petrie, M. (2001). Sexually selected traits and adult survival: A meta-analysis. *Quarterly Review of Biology*, 76: 3-36.

Jensen, K. et al. (2006). What's in it for me? Self-regard precludes altruism and spite in chimpanzees. *Proceedings of the Royal Society*, B 273: 1013-21.

John, O. P. (1990). The 'Big Five' factor taxonomy: Dimensions of personality in natural language and questionnaires. In L. A. Pervin (ed.), *Handbook of Personality Psychology: Theory and Research* (New York: Guilford Press), 66-100.

_____ Angleitner A., and Ostendorf, F. (1988). The lexical approach to personality: A historical review of trait taxonomic research. *European Journal of Personality*, 2: 171-203.

Johnson, D. P. (2004). *Overconfidence and War: The Havoc and Glory of Positive Illusions*, (Harvard: Harvard University Press)

Johnson, G. R. (2000). Science, Sulloway, and birth order: An ordeal and an assessment. *Politics and Life Sciences*. 19: 211-45.

Johnson, W. et al. (2004). Marriage and personality: A genetic analysis. *Journal of Personality and Social Psychology*, 86: 285-94.

Joinson, C. and Nettle, D. (2005). Season of birth variation in sensation seeking in an adult population. *Personality and Individual Differences*, 38: 859-

70.

Jung, C. G. (1921). *Psychological Types* (New York: Harcourt Brace).

Keefe, J. A. and Magaro, P. A. (1980). Creativity and schizophrenia: An equivalence of cognitive processes. *Journal of Abnormal Psychology*, 89: 390-8.

Keller, M. C. and Miller, G. F. (2006). Resolving the paradox of common, harmful heritable mental disorders: Which evolutionary genetic models work best? *Behavioral and Brain Sciences*, 29: 385-452.

Kelly, E. L. and Conley, J. J. (1987). Personality and compatibility: A prospective analysis of marital stability and marital satisfaction. *Journal of Personality and Social Psychology*, 52: 27-40.

Kenrick, D. T. and Funder, D. C. (1988). Profiting from controversy: Lessons from the person-situation debate. *American Psychologist*, 43: 23-34.

King, L. A., Walker, L. M. and Broyles, S. J. (1996). Creativity and the five-factor model. *Journal of Research in Personality*, 30: 189-203.

Kinderman, P., Dunbar, R. I. M., and Bentall, R. P. (1998). Theory-of-mind deficits and casual attributions. *British Journal of Psychology*, 89: 191-204.

Knutson, B. et al. (2001). Anticipation of increasing monetary reward selectively recruits nucleus accumbens. *Journal of Neuroscience*, 21: 1-5.

Kraaykamp, G. and Ejick, K. van (2005). Personality, media preferences, and cultural participation. *Personality and Individual Differences*, 38: 1675-88.

Krueger, R. F. (1999) The structure of common mental disorders. *Archives of General Psychiatry*, 56: 921-6.

Larsen, R. J. and Ketelaar, T. (1989). Extraversion, neuroticism and susceptibility to positive and negative mood induction procedures. *Personality and Individual Differences*, 10: 1221-8.

_____ _____ (1991). Personality and susceptibility to positive and negative affective states. *Journal of Personality and Social Psychology*, 61: 132-40.

Lesch, K.-P. et al. (1996). Association of anxiety-related traits with a polymorphism in the serotonin transporter gene regulatory region. *Science*, 274: 1527-31.

Liddle, B. and Nettle, D. (2006). Higher-order theory of mind and social competence in school age children. *Journal of culture and Evolutionary Psychology*, 4: 231-46.

Lilenfeld, L. R. R. et al. (2006). Eating disorders and personality: A methodological and empirical review. *Clinical Psychology Review*, 26: 299-320.

Livesley, A. J. et al. (1998). Phenotypic and genetic structure of traits delineating personality disorder. *Archives General Psychiatry*, 55: 941-8.

Lubman, D. I., Yücel, M., and Pantelis, C. (2004). Addiction, a condition of compulsive behaviour? Neuroimaging and neuropsychological evidence of inhibitory dysregulation. *Addiction*, 99: 1491-502.

Ludwig, A. (1995). *The Price of Greatness: Resolving the Madness and Genius Controversy* (New York: Guilford Press).

Lummaa, V. et al. (1998). Seasonality of births in *Homo sapiens* in pre-industrial Finland: Maximisation of offspring survivorship. *Journal of Evolutionary Biology*, 11: 147-57.

Lynam, D. R. et al. (2005). Adolescent psychopathy and the big five: Results from two samples. *Journal of Abnormal Child Psychology*, 33: 431-43.

McAdams, D. P. (1996). Personality, modernity and the life storied self: A contemporary framework for studying persons. *Psychological Inquiry*, 7: 295-321.

_____ (1999). Personal narratives and the life story. In L. A. Pervin and O. P. John (eds.), *Handbook of Personality*, 2nd edn. (New York: Guilford Press), 478-500.

McCrae, R. R. (1987). Creativity, divergent thinking and Openness to Experience. *Journal of Personality and Social Psychology*, 52: 81-90.

_____ and Costa, P. T. (1989). Reinterpreting the Myers-Briggs Type Indicator from the perspective of the five-factor model of personality. *Journal of Personality*, 57: 17-40.

_____ _____ (1997). Conceptions and correlates of Openness to Experience. In R. Hogan, J. Johnson, and S. Briggs (eds.), *Handbook of Personality Psychology* (San Diego: Academic Press), 826-48.

_____ _____ (2003). *Personality in Adulthood: A Five-Factor Theory Perspective*, 2nd edn. (New York: Guilford Press).

MacDonald, K. (1995). Evolution, the 5-Factor Model, and Levels of Personality. *Journal of Personality*, 63: 525-67.

McGue, M. and Lykken, D. T.(1992). Genetic influence on risk of divorce, *Psychological Science*, 3: 368-73.

McKenzie, J., Taghavi-Khonsary, M., and Tindell, G. (2000). Neuroticism and academic achievement: the Furneaux Factor as a measure of academic rigour. *Personality and Individual Differences*, 29: 3-11.

McQuaid, J. R. and Carmona, P. E. (2004). *Peaceful Mind: Using Mindfulness and Cognitive Behavioral Psychology to overcome Depression* (Oakland: New Harbinger Publications).

Magnus, K., Diener, E., Fujita, F., and Pavot, W. (1993). Extraversion and neuroticism as predictors of objective life events: A longitudinal analysis. *Journal of Personality and Social Psychology*, 65: 1046-53.

Matthews, G. et al. (2002). Personality variable differences between disease clusters. *European Journal of Personality*, 16: 1-21.

Maynard-Smith, J. (1982). *Evolution and the Theory of Games* (Cambridge: Cambridge University Press).

Mealey, L. (1995). The sociobiology of sociopathy: An integrated evolutionary model. *Behavioral and Brain Sciences*, 18: 523-99.

Meier, B. P. and Robinson, M. D. (2004). Does quick to blame mean quick to anger? The role of agreeableness in dissociating blame and anger. *Personality and Social Psychology Bulletin*, 30: 856-67.

Michalski, R. L. and Shackleford, T. K. (2002). An attempted replication of the relationships between birth order and personality. *Journal of Research in Personality*, 36: 182-8.

Miles, B. (1989). *Ginsberg: A Biography* (London: Viking).

Miller, G. F. (2000). *The Mating Mind: How Mate Choice Shaped the Evolution of Human Nature* (London: Heinemann and New York: Doubleday).

Mischel, W. (1968). Personality and Assessment (New York: Wiley).

—— and Shoda, Y. (1998). Reconciling processing dynamics and personality dispositions. *Annual Review of Psychology*, 49: 229-58.

Mithen, S. (1999). *The Prehistory of the Mind: The Cognitive Orgins of Art, Religion and Science* (London: Thames & Hudson).

Mohr, C. et al. (2001). Loose but normal: A semantic association study. *Journal of Psycholinguistic Research*, 30: 475-83.

Montague, P. R. and Berns, G. (2002). Neural economic and the biological substrates of valuation. *Neuron*, 36: 265-84.

Morag, M. et al. (1999). Psychological variables as predictors of rubella antibody titers and fatigue: A prospective, double-blind study. *Journal of*

Psychiatric Research, 33: 389-95.

Moutafi, J., Furnham, A., and Paltiel, L. (2005). Can personality factors predict intelligentce? *Personality and Individual Differences*, 38: 1021-33.

Munafò, M. R. et al. (2003). Genetic polymorphisms and personality in healthy adults: A systematic review and meta-analysis. *Molecular Psychiatry*, 8: 471-84.

Nesse, R. M. (1991). What good is feeling bad? The evolutionary utility of psychic pain. *The Sciences*, Nov / Dec: 30-7.

____ (2000). Is depression an adaption? *Archives of General Psychiatry*, 57: 14-20.

____ (2005). Natural selection and regulation of defensive responses. *Evolution and Human Behavior*, 26: 88-105.

Nettle, D. (2001). *Strong Imagination: Madness, Creativity and Human Nature* (Oxford: Oxford University Press).

____ (2002). Women' s height, reproductive success and the evolution of sexual dimorphism in modern humans. *Proceedings of the Royal Society*, B 269: 1919-23.

____ (2004a). Evolutionary origins of depression: A review and reformulation. *Journal of Affective Disorder*, 81: 91-102.

____ (2004b). Adaptive illusions: Optimism, control and human rationality. In D. Evans and P. Cruse (eds.), *Emotion, Evolution and Rationality*. (Oxford: Oxford University Press). 191-206.

____ (2005a). An evolutionary approach to the extraversion continuum. *Evolution and Human Behavior*, 26: 363-73.

____ (2005b). *Happiness: The Science behind your smile* (Oxford: Oxford University press).

____ (2006a). The evolution of personality variation in humans and other animals. *American Psychologist*, 61: 622-31.

____ (2006b). Language: Costs and benefits of a specialised system for social information transmission. In J. Well (ed.). *Social Information Transmission and Human Biology* (London: Taylor & Francis), 137-52.

____ (2006c). Schizotypy and mental health amongst poets, visual artists and mathematicians. *Journal of Research in Personality*, 40: 876-90.

____ (2007). Empathizing and systemizing: What are they, and what do they contribute to our understanding of psychological sex differences? *British*

Journal of Psychology, 98: 237-55.

_____ and H. Clegg (2006). Schizotypy, creativity and mating success in humans. *Proceedings of the Royal Society*, B 273: 611-15.

_____ (2007). Personality, mating strategies, and mating intelligence. In G. Geher and G. F. Miller (eds.), *Mating Intelligence*. Mahwah, NJ: Erlbaum.

_____ and Liddle, B. (2007). Agreeableness and theory of mind: Two empirical studies. Manuscript: Newcastle University.

Nigg, J. T. et al. (2002). Big Five dimensions and ADHA symptoms: Links between personality traits and clinical symptoms. *Journal of Personality and Social Psychology*, 83: 451-69.

Nolen-Hoeksema, S. (2007). *Abnormal Psychology*, 4th edn. (New York: McGraw Hill).

Norman, W. T. (1963). Toward an adequate taxonomy of personality attributes: Replicated factor structure in peer nomination personality ratings. *Journal of Abnormal and Social Psychology*, 66: 574-83.

Omura, K., Constable, R. T., and Canli, T. (2005). Amygdala gray matter concentration is associated with Extraversion and Neuroticism. *Neuroreport*, 16: 1905-8.

O' Steen, S., Cullum, A. J., and Bennett, A. F. (2002). Rapid evolution of escape ability in Trinidadian guppies (Poecilia reticulata). *Evolution*, 56: 776-84.

Parker, W. D. (1998). Birth order effects in the academically talented. *Gifted Child Quarterly*, 42: 29-38.

Patin, V. et al. (2005). Effects of prenatal stress on anxiety and social interactions in adult rats. *Developmental Brain Research*, 160: 265-74.

Paulhus, D. L., Trapnell, P. D., and Chen, D. (1999). Birth order effects on personality and achievement within families. *Psychological Science*, 10: 482-8.

Pelaez-Nogueras, M. et al. (1994). Infants of depressed mothers show less 'depressed' behavior with their nursery teachers. *Infant Mental Health Journal*, 15: 358-67.

Pembrey, M. E. et al. (2006). Sex-speccific, male-line transgenerational responses in human. *European Journal of Human Genetics,* 14: 159-66.

Pennebaker, J. W. and King, L. A.(1999). Linguistic styles: Language use as an individual difference. *Journal of personality and Social psychology*, 77: 1296-312.

Penner, L. A. et al. (2005). Prosocial behaviour: Multilevel perspectives. *Annual Review of Psychology*, 56: 365-92.

Persico, N., Postlethwaite, A., and Silverman, D. (2004). The effect of adolescent experience on labor market outcomes: The case of height. *Journal of Political Economy*, 112: 1019-53.

Pervin, L. A. (ed.) (1990). *Handbook, of Personality Psychology: Theory and Research* (New York: Guilford Press).

—— and John, O. P. (eds.) (1999). *Handbook of Personality Psychology: Theory and Research.*, 2nd edn. (New York: Guilford Press).

Peterson, J. B. and Carson S. (2000). Latent inhibition and Openness in a high-achieving student population. *Personality and Individual Differences*, 28: 323-32.

Petrie, M (1994). Improved growth and survival of offspring of peacocks with more elaborate trains. *Nature*, 371: 598-9.

Phillips, H. (2006). Just can' t get enough. *New Scientist*, 26 August: 30-5.

Pickering, A. D. and Gray, J. A. (1999). The neuroscience of personality. In L. A. Pervin and O. P. John (eds.), *Handbook of Personality Psychology: Theory and Research.*, 2nd edn. (New York: Guilford Press). 277-99.

Plomin, R., Asbury, K., and Dunn, J. (2001). Why are children in the same family so different? Nonshared environment an decade later. *Canadian Journal of Psychiatry*, 43: 225-33.

—— and Daniel, D. (1987). Why are children in the same family so different from each other? *Behavioral and Brain Sciences*, 10: 1-16.

Pound, N. (2006). Facial symmetry predicts personality. Paper presented at the 18th Human Behavior and Evolution Society Conference, Philadelphia.

Prokosch, M. D., Yeo, R. A., and Miller, G. F. (2005). Intelligence tests with higher g-loadings show higher correlations with body symmetry: Evidence for a general fitness factor mediated by developmental stability. *Intelligence*, 33: 203-13.

Rammstedt, B. and John, O. P. (2007). Measuring personality in one minute or less: A 10-item short version of the Big Five inventory in English and German. *Journal of Research in Personality*, 41: 203-12.

Rawling, D. and Freeman, J. L. (1997). Measuring paranoia / suspiciousness. In G. Claridge (ed.), *Schizotypy: Implications for Illness and Health* (Oxford: Oxford University Press), 38-60.

Retz, W. et al. (2004). Psychometric and psychopathological characterization of young male prison inmates with and without attention deficit / hyperactivity disorder. *European Archives of Psychiatry and Clinical Neuroscience*, 254: 201-8.

Rhodes, G. Simmons, L. W., and Peter, M. (2005). Attractiveness and sexual behaviour: Does attractiveness enhance mating success? *Evolution and Human Behavior*, 26: 186-201.

Rodgers, B. and Pryor, J. (1998). Divorce and Separation: *The Outcomes for Children* (York: Joseph Rowntree Foundation).

Saudino, K. J. et al. (1997). Can personality explain genetic influences on life events? *Journal of Personality and Social Psychology*, 72: 196-206.

Schultz, W. et al. (1992). Neuronal activity in monkey ventral striatum related to the expectation of reward. *Journal of Neuroscience*, 12: 4595-610.

Silk, J. B. et al. (2005). Chimpanzees are indifferent to the welfare of unrelated group members, *Nature*, 437: 1357-9.

Slutske, W. S. et al. (2005). Personality and problem gambling: A prospective study of a birth cohort of young adults. *Archives of General Psychiatry*, 62: 769-75.

Soldz, S. and Vaillant, G. E. (1999). The big five personality traits and the life course: A 45-years longitudinal study. *Journal of Research in Personality*, 33: 208-32.

Stiller, J. and Dunbar, R. I. M. (2007). Perspective-taking and social network size in humans. *Social Networks*, 29: 93-104.

Sulloway, F. J. (1996). *Born to Rebel: Birth Order, Family Dynamics and Creative lives* (New York: Pantheon).

Swendsen, J. D. et al. (2002). Are personality traits familial risk factors for substance use disorders? Results of a controlled family study. *American Journal of Psychiatry*, 159: 1760-6.

Taylor, S. E. and Brown, J. D. (1992). Illusion and well-being: A social psychological perspective on mental health. *Psychological Bulletin*, 103:193-201.

____ and Gollwitzer, P. M. (1995). Effects of mindset on positive illusions. *Journal of Personality and Social Psychology*, 69: 213-26.

Taylor, S. E. ey al. (2000). Biobehavioral responses to stress in females: Tend- and -befriend, not fight-or-flight. *Psychological Review*, 107: 411-29.

Thurstone, L. L. (1934). The vectors of mind. *Psychological Review*, 41: 1-32.

Tokar D. M., Fischer, A. R., and Subich, L. M. (1998). Personality and vocational behavior: A selective review of the literature, 1993-7. *Journal of Vocational Behavior*, 53: 115-53.

Tooby, J. and Cosmides, L. (1990). on the university of human nature and the uniqueness of the individual: The role of genetics and adaption. *Journal of Personality*, 58: 17-67.

_____ _____ (1992). The psychological foundations of culture. In J. Barkow, L. Cosmides, and J. Tooby (eds.), *The Adapted Mind: Evolutionary Psychology and the Generation of Culture* (New York: Oxford University Press). 19-136.

Townsend, F. (2000). Birth order and rebelliousness: Reconstructing the research in Born To Rebel. *Politics and the Life Sciences*, 19: 135-56.

Troisi, A. (2005). The concept of alternative strategies and its relevance to psychiatry and clinical psychology. *Neuroscience and Biobehavioral Reviews* 29: 159-68.

Tupes, E. C. and Christal, R. C. (1961). Recurrent personality factors based on trait ratings. Originally a USAF technical report, this work was republished in 1992, *Journal of Personality*, 60: 225-51.

Turkheimer, E. and Waldron, M. (2000). Nonshared environment: A theoretical, methodological, and quantitative review. *Psychological Bulletin*, 126: 78-108.

Volkow, N. D. and Fowler, J. S. (2000). Addiction, a disease of compulsion and drive: Involvement of orbitofrontal cortex. *Cerebral Cortex*, 10: 318-25.

Völlm, B. A. et al. (2006). Neuronal correlates of theory of mind and empathy: A functional magnetic resonance imaging study in a non-verbal task. *Neuroimage*, 29: 90-8.

Watson, D. and Clark, L. A. (1998). Positive and negative affectivity and their relation to anxiety and depressive disorders. *Journal of Abnormal Psychology*, 97: 346-53.

_____ _____ (1997). Extraversion and its positive emotional core. In R. Hogan, J. Johnson, and S. Briggs (eds.), *Handbook of Personality Psychology* (San Diego: Academic Press), 767-93.

_____ Gamez, W., and Simms, L. J. (2005). Basic dimensions of temperament and their relation to anxiety and depression: A symptom-based perspective. *Journal of Research in Personality*, 39: 46-66.

Watson, P. J. and Andrews, P. W. (2002). Towards revised evolutionary analysis of depression: The social navigation hypothesis. *Journal of Affective Disorders*, 71: 1-14.

Whittle, S., Allen, N. B., Lubman, D. I., and Yücel, M. (2006). The neurobiological basis of temperament: Towards a better understanding of psychopathology. *Neuroscience and Biobehavioral Reviews*, 30: 511-25.

Widiger, T. A. et al. (1994). A description of the DSM-Ⅲ-R and DSM-Ⅳ personality disorders within the five-factor model of personality. In P. T. Costa and T. A. Widiger (eds.), *Personality Disorders and the Five-Factor Model of Personality* (Washington, DC: American Psychological Association), 41-58.

Wilde, O. (1973). *De Profundis and Other Writing* (London: Penguin.)

Wilkowski, B. M., Robinson, M. D., and Meier, B. P. (2006). Agreeableness and the prolonged spatial processing of prosocial and antisocial information. *Journal of Research in Personality*, 40: 1152-68.

Wimmer, H. and Perner, J. (1993). Beliefs about beliefs: Representation and constraining function of wrong beliefs in young children' s understanding of deception. *Cognition*, 13: 103-28.

Zhou, Q. -Y. and Palmiter, R. D. (1995). Dopamine-deficient mice are severely hypoactive, adipsic and aphagic. *Cell*, 83: 1197-209.

Zimmerer, E. J. and Kallman, K. D. (1989). Genetic basis for alternative reproductive tactics in the pygmy swordtail, *Xiphophorus nigrensis*. *Evolution*, 43: 1298-307.